한국사 시민강좌

제40집

일조각

Number 40 FEBRUARY 2007

The Citizens' Forum on Korean History

ILCHOKAK

독자에게 드리는 글

사회가 발전 혹은 변화해가는 가운데 학문의 성격이나 연구방법론도 다소간 바뀌게 마련이며, 이 점은 역사학도 예외가 아닙니다. 그러한 변화 중 하나로, 역사학도 다른 학문처럼 더욱 세분화되어가는 점을 들 수가 있습니다만, 이는 역사학의 토대를 굳건히 다지고 그 연구의 경계를 확장하는 데 크게 이바지한 것이 사실입니다. 다만 이 같은 경향이 오래 지속된 결과 생겨난 부작용 또한 전혀 없다고도 할 수 없습니다. 즉 역사적 현상의 지엽말단에 매달리게 되어 그 본질이랄까 전체적인 대강을 상대적으로 소홀히 다루게 된 점이 바로 그것입니다. 특히 역사적 대변환을 목전에 두고 극도의 혼돈 속에 갈팡질팡하고 있는 현재 한국사회의 모습을 떠올릴 때, 정녕 지금이야말로 한국사를 종합적이고 거시적으로 파악해야 할 시기라고 생각됩니다.

그래서 이번에는 이 같은 변환기적, 시대구분적 안목에서 한국사의 주요 문제들을 15개 정도 골라 논의하는 기회를 갖기로 했습니다. 하긴 주제의 선정에는 편집자의 주관이 크게 작용하는 것을 피할 수 없는 실정입니다. 역사가의 흥미를 끄는 주제는 그야말로 천차만별이고, 각자의 관심, 도덕과 윤리 혹은 정치와 사회에 대한 신념이 반드시 같을 수 없기 때문입니다. 그렇더라도 몇 가지 사항에서는 공통의 문제의식을 찾을 수 있다고 생각됩니다.

먼저 총론이랄까 연구방법론에 해당하는 것입니다. 지난 시기 두 차례에 걸쳐 한국 역사학계의 총력을 기울여 편찬한 『한국사』 총서의 '간행취지'에 나타난 2개의 지침이 주목됩니다. 하나는 한민족의 창조적 문화활동을 부각시킨다는 것이요, 다른 하나는 민족사의 내재적 발전을 드러낸다는 것입니다. 이 중 후자는 1960년대에 일본인 연구자의 식민주의 역사학의 핵심적 요소인 정체성과 타율성을 극복하기 위한 방안으로 제창되기 시작한 이래 미국의 한국사 연구자들과 국내 경제사학자들에 의해 본격적인 반론이 제기될 때까지 한 세대 이상 우리 학계의 연구풍조를 이끌어 왔습니다. 하지만 이제 우리는 만능약처럼 통용되어온 이 약의 효험을 냉철하게 검증해 볼 단계가 되었다고 믿습니다. 또한 한국 전통문화에 대한 평가에서도 외래문화의 토착화 과정에 주목하여 새로이 검토해야 할 필요성이 있다고 생각됩니다.

이와 더불어 한국사의 전개를 대외관계의 측면에서 재검토할 필요성이 제기되고 있습니다. 중국대륙과 일본열도 사이에 위치한 반도국가라는 한국의 입지立地에 대한 정치지리학적 논의는 지난날 일본의 식민주의 역사학에서 '지리적 결정론'으로 귀결되고 만 전력이 있는 까닭에, 그간 우리 역사학계에서는 이에 대한 논의 자체를 기피하는 경향이 있었습니다. 그러나 한국사를 둘러싼 국제적 환경에 대한 검토는 결여할 수 없는 긴요한 과제임이 분명합니다. 19세기 후반 제국주의 구미열강과 일본이 등장할 때까지 한국은 중국에 대해 사대와 조공이라는 종속관계로 일관한 것처럼 보입니다만, 그 내부의 실상을 들여다보면 시기에 따라 양상이 다르게 나타난 점에 주목할 필요가 있습니다. 또한 한국과 일본의 관계는 19세기 말에 일본이 한국에 침략의 손을 뻗치기 이전까지는 통상적인 교린관계로 일관되었습니다만, 신라가 삼국을 통일한 7세기 중엽까지의 몇 백 년 간은 자못 복잡하게 얽혀 있었습니다. 중국대륙에서 기원한 선진문화와 한국 남부지방의 농경기술 그리고 가야의 철자원이 이주민집단에 의해 일본열도로 전해져서 고대국가의 형성과 발전에 큰 자극이 되었고, 그 과정에서 특히 백제와 돈독한 관계를 맺어 신흥 신라의 대두를 견제하려 한 것이 당시 한일관계의 실상이었습니다.

물론 역사에서 대외관계 이상으로 중요한 것이 내정內政입니다. 그런데 왕조국가에서 정치의 성패를 집중적으로 보여주는 것은 다름 아닌 왕조의 교체라고 할 수가 있습니다. 전통사회에서는 왕조의 교체를 단지 역성易姓혁명이라는 차원에서 논했을 뿐이었고, 근대 역사학에도 그 뿌리 깊은 영향이 다소간 남아 있습니다만, 역사 연구가 한층 깊어지면서 왕조 교체가 단순한 지배세력의 교체에 그치는 것이 아니라 실로 광범위한 사회변화를 수반하는 역사의 발전과정이었음을 이해하게 되었습니다. 신라가 삼국을 통일한 뒤 한국사상 왕조 교체는 두 번 있었습니다. 첫 번째 신라에서 고려로의 교체는 흔히 고대사회에서 중세사회로의 변화에 대응시켜 평가하며, 두 번째 고려에서 조선으로의 교체는 중세사회에서 근세사회로의 변화에 대응시켜 파악하는 것이 현재 학계의 일반적인 인식입니다. 이처럼 한국사의 시대구분을 하는 단위가 되는 고려와 조선의 두 왕조가 차지하는 역사적 의미는 매우 커서 이에 대한 전반적인 성격 규정이 요망되는 실정입니다.

이상 6개의 주제를 선정한 취지에 대해 말씀드렸습니다. 나머지 9개의 주제는 고려, 조선, 근대에 각각 2~4개씩을 배정하여 정치 · 사회 · 문화의 여러 면에서 중요하다고 생각되는 것을 임의로 뽑아 논의해보았습니다. 먼저 고려시대에서는 종래 연구상의 큰 쟁점이 되어온 사회 성격 문제, 즉 고려를 귀족제 사회 혹은 관료제 사회로 보는 견해를 전면적으로 검토해보기로 했습니다. 또한 몽골족이 전 아시아대륙에 걸친 세계제국을 건설한 상황에서 그 번국藩國으로 떨어져 국가의 명맥을 이어간 고려의 위상을 실제에 맞게 검토해보기로 했습니다. 고려는 외견상 몽골족이 세운 원元나라의 부마국으로서 일본을 제외하면 유일하게 독립을 지켜냈습니다만, 실제로는 국왕의 폐립廢立이 원에 의해 결정되는 등 심한 내정간섭을 받은 것도 사실입니다. 식민주의 역사학이나 혹은 민족주의 역사학의 한계를 뛰어넘어 역사적 진실 앞에 다가서려는 노력이 한층 필요한 연구 주제라고 하겠습니다.

조선시대에서는 노비제도, 성리학 그리고 영·정조시대 등 3개의 주제를 뽑았습니다. 한국사상 노비제도는 고대부터 19세기 말까지 오랜 기간 존속했습니다만, 조선시대에 들어와 그 수효가 급격히 증가하여 임진왜란을 전후한 시기에는 전체 인구 중 노비가 3~4할이나 차지하기까지 했습니다. 미국의 한국사 연구자 중에는 12세기 이후의 한국사회를 노예제사회로 특징지으면서 마치 한국사의 큰 수치인양 치부하는 사람이 있을 정도입니다. 비록 노비는 많았습니다만, 그 존재형태는 대개 가내노예로, 비교사의 범주에서 볼 때 농노에 가까운 것이 특징입니다. 다음 성리학은 조선의 국시國是처럼 되어 성학聖學으로까지 떠받쳐졌습니다만, 조선 초기 집권관료들이 갖가지 정치·사회적 장치를 고안하여 임금을 성인聖人으로 만들고 국민에게는 성리학의 예의범절을 가르치어 이상사회를 건설하려고 한 노력은 진실로 감동적이기까지 합니다. 그런데 처음에는 매우 진보적, 혁신적인 사상이었던 성리학도 자체 내의 변화의 논리를 결여했던 까닭에 시간이 흐르면서 차츰 사회발전을 가로막는 보수·반동의 장본으로 화하고 말았습니다. 영조와 그 손자인 정조의 치세기간인 18세기는 종래 실학운동의 시대 혹은 북한 학계에서는 자본주의적 생산관계의 싹이 움트기 시작한 시대로 주목을 받아 왔습니다. 그런데 근래 연구자들은 탕평蕩平의 정치라는 이 시기 정치영역에서의 변화를 중시하여, 새로이 나타난 군주권의 강화 현상을 근대 초기 서유럽의 절대주의 왕권에 비견할 만한 것으로 보려는 견해가 유력한 실정입니다. 다만 1800년 정조의 죽음과 더불어 이 '절대왕정'이 홀연히 역사의 무대에서 사라진 것으로 미루어 볼 때 본디 그 기반이 매우 취약했음을 알 수가 있습니다.

근대에서는 동학농민운동, 대한제국, 20세기 전반기의 사회경제적 성격 그리고 일제 치하 공산주의운동의 성격 등 4개의 주제를 골랐습니다. 1894년 봄과 가을 두 차례에 걸쳐 일어난 동학농민운동은 전통시대 민란의 최고봉을 장식한 큰 사건이었습니다. 이를 흔히 혁명운동으로 보기도 하고, 북한의 역사학계에서는 갑오년에 일어난 농민전쟁으로 간주하여 남한의 일부 '진보적' 인사들이 이에 추종하는 형편입니다. 다만 실증사학의 입장에서 관련 자료를 엄밀하게 검토해보면 제1차 봉기는 유교의 충군忠君·애민愛民 사상에서 우러나온 것이었고, 제2차 봉기는 항일 의병운동으로서의 성격이 강했던 것으로 평가할 수 있습니다. 다음 제국주의 열강이 한국에서 일종의 세력균형을 이루고 있던 시기에 출현한 대한제국(1897~1910)에 대한 학계의 평가는 1970년대에 들어와 이른바 광무光武(고종의 연호로 1897~1907년간임) 개혁의 성격을 둘러싼 논쟁 때부터 일기 시작했습니다만, 이는 대한제국의 멸망과 더불어 전개되는 식민지시대 근대화 문제와도 연결되어 있습니다. 사실 식민지 근대화론의 입장에서 본다면 대한제국 시기에 단행된 일련의 개혁은 그야말로 고작 한때의 막간극에 지나지 않기 때문입니다. 그런데 대한제국을 둘러싼 논쟁에서 중핵적 과제로 떠오른 것은 다름 아니라 고종 황제가 과연 개명군주였는가, 또한 당시 황제전제체제가 얼마만큼 효율적으로 일본의 침략정책에 대처했는가 하는 점이라고 하겠습니다. 일제 식민지시대 한국에서의 경제적 발전을 어떻게 평가할 것인가 하는 문제는 지난 1980년대 이래 미국의 한국사 연구자들이나 국내 경제사학자들이 근대화론의 입장에서 각종 경제통계를 구체적으로 제시하면서 이를 긍정적으로 다루기 이전까지는 식민지 수탈론으로 대표되는 부정적인 견해가 주류를 이루어 온 것이 사실입니다. 지금도 학계에서는 수탈론과 근대화론이 팽팽하게 맞서 있습니다만, 이 같은 현상은 필경 한국사회의 이념적인 분열·대립을 일정하게 반영하는 것으로 보입니다. 끝으로, 일제 치하 공산주의운동은 남북 분단의 엄연한 현실 때문에 냉정하고 객관적인 평가가 크게 제약을 받지 않을 수 없는 실정입니다. 흔히 분파투쟁으로 말미암아 망했다는 평을 듣는 한국 공산주의운동입니다만, 대부분의 지도적인 공산주의자들이 유교적 분위기에서 성장했고 또한 민족해방운동과의 연계 속에서 공산주의사상을 받아들인 것은 무엇보다도 주목되는 점입니다. 식민지시대에 압도적인 비중을 차지한 농업사회에서 노동자계급과 연결을 꾀할 수 있는 통로가 사실상 막혀 있는 데다가 1928년 국제공산당에 의해서 당 해산 명령까지 받은 이후 중요한 활동 거점을 국외에서 찾을 수밖에 없었던 것은 한국 공산주의운동의 치명적인 한계를 보여주는 것에 다름 아니었습니다.

이상 도합 15개 특집 주제의 선정 취지에 대해 말씀드렸습니다. 1945년 해방 이후의 항목을 제외한 것은 1년 전에 출간된 『한국사시민강좌』 제38집의 특집 주제가 마침 '대한민국 건국사의 새로운 이해'였기 때문입니다.

역사학계의 최신 지식을 시민 독자 여러분과 공유하고 나아가 올바른 역사인식을 함양하기 위해 고 이기백 선생의 발의로 『한국사시민강좌』가 세상에 나온 지도 어느덧 20년의 세월이 흘렀습니다. 지난날을 뒤돌아보면 창간 당시의 목표에 비해 올바른 역사인식의 함양에 큰 성과를 거두지 못한 느낌이 듭니다. 이는 편집위원회의 무능, 무책無策에도 그 책임이 있겠습니다만, 그간 정부 당국이 줄기차게 시도한 '좌파 정책' 실험으로 말미암아 시민대중의 역사인식에 일대 혼란이 조성된 데도 그 원인의 일반一半이 있다고 생각됩니다. 조만간 상황이 반전될 것을 기대하면서 배전倍前의 노력을 약속드리는 바입니다.

이기백 선생의 3주기를 4개월 앞두고

2007년 2월

편집위원 이기동

| 차례 |

한국사 파악에서 내재적內在的 발전론發展論의 문제점

이헌창

1. 한국사학사의 개관

인류사처럼 역사학도 크게 전근대 사학과 근대 사학으로 양분할 수 있다. 유사 이래 가장 중요한 의미를 가진 변혁인 근대로의 전환 과정이 점진적이었던 것과 마찬가지로, 역사학도 전근대에 완만하나마 발전해오다가 그 기반 위에서 근대로의 전환기에 한 단계 높은 차원으로 발전하였고, 근대 사학의 성립 이후에도 꾸준히 발전해왔다.

한·중·일에서 근대의 기점에 관한 통설은 19세기 중엽 구미 근대세계에

李憲昶 고려대학교 경제학과 교수.
저서로 『韓國經濟通史』(제3판, 법문사, 2006), 『民籍統計表의 해설과 이용방법』(고려대 민족문화연구소, 1997)이 있고, 논문으로 「개항기 경제를 보는 한 시각」(『역사비평』, 2004 겨울호), 「朴齊家 경제사상의 구조와 성격」(『韓國實學硏究』 10·11, 2005·2006), 「한국사에서의 수도 집중」(『韓國史硏究』 134, 2006) 등이 있다.

대한 문호 개방이다. 세 나라 모두 근대 이전에 상당 수준의 역사학을 성취하였으나, 문호 개방 이후 유럽으로부터 근대 사학을 도입하였다. 일본이 사학을 비롯한 근대 학문을 가장 빠르게 흡수하였고, 한국은 일본을 주된 창구로 하여 근대 학문을 도입하였다. 한국이 근대 사학을 정립하기 전에 식민지로 전락함에 따라, 일본인에 의한 식민주의 사학이 출발기의 근대 사학을 주도하였다. 식민주의 사학은 한국사를 정체성, 타율성 등으로 집약하였다. 정체론은 조선사회가 자력으로 자본주의를 달성할 수 있다는 전망을 부정함으로써, 일본이 자본주의 문명을 베풀어야 한다는, 제국주의 지배를 합리화하는 논리를 도출하였다.

일제시대에는 식민주의 사학이 역사학계를 주도하였지만, 그것과 무관하게 실증을 심화하거나, 그것을 극복하려는 연구를 제출하거나, 나아가 그것에 대항하는 사론을 제기한 한국인 연구자들이 있었다. 일본제국주의의 패망과 한국의 독립 이후 식민주의 사학을 극복하기 위한 노력이 남·북한과 일본에서 동시에 본격화되었다. 그중 정체성·타율성이론을 비판한다는 뚜렷한 의식 아래 한국사가 기본적으로 내적 계기와 요인에 의해 발전해왔다는 사실을 명시적으로 드러내는 조류가 1960년대부터 한국사 연구를 주도하였다. 이러한 조류를 내재적 발전론(앞으로 내발론으로 약칭)이라고 부른다. 물론 내재성이나 발전을 부각하지 않으면서 식민주의 사학의 극복을 추구한 연구들도 있었다.

내발론의 문제점은 그것이 정립된 1960년대부터 지적되기 시작하였고, 비판이 서서히 확산되었다. 1990년대에는 내발론을 부정하는 연구가 해외 학계와 국내 경제사학계에서 제출되었으며, 국내 한국사학계에서는 내발론의 열기가 크게 식어가는 가운데 그 문제점에 대한 논의가 본격화되었다. 1990·2000년대는 한국사론의 전환기였다고 할 수 있다. 지금 한국사학은 어떤 방향으로 나아가야 하는가? 필자는 이러한 문제의식을 가지고 내발론을 성찰하여 한국사학의 새로운 방향을 모색하려 한다.

필자의 능력과 공부가 부족하여 빠트리거나 정확하지 않은 논점들이 적지 않을까 걱정스럽다.[1] 또한 전공인 조선후기와 경제사의 설명에 편중된 점에 대해서도 널리 양해를 구한다.

2. 식민주의 사학의 극복 노력과 발전론

내재적 발전론은 식민주의 사학을 극복하기 위해 제기된 사론이므로, 전자를 다루기에 앞서 후자를 고찰하지 않을 수 없다. 식민주의 사학은 한국경제사에 관해 근대적 방법론으로 씌어진 최초의 논문으로 간주되는 후쿠다 도쿠조福田德三의 「韓國の經濟組織と經濟單位(한국의 경제조직과 경제단위)」(『經濟學研究』, 1907)에서 정립되었으며, 시가타 히로시四方博의 「舊來朝鮮社會の歷史的性格に關して(구래 조선사회의 역사적 성격에 관해)」(『朝鮮學報』 1 · 2 · 3, 1951 · 1952)에서 최고 수준에 도달하였다. 시가타는 한국사 실증 연구의 수준을 높인 권위자임에도 불구하고, 한국사를 보는 견해는 1904년 짧은 한국 여행의 견문을 토대로 논문을 작성한 후쿠다의 선입견과 조금도 달라지지 않았다.

식민주의 사학의 최고 수준으로 평가받는 시가타의 논문을 중심으로 그 내용을 정리해보자. 논문 목차를 보면 반도적 성격, 사대주의, 정체성, 당쟁, 봉

---

1 지면의 제약으로 문헌 제시가 소략하니, 다음의 사학사 정리를 참조하기 바란다. 식민주의 사관의 비판은 『韓國史市民講座』 창간호, 1987. 1980년대까지의 사학사를 영역별로 상술한 저서로는 近代史研究會 編, 『韓國中世社會 解體期의 諸問題(上 · 下)』, 한울 아카데미, 1987. 내재적 발전론의 정립 과정은 金仁杰, 「1960, 70년대 '內在的 發展論'과 韓國史學」, 『韓國史의 認識과 歷史理論』, 지식산업사, 1997. 1945~2001년간 내발론을 포함한 발전적 한국사상을 추구한 연구의 정리는 閔賢九, 「發展的인 韓國史像의 追究와 새로운 研究方法의 摸索」, 『1945年 以後 韓 · 日 兩國에서의 歷史研究 動向』, 국학자료원, 2002.

건제의 결여 및 유교주의로 한국사의 성격을 집약하였음을 알 수 있다. 시가타에 따르면 한국은 대륙과 일본 열도의 중간에 끼인 반도국가여서, 극소수의 예외를 제외하고는 항상 주변 국가에게 타율적으로 이끌려 다니는 수동성을 보여주었다. 그러한 가운데 사대주의가 체질화되었고, 조선은 완전한 사대주의의 전형이라는 것이다.

시가타는 조선시대 519년간을 관찰한 "결론은 '정체성' 한 단어로 다할 수 있다"라고 하였다. 진보의 속도가 극히 완만하여 보통의 건전한 사회에서 예상되는 발전은 없었다는 것이다. 후쿠다는 봉건제도가 없어서 한국사가 정체했다고 주장하였는데, 시가타는 이러한 식민주의 사학의 통설을 그대로 인용하였다. 그는 조선이 중세적 수준에서 머문 근본 원인이 자본의 미축적에 있다는 독특한 견해를 제시하였으나, 그 궁극적 원인을 수구주의인 유교주의, 조선민족의 습성에 기인한 당쟁, 국내외적 수탈, 착취 등에서 구하는 데에는 다른 식민주의 사학자들과 다를 바 없었다.

일제시대에 조선시대 정체론과 연계하여 식민통치 아래 경제발전을 부각하는 글들이 다수 발표되었는데, 특히 스즈키 다케오鈴木武雄는 1930년대의 급속한 공업화를 '조선 산업혁명'이라 부르고, 그 주된 동력이 일본자본과 총독부의 지원이라고 보았다.

일제시대에 한국인의 한국사학은 민족사학, 실증사학 및 사회경제사학으로 대별된다. 이 모두가 명시적 · 암묵적으로 식민주의 사학에 대항하려는 의식을 가졌다. 이기백은 세 조류가 합류하여 신민족주의 사관을 낳았다고 보았다. 1960년대 초에 이기백과 김용섭은 식민주의 사관을 종합적으로 비판하는 글을 발표하였고, 이기백은 『한국사신론韓國史新論』(1967 초판 ; 1976 개정판 ; 1990 신수판)에서 신민족주의 사관에 입각하여 발전적인 한국사상을 제시하였다. 해방 후 대두한 내발론은 민족주의를 바닥에 깔고 사회경제사학을 흡수하면서 실증을 심화한 점에서 신민족주의 사관과 통한다.

정체론 극복을 위한 연구는 다면적으로 이루어졌다. 먼저 경제사 연구를 살펴보자. 첫째, 1930년대에 백남운은 한국사에서도 노예제→봉건제→자본제라는 세계사의 발전법칙이 예외 없이 관철된다고 주장하였다. 노예제 사회론과는 달리 봉건제 사회의 존재는 해방 후 통설로 받아들여졌다. 후쿠다를 비롯한 일본인 학자들은 주군主君·가신家臣 간의 위계적 질서가 없고 행정제도가 군현제도에 기반한 중앙집권제라는 점에서 봉건적 형식이 결여되었다고 본 반면, 백남운 등은 특권적 대토지소유와 농노의 소경영이란 생산관계를 기준으로 봉건제를 확정하였다. 둘째, 하타다 다카시旗田巍·이우성 등이 통일신라시대 이후 사유지私有地를 실증함으로써 토지국유론이 부정되었다. 그 결과 토지국유제를 물적 기초로 하는 백남운의 봉건제론과 달리 1960년대 이후에는 토지사유제에 기초한 봉건제가 통설이 되었다. 셋째, 조선후기에 상품화폐경제가 성장하고 자본주의 맹아가 출현하였다는 점에서, 근대로의 내재적 발전 추세가 나타났다는 주장이 제기되었다. 자본주의 맹아로서 부농층富農層, 공상제 수공업 및 상인자본의 축적과 광업 경영이 거론되었다. 이 분야에서 북한은 1960년까지 이미 괄목할 만한 성과를 거두었고,[2] 이어서 남한에서는 김용섭·송찬식·권병탁·강만길·유원동·유승주 등이 대작을 내었다.

시가타는 조선후기에 양반이 증가하고 노비가 격감하였다는 사실을 밝혔으면서도 그것을 사회문란상으로 간주하고 말았으나, 해방 후 한국인 학자들은 그 현상에 대해 중세적 신분질서의 해체라는 의미를 부여하였다. 17세기 말부터 사족층보다 신분이 낮은 부유층이 향회鄕會에 활발히 가입하면서 신

2 그 성과를 집약한 저서가 전석담·허종호·홍희유, 『조선에서 자본주의적 관계의 발생』(평양 : 과학백과사전종합출판사, 1970)이다.

향 · 구향 간 주도권 싸움이 벌어진 사실은 신분제의 해체를 보여주는 징표로 이해되었다. 이기백은 한국사 발전에 주도적으로 참여한 인간 집단이 단계적으로 점차 확대되어왔다는 점에서 세계사의 발전과 조금도 다르지 않다고 지적하였다.

개항기에 싹이 터 일제시대에 본격화된 실학 연구[3]는 천관우의 「반계磻溪 유형원柳馨遠 연구」(『歷史學報』 1952 · 1953)를 계기로 도약하였다. 실학은 학문의 실용성과 실증성을 중시하고 상업 · 국제무역 육성, 신분제 개혁, 화이관華夷觀 극복 등을 제시한 점에서 근대지향적 성격을 가졌다고 평가되었다. 다카하시 도루高橋亨 등의 일제시대 일본학자들은 실학에 주목하면서도 중국학문의 영향으로 발생하였다는 타율성론에 입각한 반면, 해방 후의 학자들은 조선 내부의 사회경제적 변화를 반영하면서 주자학의 폐해를 극복하려는 사상적 모색이라는 내재적 요인을 중시하였다. 나아가 다카하시 등의 부정적 조선 유교관에 대항하여 이태진 등이 성리학의 긍정적 기능을 제시하였고, 유봉학은 성리학의 발전 가운데 북학사상이 태동하였다고 지적하였으며, 최완수는 조선 성리학이 고유의 진경문화를 낳았다고 보았다.

안확은 1923년 출간한 『조선문명사朝鮮文明史』에서 당파 간 견제와 정책 경쟁의 긍정적 작용을 부각함으로써 당파 망국론을 비판하였고, 이러한 입장은 1970년대에야 식민주의 사관의 극복을 위해 계승, 심화되었다. 이태진은 소민小民(요사이 용어로는 서민)을 보호하는 왕도정치가 18세기에 민국民國 이념을 낳았고 그것이 근대 정치사상으로 이어질 수 있었다고 평가하였다. 정만조는 효종 때 한당漢黨의 안민부국론安民富國論과 산당山黨의 안민론 및 일부 공신의 부국강병론이 경합했음을 보여줌으로써 당파 간 정책 경합론을 심

3 趙珖, 「개항기 및 식민지시대 실학연구의 특성」, 『韓國實學硏究』 7, 2004.

화하였다. 민현구는 국가 형성기부터 조선후기까지 정치와 정치사상이 단계적・지속적으로 발전하였음을 보여주었다(『한국중세사 산책』, 일지사, 2005).

박병호는 법이 꾸준히 발전하여 조선시대에 계속적인 법전 편찬과 개수改修를 통한 법치주의 전통에 입각한 근세적 수준의 통일법전시대가 성립하였다고 평가하였다. 미야지마 히로시宮嶋博史에 따르면, 16~18세기에 집약적 도작稻作농법, 집권국가, 주자학 이념 및 종법질서가 확립된 소농사회가 성립하였는데, 이것들은 중국・일본에서도 발견되는 공통된 근세적 발전이었다.

이상의 연구들은 한국사의 발전양상을 보여주지만, 모두 내발론의 범주에 포함될 수 있을까? 1960~1980년대에 내적 계기와 요인에 의한 발전이라는 보편적 현상을 구명한다는 이념은 한국사 연구의 핵심적이고 기본적인 문제의식으로 작용하였으나, 연구자나 분야별로 그 영향의 강도가 달랐다. 세계사 발전법칙론과 자본주의 맹아론은 그러한 정신에 가장 충실하였으나, 내재적이라는 형용사를 첨부할 필요 없이 발전양상을 보여주는 연구도 많았다. 예컨대 실학론은 발전의 내재적 성격을 강하게 의식하였으나, 실학의 형성 계기를 서양 과학과 중국 고증학의 영향에서 찾기도 한다. '발전적인 한국사상韓國史像의 추구'라는 민현구의 정리가 20세기 후반 한국사의 학풍을 더 잘 포괄한다고 생각한다. 발전의 내재적 성격은 그 사론의 핵심적 특징으로 보면 될 것이다.

타율론을 극복하려는 수준 높은 연구는 일제시대부터 있었다. 김상기는 중국과의 조공관계가 무역을 한 본질로 하고 선진문물의 수입을 근본 동인으로 삼았다는 오늘날의 통설을 정립하였다. 그의 연구는 상호교류를 통해 발전하는 역동적인 동아시아 역사상을 보여주었다. 유홍렬은 중국 문화가 전래되면서 한국적으로 진화되어 토착화되었다는 사실을 밝혔다.

내발론은 1876년 개항 이후 근대사의 이해에 영향을 미쳤다. 조기준은 개

향기 · 일제시대 조선인 자본의 성장을 추적하였다(『韓國企業家史』, 박영사, 1973). 한우근(『韓國開港期의 商業硏究』, 일조각, 1976)과 안병태(『朝鮮社會の構造と日本帝國主義(조선사회의 구조와 일본제국주의)』, 龍溪書舍, 1977) 등은 개항 후 외국자본에 어렵게 대응해간 한국 상인 · 회사의 실태를 보여주었다. 이광린은 개화사상 · 운동의 연구성과들을 출간하였고, 김영호는 실학과 개화사상의 관련을 지적하였다.

일찍이 백남운은 조선후기에 나타난 자본주의 발전의 싹이 식민지화로 인해 억압받고 일본자본이 주체가 된 이식자본주의가 성립하였는데, 그 이면에는 소자본의 몰락, 농민의 곤궁 등 조선인 산업의 위축이 있었다고 보았다. 가지무라 히데키梶村秀樹는 조선후기에 나타난 자본주의 맹아가 제국주의의 침략과 지배로 인하여 왜곡되고 파괴당했다는 시각을 실증적으로 심화하였다(『朝鮮における資本主義の形成と展開(조선에서의 자본주의의 형성과 전개)』, 龍溪書舍, 1977). 내발론은 식민지의 기형성 때문에 해방 후 경제적 후퇴와 혼란을 경험하였고 나아가 대외 종속이 불가피했다고 보았으므로, 종속이론에 접목될 수 있었다.

3. 내재적 발전론의 기여와 문제점

내발론의 주장 대부분에 대해 비판론이 제기되어 있다. 그것을 필자의 견해와 아울러 제시한다. 한국사에도 세계사의 발전법칙이 관철된다는 주장은 마르크스주의의 퇴조와 더불어 세기의 전환기 무렵에 영향력을 상실하였다. 역사 연구의 진전과 사회주의체제의 붕괴는 이 법칙을 부정하였다. 양병우는 『역사교육』 14집(1971)에서 전사戰士집단이 발달하지 못하고 봉토封土의 수수 관행이 없는 한국사에서 봉건제는 없었다고 단언하였다. 아직도 한국

중세를 봉건제로 표현하는 학자가 적지 않지만, 1990년대부터 영향력이 약화되었고 앞으로도 그러할 것이다. 백남운 등의 봉건제론은 한국 중세경제도 유럽과 마찬가지로 소농경영과 대토지소유로 이루어졌다는 중요한 성격을 드러냈으나, 봉건제의 원래 개념은 양병우가 말한 대로이며, 이러한 제도의 유무가 경제체제와 사회 성격, 그리고 그 진화에 의미 있는 영향을 미쳤다. 세계사의 발전법칙을 기각한다면, 마르크스주의 사학처럼 원래의 봉건제 개념을 바꾸어 한국사에도 봉건제가 있었다고 무리하게 주장할 것까지는 없다.

토지사유론에 대한 비판으로 국가의 토지세 징수권에 기초한 토지 지배가 존재하는 중층적인 소유론이 제기되었다. 그런데 조선시대에는 민간인의 토지소유의식이 강고하였고 그것을 뒷받침하는 법제가 정비되어 있었다는 박병호의 연구에서 드러나듯이, 조선시대에 토지사유는 발달한 편이었다. 필자는 국가적 토지지배론을 사적 토지소유의 완전한 실현을 제약하는 요소를 지적한 정도로 정리하고 싶다.

안병태는 1975년 일본에서 발간한 『朝鮮近代經濟史硏究(조선근대경제사연구)』에서 자본주의 맹아론이 근대적 또는 근대지향적 요소만을 추출하여 부각하는 '부조적浮彫的 방법'이라고 비판하고 전근대적 요소도 포괄하는 '구조적 파악'이라는 대안을 제시하였다. 이영훈은 농촌공업의 성장을 통한 프로토proto 공업화가 없었고 농민층 분해를 통한 부농층의 성립이 사실과 다르며 시장경제가 국가경제의 부수적 형태였다는 점에서 자본주의 맹아론을 기각하였다.

정상적인 발전과정을 거치면 자본주의로 이행할 수 있다는 정체론자나 자본주의 맹아론자의 생각은 잘못된 것이며, 자본주의 맹아의 출현이 자본주의의 성립을 보증할 수는 없다. 영국만이 자생적 산업혁명에 성공한 것은 특이한 사건이었고, 18세기 조선보다 경제적으로 발달한 일본도 서양문명의 제한적 도입 체제 아래서는 산업혁명에 진입할 수 없었다.

그렇다고 해서 조선후기 상품화폐경제의 성장과 자본주의 맹아의 출현을 밝혀준 연구성과가 무의미하다는 것은 아니다. 농업기술의 발전, 농촌·도시 시장의 성장, 상품생산의 확대, 임노동자를 고용하여 영리를 추구하는 경영의 출현 등은 경제발전을 보여주는 중요한 지표들이다. 이러한 변화가 근대 경제 성립을 위한 충분조건은 아니지만 필요조건인 것은 분명하다.

조선후기 신분제 해체론에 대해 송준호는 갖가지 인연으로 얽혀 있는 당시 지역사회에서 모칭양반冒稱兩班은 양반 대우를 받을 수 없었고 소수의 특권적 양반 신분이 엄연하게 존속하였다는 반론을 제시하였다. 송준호의 견해를 기본으로 삼고 호적 기록상 신분구성의 변화나 신·구향 갈등을 양반제의 이완을 보여주는 현상 정도로 해석하는 것이 어떨까.

이후 성리학에 관한 연구가 진전되면서 실학론이 성리학과의 단절성 및 근대성을 과장하고 모호한 개념에 입각하였다는 비판이 대두하였다.[4] 이 비판은 일리가 있으나, 실학론을 폐기할 것까지는 없다고 생각한다. 실학자들은 대개 성리철학을 부정하지 않으면서 시대적 요구에 부응하는 정치·경제·신분제 등의 개혁방안을 제시하였는데, 박제가, 정약용 등 일부 실학자들은 성리학 사유를 극복하여 근대적 사유로 나아가려는 지향을 보여주고 또 조선시대의 체제를 한 차원 높이는 방안을 제시하였다는 점에서 새로운 사상 동향으로서 평가받을 가치가 있다.

필자는 당파 간 견제와 정책 경쟁을 중시하는 안확의 입장을 계승한 정치사 연구의 동향을 지지한다. 단 그와 아울러 당쟁에 대한 깊이 있는 성찰도

---

4 실학론을 비롯한 내발론을 종합적으로 비판한 대표적인 해외 연구로는 J.B. Palais, *Confucian Statecraft and Korean Institutions*(Seattle: University of Washington Press, 1996)이 있다.

더욱 진전되기를 희망한다. 안확은 향회 등을 자치제 발달의 지표로 삼았으나, 시가타는 향약·계 같은 민간단체는 관치행정의 폐단을 줄이는 사명을 담당하였다고 보았다. 오늘날 세계 학계는 안확의 접근법을 지지할 것이다. 경북 예천군 박씨 가의 자료를 보면 다양한 계와 동회·면회·향회 같은 지역공동체가 밀도 높게 존재하였는데, 이것은 근대화를 위한 사회적 역량 내지 사회적 자본을 보여준다.

이상으로 보건대 발전적 양상을 드러낸 연구는 여러 문제점을 가지지만, 대체로 타당하여 정체론을 유효하게 극복하였다. 그런데 내발론은 다른 심각한 문제점들을 가지고 있다. 첫째, 발전의 계기와 요인을 기본적으로 내부에서 구하여, 지정학적 요인과 국제교류의 영향에 대한 성찰을 소홀하게 만들었다. 이것은 타율성론에 대한 대항 의식과 마르크스주의 경제발전단계론의 영향 때문에 나타난 성향이다. 역사발전에서 내부적 요인과 외부적 요인은 모두 중요하며, 양자는 서로 연관되기도 한다. 기술·제도의 전파가 중요한 발전 요인이며, 그것을 얼마나 잘 흡수하는가는 내부 구조와 역량에 달렸다. 유라시아대륙은 문명의 전파 덕분에 다른 지역보다 빨리 발전하였고, 한국은 중국의 선진 문명 덕분에 비교적 일찍 고대 국가를 확립할 수 있었다. 한국이 중국 선진문명을 성공적으로 흡수한 것을 식민주의 사관은 타율성으로 매도하였던 것이다. 그 반면 지정학적 요인으로 인한 중화세계로의 강고한 편입은 근대적 전환에 불리하게 작용하였다.

둘째, 한국사가 봉건제 등 정상적인 역사발전 단계를 경험하지 못하고 정체하였다고 보는 식민주의 사관의 극복에 치중한 나머지 보편성을 지나치게 강조해서 한국사의 개성 내지 특성에 관한 성찰을 소홀하게 만들었다. 영토국가와 왕조의 장기 존속, 시장경제 상층의 미발달과 조선시대 시장경제 하층의 발달, 인류역사상 가장 강고한 조선시대 유교문화 등 한국사는 세계 학계에 기여할 흥미로운 특성을 적지 않게 가지고 있다. 셋째, 식민주의 사관이 심어놓은 한국사 비하卑下 관념 극복에 치중한 나머지 한국사의 성찰에 소홀한 감이 있다. 조선시대 유교문화와 붕당 정치를 예로 들면, 그 긍정적 기능과 아울러 폐단을 종합적으로 고찰하여 균형 잡힌 역사상을 제시할 필요가 있다.

식민지 근대화론은 일제시대 근대화를 높게 평가할 뿐만 아니라 식민지화 이전의 발전을 낮게 평가하는 시각에 입각해 있다. 이 사론은 일제시대 사회간접자본 구축, 제도 정비, 공업화 등에 기인한 경제성장이 1963년 이래 고도성장의 중요한 역사적 전제를 이룬다고 평가하였고, 경제 이외의 다면적 근대화 양상에도 주목하였다. 안병직과 이영훈은 '식민지화 이전 소농사회의 발전→식민지 근대화→해방 후 경제발전'이라는 역사상을 제시하고 있다.

필자는 내발론의 이론적 문제점을 인식하여 '개항 전에 자생적 근대화의 가능성이 있었던가'라는 물음을 '근대로의 이행을 위한 선행조건이 어느 정도 충족되고 있었던가'라는 방향으로 전환하자고 제안한 바 있다. 내재적 요인만에 의한 근대화 전망은 받아들이지 않으나, 전통시대의 발전이 근대로의 이행을 준비하였다는 사실은 인정하기 때문이다. 조선시대에 정치 · 경제 · 문화 등이 발전하였다는 점에서 정체론은 명백히 잘못되었다. 그런데 고려 · 조선의 경제는 유럽 · 일본의 중세 · 근세에서와 같은 역동적인 발전을 수행하지는 못하여 이들 국가에 추월당하였다. 일본에 비해 정치 · 사회구조가 견고한 반면 시장발달 수준이 낮은 조선은 개항 후 근대화를 수행하는 데 애로조건이 많았다. 개항기는 혼돈과 우여곡절로 점철되었지만, 정치 · 경제 · 사회 · 사상 등의 전반적 변혁기였다. 내발론에서 자본주의 맹아는 과대평가된 반면, 개항기의 변혁은 적절한 주목을 받지 못하였던 것이다. 정체론의 함의와는 달리, 조선이 개항 후 서양 문물을 학습하여 자주적 근대화로 나아가지 못했을 것이라고 단정할 수는 없다. 일본도 자생적 근대화를 수행할 역량을 갖추지 못하였다는 점에서, 개항 전 양국 간 경제력 격차는 정체론자의 주장처럼 현격하지는 않았다.

일제 아래 조선의 근대적 변화와 경제성장은 명백하다. 그런데 1910년대에 3% 이상의 지속적 성장 국면으로 진입한 것은 조선시대의 유산과 개항기의 근대화 경험을 배제하고서는 충분히 설명하기 어렵다. 그리고 식민지의 한계 때문에 조선인의 역량이 제대로 성장하지 못한 것 등은 해방 후 정치·경제·사회 발전에서 중대한 애로 요인이 되었다. 해방 후 심각한 경제후퇴로 1965년경에야 1940년의 경제수준을 회복하였던 것이다. 통계로만 파악되기 어려운 정치적·사회적·문화적 부작용을 고려한 식민지 유산의 종합적 평가는 아직까지 만족스럽게 이루어지지 않았다. 1950년대 중반의 최빈국 상태에서 1980년대 후반의 성숙된 산업사회로 나아간 것은 세계사의 뛰어난 성취 가운데 하나이나, 이러한 고도성장의 역사적 기반은 조선시대, 개항기, 일제시대 및 1950년대를 거치면서 지속적으로 축적된 산물로 보인다. 필자는 교육을 중시하고 독립적 농업경영과 초보적인 시장 접촉의 경험을 가진 인력이 풍부하였던 조선시대의 유산이 일제시대의 경제성장, 나아가 1963년 이래의 고도성장을 뒷받침하였다고 지적한 바 있다. 안병직은 선진국의 따라잡기catch-up를 한국 경제발전의 핵심 요인으로 지적하였는데, 조선시대 소농사회의 형성뿐만 아니라 중국문명을 어느 나라보다 잘 흡수한 사실도 주목되어야 한다. 필자는 내발론, 제국주의 비판론 및 식민지 근대화론의 변증법적 종합을 추구하여왔다.

4. 내재적 발전론의 역사적 평가

내발론의 문제점이 부각되고 식민지 근대화론이 주장되는 이 시점에서 시가타 등의 글을 보면서, 식민주의사학의 폐해가 심각함을 새삼 절감하였다. 첫째, 식민주의사학이 이론적 · 실증적으로 잘못되었음은 명백하므로 내발론이 그것을 극복한 의의는 낮게 평가될 수 없다. 둘째, 발전의 과대평가와 내재적 요인의 편향적 중시라는 내발론의 문제점은 정체론과 타율성론의 극복 의욕이 낳은 부작용이었다. 셋째, 반도적 성격의 지리결정론, 정체론, 당쟁망국론 등을 담은 식민주의사학의 극복 과제는 지리 또는 지정학의 영향력, 봉건제를 경험하지 않은 역사적 특성, 신분제 · 붕당정치 문제 등을 성찰하는 것을 어렵게 만들었다.

19세기에 백인이 유색인보다 우월한 인종이고 비유럽사회가 정체되었다는 주장은 근대학문을 주도한 유럽에서 널리 유포되었고, 이 속설은 제국주의가 붕괴된 제2차 세계대전 후에야 비로소 극복되었다. 제국주의시대의 분위기 속에서 유럽인이 정립한 인도 · 중국사회정체론을 일본인은 그대로 한국사에 적용하였던 것이다. 문호 개방 이전에 일본에 추월당하고 나라가 망한 한국 역사를, 민족적 편견이 심한 시대에 살던 보통 일본인이라면 깔보기 쉬웠으며, 거의 모든 한국인은 수치심과 열등감을 뿌리칠 수 없었다. 정체론은 이러한 시대적 편견, 식민통치라는 현실 그리고 미성숙한 역사 연구의 합작품이었다.

사실 한국사는 세계에 과시할 정도로 찬란하지는 않지만 그렇다고 해서 보잘것없지도 않다. 내세울 거리와 반성의 소재를 모두 제공하는 역사를 물려받은 것을 필자는 다행으로 생각한다. 역사란 과시와 비하의 대상이 아니라, 자기의 인식 · 성찰과 타자의 이해를 도모하는 터전이다. 보잘것없게 보이더라도 자신을 길러준 부모와 고향이 소중하듯이, 누구에게나 자국의 역사는 소중하다. 아일랜드 · 핀란드처럼 우리보다 못해 보이는 전근대사를 가졌지만 지금 우리보다 선진적인 나라들이 있는가 하면, 우리보다 찬란한 전근대 문명을 달성하고서도 공업화에 늦은 나라도 적지 않다.

역사에서 번영 가운데 침체와 후퇴의 씨앗이 뿌려지고 위기 가운데 도약의 발판이 마련된 일을 찾기란 어렵지 않다. 정체기 또는 후퇴기가 있지만 어떤 후진국이라도 그 역사상을 정체성으로 규정할 것까지는 없고, 아무리 성과가 좋은 선진국이라도 발전론을 사론으로 내세울 필요는 없다.

요컨대 정체론이 없었더라면 발전론이란 사론은 불필요하였고, 내적 동인을 위주로 발전을 탐구한 것은 타율성의 극복에는 도움을 주었을지언정 부작용을 낳았다. 내발론은 정체론을 극복한 것으로 그 역사적 사명을 다하였다. 식민주의 사관의 골이 깊었기 때문에 내발론의 봉우리가 높고 길었다. 그리고 세계사적 발전법칙, 생산관계에 의거한 봉건제론, 자본주의 맹아론 및 내적 요인의 중시라는 마르크스주의 사학의 강한 영향력은 내발론의 중요한 버팀목이었다. 그러다 보니 내발론의 문제점이 가볍지 않고 그로부터 벗어나기 힘들었다.

내발론의 민족주의 성향이 학문의 과학성을 저해하고 세계화시대의 역사교육에 배치된다는 비판이 있다. 내발론자들이 대개 민족주의 성향과 마르크스주의 학풍을 가진 것은 사실이다. 그런데 내발론을 정립한 남 · 북한 학자들은 1950년대부터 선진 학풍을 흡수하여 실증 연구에 적용하는 과학적 역사를 추구하였다. 이들은 정체론 극복 의욕과 민족주의 의식으로 발전을 부각하였으나, 의도적으로 사실을 왜곡하지는 않았다. 민족주의 의식은 정체론 극복을 위한 연구를 활성화하고 정체론이 조장한 한국사 비하 의식의 극복에 기여하였다.

모든 역사는 현대사라는 말이 있듯이, 학문의 발전뿐만 아니라 시대적 요구의 변화가 사론의 변화를 낳았다. 정체론은 제국주의 지배의 합리화 의도로부터 자유롭지 않았고, 내발론은 민족적 비하의식을 극복하고 국민국가·경제 건설을 위한 역량을 결집하려는 시대적 요구에 부응하려 했다. 정체론이 극복되고 세계화시대가 도래한 이 시점에서 민족주의 사학의 효용성은 크게 떨어진다. 게다가 20세기 중엽까지도 세계 역사학계의 유력한 학풍이던 마르크스주의 사학의 한계가 이후 점차 드러난 반면, 아날학파·사회사·경제성장사·제도경제사 등 비마르크스주의 사학이 눈에 띄게 발전하였으므로, 결과론적으로 내발론의 강한 영향력과 장기 지속은 선진 학풍의 도입을 제약하였다. 내발론이 불러일으킨 한국사에 대한 애정을 바닥에 깔면서 객관적인 자기 성찰을 이루는 역사, 개방화·다원화된 선진사회를 지향하는 한국사회의 자기 인식과 진단이라는 새로운 시대적 요구에 부응하는 역사가 정립될 필요가 있다.

5. 새로운 한국사 학풍의 모색

한국사학계는 1990년대부터 내발론에서 벗어난 것으로 보인다. 그 배경은 무엇일까? 첫째, 고도성장기의 경제발전과 1987년 이후의 정치발전은 정체론을 역사현실에서 부정하고 식민지화에 대한 수치·열등감을 극복할 수 있게 도와주었다. 둘째, 국내 정치·경제발전과 1989년 이후 동구 사회주의의 붕괴는 마르크스주의 사학의 퇴조를 낳았다. 셋째, 한국사 연구의 진전과 다양화가 이루어졌고 세계 학계와의 교류가 활발해졌다. 넷째, 위에서 언급하였듯이 세계화시대에 부응하는 역사학의 요청이다.

새로운 한국사 학풍의 모색을 위한 관견管見을 제시한다. 첫째, 발전이 있었음을 드러내는 사론에서 발전의 특성과 요인을 구명하는 사학으로 전환해야 한다. 내발론이란 사론이 필요 없다고 해서 역사발전의 탐구가 중요함을 부정하는 것은 결코 아니다. 인류사는 정치 · 경제 · 사회 · 문화 등 여러 면에서 뚜렷이 발전해왔다. 정치적 · 경제적 자유가 신장되어왔으며, 경제가 성장해왔다. 특히 근대에는 생활수준이 뚜렷이 향상되었고, 문화와 인간과학의 발달로 정신문명도 성숙해져왔다. 기술을 중심으로 하는 지식은 축적되기 마련이므로 발전은 인류사의 보편적 특성이라 할 수 있다. 내발론은 정체론을 극복한 소극적 기여뿐만 아니라 조선후기의 경제 · 사상 · 정치 · 문화 발전을 구명한 점에서 한국사를 풍성하게 만드는 적극적 기여도 했다. 이러한 발전의 양상 · 속도 · 요인을 밝히는 것은 역사학의 중요하고도 기본적인 과제이다. 경제성장의 양상과 원인을 구명하는 성장사학은 20세기 후반 경제사학의 주류로 부상하였다. 내발론이 정체론을 극복한 오늘날에는 한국사는 정체한 것이 아니라 발전하였다고 주장하는 데 그쳐서는 안 되고, 발전의 양상과 특성 그리고 그 요인을 구명하는 데까지 나아가야 한다. 발전의 내재성을 전제하지 말고 국면별로 내적 · 외적 요인이 각각 어떻게 작용하고 서로 관련을 맺는지를 구명해야 한다. 시대별 · 부문별 성과의 탐구와 평가는 비교사적 연구를 요청하고, 실증뿐만 아니라 사회과학이론을 필요로 한다. 예컨대 지리, 제도, 국제경제 교류, 자본 축적 등이 경제발전을 어떻게 결정하는가에 대한 활발한 경제학계의 논의를 참조할 수 있다.

필자의 시론을 제시해본다. 조선이 중국과 대등한 수준의 집권국가를 수립하고 일본이 봉건제로 나아간 것은 지정학적 환경과 밀접한 관련이 있다. 봉건제를 경험하지 못하여 정체하였다는 말은 성립하지 않지만, 정치체제의 차이는 시장 환경과 제도 진화에 중대한 영향을 미쳤다. 15세기에 일본은 조선보다 정치 · 과학기술 면에서는 후진적이었으나, 훨씬 활성화된 시장을 가지고 있었다. 조선후기 일본과의 경제 격차가 확대된 중요한 요인은 도시화와 원격지 유통의 차이였다. 18세기 조선은 도시화율이 낮고 원격지 상업이 활발하지 않았지만 인구, 농촌 정기시 및 초·중등 교육기관 밀도는 세계적으로 높은 편이었다. 개항으로 인한 자유무역체제가 경제발전의 중대한 장애 요인을 제거하였고, 개항 전 따라잡기를 위한 사회적 역량을 어느 정도 축적하였기 때문에 개항기에 비교적 빠른 변혁을 경험할 수 있었다. 조선시대에 장기간 고도의 안정을 누린 것, 1876년 개항 이후 지금까지 격변을 거듭한 것은 국제환경과 밀접한 관련을 가진다. 돌이켜보면 조선의 건국 주체를 비롯한 지배층은 국내외 여건을 전제한 위에서 왕조의 안정적 장기 존속과 문화의 발달을 도모하는 전략을 성공적으로 수립하였다. 이들이 설계한 견고한 질서가 수백 년 후 지구 반대편의 유럽에서 일어나기 시작한 근대적 변혁에 대응하는 데 지장을 초래한 조선시대 역사에 대해, 수십 년, 아니 수년 후를 대비하는 대책의 수립에도 지금껏 우왕좌왕하는 우리는 자신에게도 돌을 던지는 마음가짐으로 비평해야 할 것이다.

둘째, 내발론 계열로 포괄될 수 없는 연구를 더욱 활성화하여 역사 연구의 다변화를 진전시켜야 한다. 예컨대 김상기·전해종 등의 국제교류사 연구는 더욱 활성화될 필요가 있다. 내발론과 더불어 사회경제사 연구가 퇴조하고 포스트모더니즘 역사관이 대두하면서, 문화사·생활사 연구가 활성화되어 연구의 다양화에 기여하고 있다. 식민주의 사관은 한국사의 특수성을 강조한 데 반해 내발론은 그 보편성을 강조했는데, 양자 모두를 파악한 위에서 종합적인 역사상을 수립해야 한다. 구미 학계는 애초부터 내발론에 동참하지 않고 한국사의 특성을 구명하는 데 노력하였다. 와그너Edward.W. Wagner는 조선왕조의 장기 존속에 주목하여 고도로 발달한 간쟁제도 등을 그 원인으로 제시하였고, 도이힐러Martina Deuchler는 유교의 사회변혁 작용을 비교사적 안목으로 고찰하였다. 2000년대에 국내외 한국사 연구자들의 교류가 활성화되어 반갑다.

셋째, 한국사 연구의 다변화와 더불어 종합화 노력에도 힘써야 한다. 구미 학계에서는 포스트모더니즘이 사회과학적 역사와 거시적 역사를 대체하려 하였으나, 결국 접근 방식의 다양화에 기여하는 정도에서 그쳤다. 더군다나 우리에게는 내발론에 대한 성찰을 바탕으로 한국사상을 재정립해야 하는 과제가 남아 있다. 정치 · 경제 · 사회 · 문화 등 각 분야의 구조와 변화 추이를 고찰하고 비교사적 고찰을 통해 그 특성을 파악한 다음에 신중하게 한국사상을 정립해야 할 것이다.

넷째, 역사 연구의 기본을 다지려는 노력을 계속할 필요가 있다. 역사 연구는 수사학, 과학적 방법론, 직관 내지 통찰력 등을 요구한다. 실증과 이론은 과학성을 보증한다. 랑케 사학은 엄격한 과학을 내세우며 근대 사학을 열었는데, 조선후기 사학도 비과학적인 것만은 아니며 랑케 사학의 세례를 받은 후쿠다와 그 이후의 정체론자들의 과학성도 불완전하였다. 마르크스주의 사학은 랑케식 실증사학을 비판하며 그보다 엄격한 과학을 지향하였다. 20세기 후반에는 고급 통계기법과 주류 경제이론을 활용한 과학적 역사 연구가 진전되었다. 한국사에서도 이러한 방법론에 의거하여 1970년대부터 일제시대 국민소득의 추계가 이루어져왔고, 최근 진전된 물가사 연구의 성과가 이영훈이 엮은 『수량경제사로 다시 본 조선후기』(서울대출판부, 2004)에 집약되었다. 그런데 신경제사 연구가 가장 진전된 영국사에서도 여전히 추계가 계속 수정되고 있고 그 설명력의 한계가 커서 논란이 뜨겁다. 과학적 역사의 선두주자인 경제사도 기본적으로 수사학이라는 주장이 있을 정도로 수사학은 역사 연구의 기본요소이다. 한국사에서 통계 · 수학에 의존한 방법을 도입하려는 노력은 필요하되, 인문학적 역사 연구와 사회과학적 역사 연구가 각기 한계를 자각하여 겸허한 자세로 교류를 강화할 필요가 있다.

21세기에는 내발론처럼 한 시대를 대표하는 호칭은 나오지 않을 것으로 생각한다. 다변화된 연구 동향 가운데 포스트모더니즘의 영향이 강하다거나 사회과학의 역사가 부활한다거나 게임이론에 입각한 신제도사 연구가 한국 경제사의 새로운 연구 동향이라는 정도의 경향성 내지 특성이 드러나는 데에 그치지 않을까. 유행이 어떠하든 간에 역사 연구의 기본에 충실하면서 선진 세계학계의 동향을 주시하고 한국사에서 일반성과 특수성을 모두 구명하는 작업 원칙은 변하지 않을 것이다. 일제시대부터 이병도 · 김상기 · 백남운 등은 이러한 자세를 견지하였고, 해방 후 내발론의 선구자들도 그러하였다. 그래서 한국인 연구자들은 일제시대에 이미 한국사학 분야에서는 세계적 수준을 보여주었다고 자부한 『진단학보震檀學報』를 발간할 수 있었다. 이제 선배들의 업적과 유리해진 연구 여건을 발판으로 삼아 한국사학의 세계적 수준을 도모할 때이다.

한국문화의 형성원리와 그 표현형식

—외래문화의 토착화 현상에 대한 평가 문제—

이기동

1. 머리말

1970년대에 한국 역사학계의 모든 역량을 결집해서 편찬한 것이 당시 문교부 산하 국사편찬위원회에서 출간한(1973~1979) 『한국사』 총서 25권(총색인 및 논저목록 2권 포함)이었다. 그런데 그 '간행취지'에 따르면 『한국사』는 세 개의 사항을 목표로 하여 편찬되었는데, 그중 첫째가 "민족의 역사와 문화의 성장 발달을 바탕으로 한 한국사를 편찬한다"는 것이요, 둘째가 "민족주체성에 입각하여 내재적 발전을 부각시키는 한국사를 편찬한다"는 것이었다.

李基東 동국대학교 사학과 교수.
저서로 『한국사강좌』 고대편(공저, 일조각, 1982), 『신라 골품제사회와 화랑도』(일조각, 1984), 『백제사연구』(일조각, 1996), 『신라사회사연구』(일조각, 1997), 『전환기의 한국사학』(일조각, 1999), 『백제의 역사』(주류성, 2006)가 있고, 번역서로 『광개토왕릉비의 탐구』(李進熙 지음, 일조각, 1982), 『일본인의 한국관』(旗田巍 지음, 일조각, 1983) 등이 있다. 이 밖에 한국고대사와 한국사 전반에 관한 많은 논문이 있다.

그로부터 20여 년이 지난 1990년대에 국사편찬위원회는 다시 총력을 기울여 이른바 신편 『한국사』 총서 53권(총 색인 1권 포함)을 간행했는데(1993~2003), 그 '간행취지'를 보면 네 개 사항의 편찬목적을 세웠다고 한다. 그중 첫째가 "한국의 역사와 문화에 대한 객관적 인식의 토대를 제공할 수 있는 한국사를 편찬한다"는 것이고, 둘째가 "민족의 창조적 문화활동과 민족사의 내재적 발전을 드러내는 한국사를 편찬한다"고 되어 있다. 그러니까 '간행취지'에서 본다면 구판의 '민족주체성에 입각'한 역사 서술이 신편에서는 '객관적 인식'의 토대를 제공하는 것으로 표현이 다소 완화된 반면, '민족사의 내재적 발전'을 추구한다는 점에서는 아무런 변화가 없으며, 새로이 '민족의 창조적 문화활동'을 부각시킨다는 구절이 첨가된 점이 주목된다.

신편 『한국사』의 '간행취지'에 보이는 문화사에 대한 강조는 어찌 보면 상투적인 느낌이 들기도 하지만, 그간의 시대상 변화를 반영하는 것으로 생각해볼 수도 있다. 20세기 후반에 유교문화권에 속하는 일본을 비롯하여 한국, 타이완 등 동아시아지역이 단기간 내에 눈부신 경제발전을 이룩하면서 막스 베버Max Weber 이래 자본주의를 주축으로 한 근대화의 부정적 요인으로 지적되어온 유교문화에 대한 종전의 평가가 역전逆轉되기 시작했고, 이는 자연스레 한국의 전통문화 전반에 대한 긍정적인 관심을 유발했다고 할 수 있다. 무엇보다도 지난 세기말부터 장차 닥쳐올 21세기는 '문화의 세기'로 바뀔 것이라고 전망하는 문명비평가들의 입김이 한층 강해진 것도 무시할 수 없다. 문화의 힘을 강조하는 이 같은 주장은 '문화산업'이란 용어가 지시하듯 주로 산업기술적 측면에서 제기된 느낌이 들지만, 역사적으로 보면 문화만이 르네상스(재생再生)를 일으킬 수 있다는 주장은 이미 19세기 중엽부터 역사학계에서 대두했다. 오늘날 문화사의 선구자라는 높은 평가를 받고 있는 스위스의 역사가 부르크하르트Jacob Burckhardt는 1868~1869년에 '역사 연구에 대하여'라는 제목의 대학 강의(『세계사의 성찰』, 1905)에서, 역사발전에서 가장 중요한 잠재력을 국가와 종교 그리고 문화의 세 가지 사상事象으로 보고 그 상호관계를 논한 바 있다. 그는 중세 서유럽세계가 이미 사멸死滅한 로마제국의 망령에 사로잡혀 이를 회복시키려는 꿈을 꾸었으나 결국 실패로 끝난 대신, 그리스·로마의 고전고대문화를 재생시킴으로써 기독교에 장기간 억압되어 있던 중세사회로부터 이탈하는 데 성공하여 이윽고 근대사회로 도약할 수 있는 발판을 마련했다고 굳게 믿었다.

지난날 동아시아의 역사와 문화에 어두운 서양사람들은 한국문화를 중국문화 혹은 일본문화의 모조품 내지 변종으로 잘못 생각해왔다. 제1차 세계대전이 몰고 온 서양문명에 대한 위기의식 속에서 민족과 국가 단위의 역사연구 및 서술을 문명 단위로 바꿔서 이해하려고 한 토인비Arnold J. Toynbee는 40년간에 걸쳐 12권으로 완성한 필생의 대작 『역사의 연구』에서 한국문명을 일본문명권에 포함시켜 논의하는 큰 과오를 범하기도 했다. 그는 죽기 바로 3년 전인 1972년에 새로이 펴낸 이 책의 축약본에서 비로소 한국문명을 세계 28개 문명의 한 독립된 단위로 실정했다. 한새 동아시아지역 전통문화의 유기적 성격에 주목하는 서양의 전문적인 연구자들 중 일부는, 한국을 비롯한 일본·티베트·베트남 등 중국 주변지역에서 이룩한 같은 종류의 문화적 성과, 이른바 '주변의 창조'라는 현상을 갖고 중심에 위치한 중국문명을 관찰 평가하는 방향으로까지 그 이해의 폭을 넓히고 있는 실정이다. 이 같은 관점에 설 때 '한민족의 창조적 문화활동'을 부각시킨다는 신편 『한국사』 총서의 '간행취지'는 그 자체로 크게 잘못된 것이 아님을 이해할 수 있다. 다만 한국문화를 논의하는 데에서 외래外來문화의 광범한 수용과 그 토착화과정에서 나타난 한국적 변용變容에 대한 이해가 빼놓을 수 없는 필수적인 과제라고 생각되어, 이 문제에 대해 몇 가지 견해를 피력하려고 한다. 평소 한국의 전통문화에 관심을 갖고 있는 독자 여러분의 친절한 교시와 엄정한 비판을 기대해 마지 않는다.

2. 한국전통문화의 형성과 외래문화

한국문화의 전통을 어떻게 오늘에 되살려 새로운 현대문화를 창조할 것인가 하는 문제는 지난 1960년대 이래 지식인들 사이에 큰 관심을 끌고 있는 사항이다. 그런데 이 같은 논의의 배경으로 1960년에 일어난 4 · 19 학생혁명과 특히 이듬해 5 · 16 쿠데타로 집권한 군사정권의 민족주의 고취 및 급속한 산업화정책을 들 수가 있다. 이 밖에 해방 후 한국사회에 밀려 들어온 서구문화의 영향이 컸던 것도 사실이다. 즉 전통문화 계승론은 민족의 주체성을 강조하는 폐쇄적인 정치사회적 풍조 속에서 한편으로 무분별한 외래문화의 수용에 반발하는 성격을 띤, 그 자체로 복합적인 것이었다고 할 수가 있다.

사회학자들은 흔히 근대화 이전의 사회를 전통사회라는 용어로 부르는데, 이러한 용어 사용법에 따른다면 전통문화란 바로 전통사회의 문화, 곧 근대화 이전 시기의 문화를 가리킬 것이다. 그런데 한국에서 근대화운동이 시작된 것은 불과 한 세기 이전의 일이고, 그 전까지 몇 천 년간에 걸쳐서 독자적인 문화를 창조해왔다. 다시 말하면 전통사회는 근대사회와 비교할 수 없을 만큼 매우 오랫동안 지속된 점이 특징이다. 따라서 한국의 전통문화란 우리 민족이 유구한 세월 속에서 쌓아 올린 역사적 경험의 총체라고 말할 수 있다.

한국의 전통문화가 이처럼 장구한 역사 속에서 끊임없이 변화 · 발전해온 것이라면, 이를 결코 고정불변의 어떤 실체로 파악할 수는 없다고 생각된다. 문화인류학의 정의에 따른다면, 문화란 한 사회 구성원들의 집단경험을 통해서 우러나온 행위와 관념 및 그 결과로 나타난 소산으로서의 기술과 인공물을 포함하는 생활양식 또는 행동원리 일체를 가리킨다. 그러므로 일단 배워서 익힌 생활양식 또는 사고방식이라도 새로운 상황에 부딪히게 되면 자연히 변화하지 않을 수 없다. 요컨대 문화는 그 자체로 살아 움직이는 생명체라고 할 수밖에 없다. 그렇기 때문에 한국의 전통문화라고 해도 신라문화와 고려문화가 다르며, 이 점은 고려문화와 근세 조선문화를 비교할 때에도 마찬가지이다. 실제로 우리 전통문화의 여러 측면에는 아주 오랜 과거로부터 오늘에 이르기까지 연면히 계승되어온 특질도 있고, 혹은 근세조선 말기부터 새로이 형성되어 발전해온 것도 있으며, 반대로 이미 오래전에 소멸된 것도 있다. 한국 전통문화의 본질이랄까 특성이랄까를 한마디로 정의하기 어려운 까닭도 바로 이 점에 있다.

또한 한 시대의 전통문화라고 해도 그 존재형태랄까, 그 문화의 구조가 반드시 같은 것은 아니다. 이를테면 근세조선을 살펴보더라도 지배층의 이른바 사대부士大夫 양반문화와 피지배층의 서민·평민문화가 크게 달랐던 것이 사실이다. 또한 신분상 양반과 평민의 중간에 위치한 중인계급의 독특한 문화가 있었음은 말할 나위도 없다. 이를 관변官邊문화와 민간문화 혹은 표층表層문화와 기층基層문화 등의 용어를 써서 설명하기도 하는데, 어쨌든 신분 상하 간에 생활양식이나 사고방식이 같을 수는 없었다. 하긴 이 경우 우리들은 서로 대립하는 여러 문화들의 공통분모를 찾아내 하나의 기준으로 제시할 수도 있지만, 이 같은 작업은 결코 쉬운 것이 아니다.

이처럼 전통문화의 특성을 한마디로 정의하기 어려운 것과는 대조적으로 한국 역사상 문화가 크게 일어날 때에는 예외 없이 외래의 선진문화가 큰 영향을 끼쳤던 점을 지적하지 않을 수 없다. 바꿔 말하면 오늘날 우리가 자랑하는 전통문화의 형성에는 언제나 외래문화의 자극이 있었던 것이다. 하긴 이것은 오로지 한국문화에만 해당하는 현상은 아니다. 본디 문화는 고립해서 발전할 수 없는 속성을 지니고 있으며, 항상 다른 문화와의 접촉 내지 교류를 통해서 새로이 창조되기 때문이다. 이 점은 문헌자료보다도 물질자료를 연구 대상으로 삼는 고고학자나 미술사가들이 예민하게 느끼고 있다. 지난날 한국고고학 연구의 지도적 위치에 있었던 김원룡金元龍은 이 점에 대해 다음과 같이 지적했다.

> 되풀이하는 것 같지만, 우리나라의 고대문화는 그 성분이 매우 복잡하며, 또 그만큼 외래 요소가 많이 섞여 있는 것을 알 수 있다. 그러나 이것으로써 한국문화가 동양문화의 잡종이라고 생각해서는 안 된다. 문화에 외래 요소가 많다는 것은 그만큼 그 문화가 외계外界와 활발히 접촉하고 항상 생동하고 있었음을 말해주는 것이며, 외계와 접촉 없이 어떤 문화도 발전, 변화할 수는 없음을 우리는 알아야 한다. 우리나라의 삼국 중에서도 외국, 특히 중국과 더 많은 접촉을 가졌던 고구려나 백제의 문화가 신라에 비해 더 세련, 발달되고 있는 것은 바로 이러한 까닭인 것이다 (『韓國考古學概說』, 제1장 「서론」, 一志社, 1973).

미술사가들은 이보다 더 분명하게 외부세계와의 끊임없는 접촉과 교류의 필요성을 강조하고 있다. 즉 미술의 경우 새로운 양식으로 출발하게 되는 계기는 언제나 외부의 자극을 받아서 마련되며, 그렇지 못하면 민족 고유의 양식으로 굳어지는 듯하다가도 얼마 안 가서 퇴보가 시작되어 이른바 전통양식 그 자체가 쇠퇴 타락의 길에 빠진다는 것이다. 이를테면 조선왕조 시대의 백자白磁는 임진왜란을 겪고 난 뒤 가장 뛰어난 한국적 도자기의 격조格調의 미학을 보여준다고 높이 평가되고 있다. 하지만 당시 세계 도자 역사의 흐름이 색회色繪자기 위주로 흘러가고 있었던 경향에 비춰볼 때, 백자에 대한 끈질긴 집착이야말로 한국적 미학의 완성이라는 긍정적인 면과 더불어 도자기 제조기술의 정체를 초래한 것도 엄연한 사실이라고 하겠다.

외부로부터의 자극은 비단 문화에서만 중요한 의미를 갖는 것은 아니고,

한국 고대국가의 형성과정을 보더라도 결정적인 의미를 갖고 있다. 제아무리 지역사회 내부에 물질적인 역량을 갖추고 있더라도 외부세계와의 접촉 및 상호작용이 본격화될 때까지 국가사회의 형성은 지연되게 마련이기 때문이다. 만주(현재의 중국 '동북' 지방) 길림성吉林省 중부지역에서 일어난 부여사회의 경우, 청동기시대의 오랜 문화적 전통인 서단산西團山문화를 통해서 이미 내부적 역량이 충분히 성숙해 있었음에도 불구하고 중국의 통일 제국인 진秦·한漢이 요동지방으로 세력을 뻗쳐오기 시작하여 이에 대응할 필요를 느낄 때까지 국가 형성은 장기간 지연되었다. 한편 서단산문화와 비슷한 시기에 청동기시대 말기 및 철기시대의 풍부한 문화단계를 성취했던 북부 베트남의 동선Dongson문화는 이 지역에 손을 뻗친 한제국에 의해 정복됨으로써 국가 단계를 성취하지 못한 채 종말을 고하여 부여와 대조된다.

한국의 전통문화가 초기국가 형성 이래 특히 중국과 끊임없이 교섭하면서 거의 전방위全方位적으로 그 문화의 영향을 받은 것은 다 아는 사실이다. 중국문화의 수용은 한자를 비롯하여 유교사상, 한문으로 번역된 불교경전, 율령律令제노, 각종 기술 등 정치·사상·문화 전반에 걸쳐 19세기까지 2000년 이상 중단 없이 계속되었다. 그러나 중국문화의 유입이 흔히 생각하는 것처럼 순조로웠던 것만은 아니다. 이를테면 한제국이 고조선을 멸망시킨 뒤 그 핵심부인 평양지방에 설치한 낙랑군은 그 뒤 여러 왕조를 거치면서도 400년 이상 존속하여 한반도에 중국문화가 유입되는 창구 역할을 했다고 평가되고 있으나, 실제로 문명화의 강한 억제와 압박이 가해졌던 흔적이 엿보인다. 4세기 초 요동지방의 고구려가 남진하여 낙랑군을 없애버린 뒤부터 비로소 중국의 고급 물질문화가 한반도 전역에 확산된 것은 그 움직일 수 없는 증거이다.

물론 한국 역사상 중국문화만이 외부로부터 유입된 것은 아니었다. 통일신라시대에 당唐제국을 통해서 중앙아시아지역(서역西域)의 예술이 수용되었고, 고려 후기에는 몽골족이 세운 세계제국 원元의 정치적 간섭을 받는 동안 한국 고유의 음식이나 의복, 신발, 모자 등의 풍속이 그쪽으로 전해져서 '고려양高麗樣'이라는 일종의 한류韓流 현상을 낳기도 했고, 한편으로는 원을 통해서 서남아시아지역의 발달한 이슬람 과학문명을 받아들여 조선 초기 천문학과 수학 발달에 큰 원동력이 되기도 했다. 또한 조선 후기 실학운동은 한국 역사상 보기 드문 각성의 시대를 연출했는데, 이 같은 경탄할 만한 자각과 반성의 통렬한 자기비판을 가능하게 한 것은, 당시의 구제하기 어려운 참담한 국내 현실 외에도 명明·청淸을 통해서 한국에 들어온 서양과학문명이 던진 충격이었음은 이제 학계의 상식이 되었다.

다만 한국문화 최대의 금자탑인 한글 창제創制만은 어디까지나 세종世宗대왕의 창조적 정신의 소산으로 보아야 한다. 거란족이나 여진족 혹은 티베트계통의 탕구트족은 모두 이른바 정복왕조를 수립한 뒤 중국문화에 동화되지 않고 독자적인 유목민족문화를 지키기 위한 민족적 각성에서 각기 문자를 창안했으나, 한자를 모범으로 해서 만든 이들 문자는 왕조의 쇠망과 더불어 모두 소멸되고 말았다. 오직 몽골족만이 쿠빌라이 때에 티베트의 고승 파스파가 한자와 전혀 관련이 없는 문자를 창안하는 데 성공했다. 어쩌면 세종은 신라시대 이래 사용해온 이두〔吏讀〕의 전통을 계승한 터전 위에서 몽골족의 원을 통해 단음單音문자의 원리를 터득한 것으로 짐작되지만, 어쨌든 한글 그 자체는 독창적인 창조였음에 틀림없다. 이처럼 한국의 전통문화는 유사 이래 끊임없이 외래문화를 흡수, 소화하면서 이에 생명을 불어넣어 한국적인 특색을 이룩했다고 할 수 있다.

3. 한국문화의 표현형식

일본의 식민통치시대에 유물사관을 신봉했던 한국의 역사가들은 세계사의 보편적인 발전법칙이라는 것을 강조한 나머지 한국사의 특수성이나 한국 고유의 문화를 부정하는 경향이 강했다. 조지훈趙芝薰의 『한국문화사 서설』(탐구신서, 1964)에 실린 글들 중에는 이 같은 좌파 지식인의 민족문화 부정론의 '미망迷妄'을 논박한다는 취지에서 써진 것이 많다. 씨는 '한국적 에고ego는 과연 있느냐'라는 부제를 단 논문 「민족문화의 주체성」에서 한국문화가 오랜 역사적 과정에서 외래문화를 수용하는 가운데 형성되었음을 인정했다. 다만 씨는 이 경우 수용의 주체, 곧 씨의 이른바 한국적 에고에 대한 파악이 긴요하다는 점을 강조했다. 그러니까 외래문화를 받아들이되 '우리대로' 받아들였다는 것이다. 씨는 권두卷頭에 실린 논문 「한국문화의 성격」에서 "민족성과 민족문화와 민족문물은 상생相生관계에 있다"라고 천명했는데, 즉 민족문화가 풍토와 민족성의 산물인 점에 주목했다. 이러한 씨의 주장은 논의의 신랄함에도 불구하고 대체로 타당한 편이라고 생각된다.

근래 문화교류 현상을 설명하는 방법으로, 외래문화 가운데 특정한 요소를 선별적으로 채택하여 이를 사회 내부의 전통적 요소들과 합성하여 새로운 것을 만들어낸다는 절충주의折衷主義, Eclecticism설이 유행하고 있는데, 이는 외래문화를 받아들이는 사회 내부의 상황과 수용층의 주체의식의 중요성을 적절히 배려한 견해라고 할 수 있다. 사실 문화는 국민적 성격과 풍토의 표면表面이라고 할 수 있다. 그러므로 외래문화도 그 사회의 고유문화와 융합되어 토착화의 과정을 밟으면서 변용해가게 마련이다. 동아시아지역이 한자를 공통으로 쓰는 유교문화권이라고 하지만 실제로 나라마다 유학·유교의 존재형태가 반드시 같지 않은 것은 그 때문이다. 또한 고대국가가 성립된 이래 중국문화를 많이 받아들였을 뿐 아니라 근세에 들어와서는 역시 서구문화를 똑같이 수용한 한국과 일본의 현대문화가 서로 구별되는 것도 국민적 성격이나 자연적 풍토 그리고 놓인 역사적 상황이 각기 다른 데 말미암은 문화적 변용의 결과일 것이다. 이제 이 점을 필자가 평소 관심을 갖고 있는 불교와 성리학의 전개 및 미술과 음악의 특성에 국한하여 살펴보기로 한다.

(1) 불교와 성리학의 한국적 전개

불교는 삼국시대에 중국을 통해서 전래되었는데, 중국 불교문화의 연원을 캐어보면 그것은 인도문화이고 또한 멀리 그리스문화의 영향도 받고 있다. 그런데 중국의 불교는 본디 인도에서 만들어진 그것과는 다른 특색을 지니고 있다. 중국 철학가이자 사상사 연구자로 국제적으로 명성이 높은 펑유란馮友蘭은 이 점에 대해 개괄적으로 다음과 같이 세 가지 점을 들었다.

첫째는, 불교의 대체적인 경향은 '제행무상諸行無常, 제법무아諸法無我'로서 외계를 허망한 것으로 여기는 반야般若의 이른바 공空 사상이 강하지만, 중국인은 실재론의 입장에서 외계를 객관적 실재의 세계로 간주하기 때문에 공의 해석이 달라진다.

둘째는, 불교는 '열반적정涅槃寂靜'으로 열반 곧 최고의 경지를 영적부동永寂不動이라고 하지만, 중국인은 사람의 활동을 중시하기 때문에 열반 본연의 상태가 변하게 된다.

셋째는, 불교에서는 수행의 과정이 계급제(카스트제도)와 윤회輪廻사상 때문에 일반적으로 시간을 두고 단계적이지만(적점積漸), 중국인은 '누구라도 요순堯舜이 될 수 있다'는 전통에 따라 단번에 깨닫는(돈오성불頓悟成佛) 것이 주류가 되었다고 한다.[1]

---

1 『中國哲學史－第2篇 經學時代』, 「第7章」, 1934 ; Derk Bodde ed, *A Short History of*

한국에 들어온 불교는 물론 한역漢譯경전으로 된 중국불교였다. 불교의 이법理法은 결코 변함이 없을 터이지만, 현실세계에 대한 적응은 시대와 사회에 따라 다를 수밖에 없어 인도불교 본래의 그것과는 자못 다른 모습을 띠게 되었다. 주지하듯 불교가 전래된 4세기 후반은 바야흐로 고구려 · 백제 · 신라 삼국 간에 영토 확장을 둘러싼 치열한 정복전쟁이 시작될 무렵이었다. 그런 까닭에 불교는 수용과 더불어 국가의 지배체제를 옹호하는 호국적 성격을 짙게 띤 국가불교로 성장, 발전했다. 6세기 백제와 신라의 국왕들은 불교의 평화 지향적인 정치이념인 전륜성왕轉輪聖王 사상을 표방하여 스스로를 그 이상적인 구현자였던 인도 아소카왕에 비겼다. 하지만 실제로는 진리의 수레바퀴를 굴려서 천하를 통일한다는 평화주의에 투철한 이상정치를 추구하는 대신 무력에 의한 영토 확장에 몰두했을 뿐이었다. 이는 원시불교에서 강조한 전륜성왕의 비폭력의 원리가 중국에서 황제 독재사상 체계와 융합됨으로써 상실되고 오로지 그 정복군주적 이미지만 크게 부각된 것을 한국이 받아들였기 때문이다.[2]

한편 불교는 백세를 통해서 6세기 중엽 일본에 진파되었는데, 일본불교는 한국불교의 특성을 이해하는 데 참고가 된다. 일찍이 일본의 저명한 인도철학자였던 나카무라 하지메中村元는 불교가 일본의 문화체계 속에 통합됨에 따라 본래 의미와 성격이 변화하여 인도와 중국에서의 그것과 다른 점을 띠게 되었다고 지적한 바 있다. 이를테면 네 계급(사성四姓)의 평등을 주장하는 입장에서 신분의 차별을 인정하지 않는 인도 본래의 불교가 일본문화에 의해 변용되어 도리어 주종관계를 중시하는 것이 되어버렸으며 또한 충忠과 효孝

Chinese Philosophy(축소편역판), Chap. 21, New York: Macmillan Co., 1948.

2 Pankaj N. Mohan, "Buddhism and State in Early Silla", 호주국립대학 박사학위논문, 1999.

를 초월하는 불교 본래의 정신은 일본에서 충효를 절대시하면서 부처의 가르침을 설법하는 종교로 변모되었다는 것이다.[3]

일찍이 최남선崔南善은 불교의 전래가 한국인에게 끼친 영향에 대해 다음과 같이 지적한 바 있다.

> 첫째는, 조선인은 불교로 말미암아서 철학을 알았습니다. 대저 불교는 극히 실천적인 교문敎門인 동시에, 극히 사변적인 내용이어서, 이 일면만을 떼어서라도 넉넉히 인류 사상상의 일대 정화精華일 수 있습니다. 조선인의 본질은 원래 천담淺淡 낙천주의러니, 불교를 얻은 뒤에 정심精深 투철한 사구思究방법을 알아서, 마음과 눈이 차차 형이상形而上적인 방면으로 열리고, 옳은 의미에 있는 사상 생활을 가지게 되었다 할 것입니다(『朝鮮常識問答』, 1946).

한국불교의 특징으로 호국적 성격과 더불어 흔히 지적되는 것이 현세에 복을 비는 성격이 강했다는 점이다. 이것은 불교가 원시시대 이래 국민의 정신세계를 지배해온 샤머니즘을 철저히 극복하지 못한 채 종래 샤먼(무당巫堂)이 수행하던 여러 기능을 부분적으로 계승한 데 말미암은 것이다. 이를테면 승려는 질병 치료를 비롯하여 점복占卜, 기술奇術 등 갖가지 기적을 행하는 등 샤머니즘과 구별하기 어려운 점이 많았고, 바로 이 점이 그 높은 철학성에도 불구하고 합리적 정신의 성장을 일정 부분 방해했다고 생각된다. 하긴 누구나 모두 불성佛性을 갖고 있음을 교의로 하는 열반종涅槃宗이 고구려에서 교세를 떨쳤던 것이나, 만유萬有의 실상은 필경 공空이라고 주장하는 삼론종三論宗·성실종成實宗 계통의 사상이 호국불교의 전성기에 고구려와 백제에서 철학적으로 깊이 연구된 사실은 지나칠 수 없다. 또한 삼국시대 말기부터 신라에서 정토淨土신앙이 발생하여 현세를 초월한 해탈解脫을 기구祈求하는 내

3 『東洋人の思惟方法－第2部 日本人・チベット人の思惟方法』, 東京 : みすず書房, 1949.

세來世적인 성격의 불교로 차츰 바뀌어간 것도 주목할 만한 사실이다.

통일신라시대는 7세기 초에 중국에서 성립된 종파宗派불교가 전해져서 인도불교와는 크게 다른 독자적인 학문대상으로서 연구가 심화되었다. 원측圓測과 의상義相, 무상無相 등 당나라에 유학하여 역경사업에 종사하거나 혹은 화엄종 · 선종의 발달에 기여한 사람이 적지 않았다. 원효元曉는 당나라에 유학하지는 않았으나, 그가 쓴 각종 불교경전의 해석서는 중국과 일본에서 큰 존중을 받았다. 미국의 불교사학자인 버스웰Robert E. Buswell Jr.은 선禪사상 전파의 계보를 암시하는 최초의 서적으로 짐작되는 『금강삼매경金剛三昧經』이 신라 승려에 의해 쓰여진 뒤 아마도 50년 이내에 중국에 전파되었다가 그 출처가 완전히 가려진 채 우여곡절을 거쳐 대장경에 편입되었을 것으로 추리한 논저[4]를 발표한 바 있다. 그는 이 같은 사례를 들어 국가를 초월한 동아시아 불교전통의 유기적 관계에서 '주변의 창조'에 착안하여, 중심에서 주변으로만 바라볼 것이 아니라 오히려 주변에서 중심을 바라볼 필요가 있다고 제안했는데, 이는 흥미로운 문제 제기라고 생각된다. 어찌 보면 7~9세기 당을 주축으로 하여 성립된 동아시아 불교권에서 불교는 신라 · 발해 · 일본 등 주변 국가들이 외형상 당에 조공을 바치고 있으면서도 정신적으로는 당에 대항하는 관념적인 구실을 했다고 말할 수도 있다.

10세기 초 당의 멸망에 뒤이어 발해와 신라가 망하고, 일본이 대륙과의 관계에서 자신을 폐쇄시킨 가운데 이른바 국풍화國風化의 길을 걷게 됨으로써 동아시아 불교권은 해체되어갔다. 특히 일본은 12세기 말에 성립된 가마쿠라鎌倉막부 시대에 신란親鸞, 도겐道元, 니치렌日蓮 등의 승려들이 나와 새로운 문화적 풍토 속에서 일본적인 특질을 갖춘 불교가 탄생했다. 그런데 신라

---

4 *The Formation of Ch'an Ideology in China and Korea: The Vajrasamadhi-Sutra, a Buddhist Apocryphon*, Princeton: Princeton University Press, 1989.

에 대신하여 일어난 고려에서는 국초부터 적지 않은 유학승들이 중국에 건너갔고, 아시아 제국 간의 불교 전적典籍 교류도 활발했다. 이를테면 거란의 불교 전적인 요본遼本 『연의초演義鈔』는 고려를 통해 송宋과 일본에 전해져서 뒤에 대장경의 저본底本이 되었으며, 송대의 화엄종은 고려로부터 전해진 전적을 기초로 하여 부흥되었다고 평해질 정도이다. 무엇보다도 대각국사 의천義天이 송 · 거란 · 일본은 물론 멀리 서역 투르판지방의 고창국高昌國에까지 손을 뻗쳐 전적을 구한 것은 너무나 잘 알려진 사실이다. 당시 거란의 황제 도종道宗은 뛰어난 불교 이해자로 고려의 성가실 정도의 잦은 요청에 시종 흔쾌히 응했다. 의천은 이처럼 국제적 협조 속에서 수집한 불교 전적을 교장도감敎藏都監에서 『제종교장총록諸宗敎藏總錄』이란 제목으로 간행할 수 있었다. 그 뒤 무인정권 치하에서 지눌知訥에 의해 선종 종파에서 해동 조계종曹溪宗이 확립되는 등 새로운 경지를 개척했으나, 다만 정치적으로 내우외환이 겹쳐 오로지 불력佛力으로써 난국을 타개해가려는 심리적 욕구가 너무나 강했던 탓에 소재도량消災道場을 비롯한 각종 도량이 쉴 새 없이 봉행奉行되는 등 전반적으로 밀교密敎적, 호국적 성격을 짙게 띠었다. 일찍이 최남선은 아시아 각국 불교의 특징을 인도 및 서역의 원천적 · 서론적 불교, 중국과 일본의 각론적 · 종파적 불교 그리고 한국의 결론적 · 통합적 불교라고 평했는데,[5] 이는 여러 가지 의미에서 음미해볼 만한 지적이라고 생각된다.

한국사에서의 유교는 고려 말기에 성리학性理學이 전래되어 이윽고 정착할 때까지 불교만큼 지배적인 사상이 되지 못했다. 유교는 고대와 고려시대를 통해서 국가이념의 측면에서 왕도王道정치사상으로 기능하는 한편, 충忠과 효孝 등 윤리도덕을 실천하는 사회적 규범으로서의 역할에 한정되었다. 그런데 조선왕조의 건국과 동시에 성리학은 국가의 정통 지배이념이 되어 불교와

5 「조선불교 : 동방문화사상에 있는 그 지위」, 『佛敎』 74, 1930.

도교를 이단異端으로 몰아 탄압했을 뿐 아니라 민간의 샤머니즘이나 풍수도참사상까지도 배척하여 외형상 고려시대를 풍미한 잡다한 사상계를 성리학 일색으로 통일했다. 성리학은 중앙집권적 관료국가의 완성이라는 측면에서는 매우 효과적인 기능을 수행했고, 한편으로는 높은 경지에 이르기까지 정치精緻한 형이상학적인 발전을 거듭했다. 그러나 성리학이 후기로 갈수록 사회변화를 가로막고, 지행합일知行合一을 강조하는 양명학陽明學이나 서양의 천주교 등 새로이 유입된 사상·종교를 탄압하는 역기능을 한 것은 다 아는 사실이다. 이는 임진왜란 직후 퇴계학退溪學의 강한 영향을 받아 비로소 독립된 학문으로 출발한 일본 도쿠가와德川막부 시대의 성리학 연구가 머지않아 존재론적 패러다임에서 인식론적인 것으로 전환함으로써 급기야 성리학 그 자체에 대한 비판 해체의 방향으로 진행되어 고학古學으로 발전했다가 국학國學으로, 다시 난학蘭學(네덜란드어로 써진 서양 근대과학과 기술을 연구하는 학문)으로 변천을 거듭한 끝에 서양문물을 받아들이는 사상적 기반이 된 것과는 현격한 차이를 보인다. 요컨대 한국의 성리학은 어디까지나 개인의 철저한 수양을 궁극적인 목표로 한 데 비해서, 일본은 사회 전체의 질서 유지에 도움이 되는 사회적 원리와 도덕의 확립을 목표로 했다고 할 수 있다.

(2) 미술과 음악의 한국적 특성

머리말에서 언급한 문화사가 부르크하르트가 문화의 여러 요소 가운데 가장 중시한 것은 미술이었다. 한국문화의 내용 중에서 과연 미술 부문이 가장 두드러졌다고 말할 수 있는지는 솔직히 말해 의문이다. 최근 일본의 극우단체인 '새로운 역사교과서를 만드는 모임'의 회장으로도 활동하고 있는 어떤 서양미술사학자는 일본미술에는 세계에 통용되는 걸작품이 매우 많다고 주장하면서, 불교미술을 주축으로 한 7세기 전반 일본의 아스카飛鳥문화 중에서 특히 불상의 아름다움을 극구 예찬하고 있다. 그런데 그는 이러한 불상의 작가 대부분이 한국에서 일본으로 건너간 사람들인 점이 마음에 걸린 듯, 이는 서양미술사에서 근대 초기 플랑드르(네덜란드·벨기에 남부와 프랑스 동북부 지방) 출신 작가들이 이탈리아에 와서 대성한 것에 비유할 수 있다고 주장했다. 요컨대 문화적 토양이 작가의 재능을 육성한 것으로 해석할 수 있다는 논리를 내세웠다.[6] 실은 그가 8세기 나라奈良시대 중에서도 가장 불교미술이 꽃핀 '덴표天平 연간(729~748)의 미켈란젤로'라고 부르기에 어울리는 대예술가였다고 격찬한 구니나카노무라지 기미마로國中連公麻呂 역시 백제유민의 후예였는데, 7~8세기가 한국 역사상 불교미술의 최대 황금기였음을 상기할 때, 한국보다 뛰어난 '문화적 토양'을 거론하는 것이 전혀 타당하지 않음을 알 수 있다. 하긴 그가 자부하듯이 일본 근세의 우키요에浮世繪가 1860년경 유럽에 소개되어 인기를 끌었고, 특히 세잔Paul Cezanne·고흐Vincent Van Gogh 등 후기 인상주의 화가들에게 영향을 끼친 점은 무시할 수 없는 사실로 인정해야 할 것 같다.

다시 부르크하르트의 주장으로 돌아가면, 그는 문화를 속박하는 것은 국가와 종교의 연합된 권력으로 미술은 이에 한낱 시녀처럼 봉사할 수밖에 없다고 한다. 주지하듯 그의 이 같은 견해는 20세기 중반에 하우저Arnold Hauser가 그대로 계승했다. 한국미술이 지배적인 종교의 굴레에서 벗어나 장인匠人들에 의해 자유로운 작품활동이 보장된 것은 조선시대부터라고 할 수 있는데, 그러나 이 시대에도 지배층인 문인 사대부들의 미술에 대한 크나큰 편견을 감내해야 했다. 사대부계층은 이른바 숭유중도崇儒重道적인 시각에서 회화를 비롯한 미술활동 전반을 말기末技니 소기小技니 하면서 부당하게 천시했다. 서화 진흥에 각별한 관심을 쏟았던 성종은 신하들로부터 '완물상지玩

6 田中英道,『日本美術 傑作の見方·感じ方』, 東京 : PHP新書, 2004.

物喪志'(서화 골동품에 빠지면 인간의 본성을 잃어버리게 된다는 뜻)라는 이유로 격렬한 반대 상소에 부딪혔다. 시화詩畵일치론을 주장하는 사대부들이 없지 않았으나, 성리학의 세계에서 회화는 필경 여기餘技에 지나지 않았다.

한국미술의 우수성은 무엇보다도 공예부문에서 유감없이 발휘되었다. 서양미술사에서는 건축 · 조각 · 회화를 대미술, 일용품 등 공예를 소미술로 분류하여 차별하기도 하는데, 한국 고대의 공예품은 고유섭高裕燮이 지적한 것처럼 공상적인 점과 장식상의 번욕성繁縟性 · 현란성을 그 특징으로 하고 있으며, 그 전통은 일부 고려청자로 이어졌다고 할 수 있다. 고려청자는 비록 중국 도자의 영향 아래 만들어진 것이기는 하지만 그 형태가 다양할 뿐 아니라 중국 것보다 더 비취색에 가까운 비색翡色청자였고, 더욱이 당시 금속공예나 나전칠기에서 애용되던 시문施文기법을 응용한 상감象嵌청자로 중국인의 찬탄의 대상이 되었음은 잘 알려진 사실이다. 한편 조선시대에 백자를 굽던 사기沙器장인들은 유약 자체의 질감이나 색채만으로 완결 지으려는 성향을 갖고 있었으므로 백자는 중국이나 일본에 비해 장식적인 성향이 덜한 그야말로 담백한 맛을 풍기고 있다. 특히 임진왜란 뒤 절정에 도달한 철화鐵華백자가 가장 한국적인 도자의 아름다운 세계를 이룩한 것은 많은 사람들이 인정하고 있다.

음악 현상은 한 지역사회의 문화를 이해할 수 있는 가장 기본적인 자료를 제공해준다. 한국음악은 중국이나 일본과는 박자나 리듬에 대한 인식이라든지 음계音階구조에 있어서 차이가 있다. 중국음악은 2박자의 보통 빠르기의 곡들이 많고, 일본은 2박자이기는 하되 도리어 반 박자쯤을 뺀 형태인 데 비해 한국은 3박자 또는 비非대칭적인 분할의 박자가 거의 대부분이다. 이 때문에 한국음악은 불안정한 역동성에 여유와 남음의 속성을 보여준다. 리듬에 대한 인식도 중국과 일본이 2분할적인 것을 주로 사용하는 데 비해 한국은 3

분할적인 리듬이 많아 역동성이 강한 것이 특징이다. 끝으로 음계구조 면에서도 중국음악은 가장 기본적이고도 보편적인 안정된 음계이고 일본은 다소간 감성을 자극하는 육감적인 것인 데 비해, 한국 민속음악의 계면조界面調는 음계를 복잡하게 나누기보다는 음조직의 폭을 넓히는 형태로 발전하여 감정적인 호소력이 매우 강한 편이다.

4. 맺음말

해방 이후 특히 1960년대 이래 산업화를 주축으로 한 근대화 과정에서 전통문화의 계승과 발전에 대한 논의가 끊임없이 이어져왔다. 전통문화를 한국 고유의 것으로 간주하는 주장도 없지 않았으나, 실상 전통문화의 발전에는 유사 이래 우리 선조들이 줄곧 수용해온 외래문화가 큰 몫을 차지하고 있음을 인정하지 않으면 안 된다. 바로 그 같은 이유에서 현대 한국문화의 창조에 필요한 것이라면 외래문화를 받아들이는 데 주저할 필요가 없다. 이기백李基白이 지적한 것처럼 한국민족도 인류의 한 구성분자인 한 인류가 만들어낸 모든 문화를 반드시 남의 것으로만 치부할 아무런 이유가 없기 때문이다.

우리나라에 들어온 외래문화는 국민의 기질이나 자연적 풍토 그리고 그때그때의 역사적 조건과 시대상황의 제약을 일정 정도 받으면서 토착화의 과정을 밟았다. 그 결과 외래문화는 필연적으로 문화적 변용을 겪었는데, 이는 불교라든지 성리학의 정착과정 혹은 미술양식의 전개에서 그 특징이 잘 나타나 있다. 특히 한국인의 기질이랄까 심성心性에 큰 영향을 끼친 샤머니즘의 강인한 전통이 불교의 토착화과정이나 전통음악의 형성과 발전에 뚜렷한 흔적을 남긴 것이 주목된다. 심지어 그것은 한국기독교의 존재형태에까지 영향을 끼치고 있는 것이 아닐까 하는 느낌이 든다. 현재 세계적으로 손꼽히는 대형 교회인 여의도 순복음교회로 대표되는 한국기독교의 성령운동聖靈運動, pentecostal movements에 샤머니즘 요소가 많이 들어 있다는 평가는 국내외의 지도적인 기독교학자들이 공통적으로 지적하는 사항이다.

일찍이 최남선은 민족문화가 궁극적으로 세계문화에 기여해야 한다는 취지에서 다음과 같이 피력한 바 있다.

> 원래 문화의 의의와 민족의 가치는 결국 세계 인류에 대한 공헌 실천으로써 판정判定하는 것이니, 그러므로 조선인이 문화민족으로 세계에 번듯이 서려 하면 모름지기 이 능력을 세계적 · 인류적으로 발양發揚해야 합니다. …… 민족문화의 귀결은 마침내 세계문화에의 분담 역량에 있는 것입니다(『조선상식문답』, 1946).

이와 관련하여 주목되는 것이 현재 일본과 베트남 · 태국을 넘어 중국과 타이완으로까지 번지고 있는 이른바 한류韓流현상이 아닐까 한다. 대중가요를 비롯한 한국의 풍물風物, 음식, 영화 등 한국문화의 물결이 동아시아 각국을 휩쓰는 현상에 대해 외국의 지식인들은 여러 가지 해석을 내리고 있다. 지금까지 산업과 무역 분야에서 놀라운 능력을 보여준 한국인에게서 느껴지던 강인하고 근면한 이미지 못지않게 부드럽고 자상하며 역동적인 문화적 측면을 발견했기 때문이라는 등 해석이 구구한 실정인데, 과연 한류가 600~700년 전 몽골족 통치하의 중국에서의 '고려양'처럼 일시적인 붐으로 끝나버릴지 아니면 문화로 정착될 수 있을지는 시간이 흐르면 판명이 날 것이다.

근대 이전 한중관계사에 대한 시각과 논점
—동아시아 국제질서의 이론을 덧붙여—

박원호

1. 머리말

현대 세계의 국제관계는 모든 국가가 서로 평등하다는 이념에 기초를 두고 있다. 이는 16세기부터 서유럽에서 국가주권 · 국제법 · 세력균형을 기본 원리로 형성된 국제체계가 유럽세계의 팽창을 통해 아시아 · 라틴아메리카 · 아프리카 등 전 세계로 확산된 결과이다. 유럽에서는 근대 이후 국제관계가

朴元熇 고려대학교 사학과 교수.

저서로는 『明末淸初社會의 照明』(공저, 한울아카데미, 1990), 『明初朝鮮關係史研究』(일조각, 2002), 『明淸徽州宗族史研究』(지식산업사, 2002), 『崔溥「漂海錄」研究』(고려대학교출판부, 2006)가 있고, 역서로 『中國近現代史』(지식산업사, 1988), 『주원장전』(지식산업사, 2003), 『崔溥「漂海錄」譯註』(고려대학교출판부, 2006)가 있다. 최근에는 「고려말 조선초 대명외교의 우여곡절」(『한국사시민강좌』 36, 2005), 「高麗와 朱元璋의 첫 交涉에 관한 小考」(『北方史論叢』 3, 2005) 「鐵嶺衛의 位置에 관한 再考」(『동북아역사논총』 13, 2006) 등을 포함한 고려말 한중관계사에 관한 논문을 주로 발표하고 있다.

국제법 원리에 입각하여 수평적으로 이루어졌다면, 동아시아에서는 19세기 이전까지 형식적이지만 중국을 중심으로 수직적인 관계가 유지되었으며, 특히 이념상으로는 더욱 그러하였다. 따라서 근대 이전 동아시아세계에는 평등한 주권국가가 국제법에 입각한 조약을 통해 국제관계를 맺는다는 관념과 방식이 존재하지 않았다.

동아시아세계에서는 대체로 중국을 중심으로 주변국가와의 사이에 책봉冊封과 조공朝貢을 주고받는 종주국宗主國과 번속국藩屬國의 관계로 국제관계가 맺어졌다. 종주국의 황제는 번속국의 군주를 책봉冊封하여 기득권을 인정해 주고, 관작官爵과 인신印信을 수여한다. 한편 칭신稱臣한 번속국의 군주는 종주국의 황제에게 조공朝貢을 하고, 대신 하사품을 받게 된다. 이는 화이관華夷觀의 이념에 따른 계층적 질서가 있는 불평등한 국제관계로서, 주변국에 대한 중국의 정치적 · 경제적 · 문화적 우월성을 전제로 한 것이다. 그러나 이와 같은 책봉조공관계도 중국이 분열되어 있거나 국력이 열세에 처했을 때는 그 실질이 관철되기 어려웠다.

이 글에서는 동아시아 국제질서를 논한 각종 이론, 이를테면 '책봉체제론冊封體制論' 및 이를 발전시킨 '동아시아세계론'이나 '조공시스템론' 등과 그에 대한 비판을 간략하게 먼저 소개하고자 한다. 그 다음 책봉조공관계를 중심으로 근대 이전 한중관계사의 시기를 어떻게 구분할 것인가 하는 문제를 몇 가지 논점과 함께 살펴보고자 한다. 그리고 한중관계의 역사에 대해 관심을 가지다 보면, 제일 먼저 부딪치게 되는 것이 '사대事大', '조공朝貢', '종속宗屬' 등과 같은 굴욕적으로 느껴지는 용어들인데, 이를 어떻게 이해하는 것이 옳을까 하는 문제를 마지막으로 검토해보고자 한다.

2. 동아시아 국제질서의 이론

근대 이전 동아시아의 국제질서에 대한 의미 있는 첫 이론적인 접근으로서는 니시지마 사다오西嶋定生의 '책봉체제론'을 들 수 있다. 니시지마는 중국 왕조 중심의 책봉체제라는 국제질서의 전개 과정을 통해 6~8세기 동아시아 국제정국의 추이를 고찰하였다. 니시지마에 따르면 중국 황제가 주변국의 군주에게 작위爵位나 관호官號를 주어 책봉하고 군신의 관계를 맺음으로써, 국내의 예적禮的 질서가 국외로 확대되어 책봉체제라는 국제질서가 성립하였다는 것이다.[1] 이어 니시지마는 '책봉체제론'의 틀을 확대하여 중국을 중심으로 한 한자문화漢字文化·유교儒敎·율령제律令制·대승불교大乘佛敎를 받아들인 한국·일본·베트남을 자기완결적인 '동아시아세계'로 간주하고, 책봉체제라는 국제정치적 구조가 있었기 때문에 이 네 가지 문화적 요소가 동아시아세계에 확산될 수 있었다고 하였다.[2] 결국 '동아시아세계론'은 '일본의 대외관계사'라는 한계를 벗어나, 동아시아사의 전체 구조 속에서 일본사를 더욱 객관적으로 바라보려는 시도에서 탄생한 이론이라고 할 수 있다.

이후 니시지마의 '책봉체제론'은 근대 이전 동아시아 국제관계를 분석하는 데 유용한 틀로서 다양하게 활용되었으나, 한편에서는 이를 보완하거나 비판하는 연구도 잇달아 나오게 되었다. 호리 도시카즈堀敏一에 따르면, 당대唐代에 이민족과의 관계에는 책봉체제 이외에, 중국과의 세력관계에 따라 외형상 지방행정 단위이지만 실제로는 자치自治인 기미주羈縻州(국경 지대 또는 그 밖의 지역에 사는 이민족 집단. 또는 그런 국가를 간접 통치 하던 곳)나 단순한 조

1 西嶋定生,「東アジア世界と册封體制 — 六~八世紀の東アジア」, 岩波講座『日本歷史』2, 東京: 岩波書店, 1962.

2 西嶋定生,「東アジア世界の形成 Ⅰ. 總說」, 岩波講座『世界歷史』4, 東京: 岩波書店, 1970.

공朝貢 또는 회맹會盟 등 여러 가지 변형이 있었다는 것이다. 따라서 이민족 사회의 다양성을 인정하는 느슨한 관계로 결합된 것을 당唐의 지배체제로 보고, 책봉체제를 모든 시대에 걸친 동아시아 국제관계의 유형으로 확대 해석하는 경향을 비판하였다.[3] 기쿠치 히데오菊池英夫는 니시지마의 설정을 지나치게 중국 중심적이면서도 동시에 동아시아 속에서의 일본을 염두에 둔 발상이라고 하며, 먼저 중화사상中華思想으로부터 벗어나야 한다고 주장하였다.[4]

미국학계는 근대 이전 동아시아 국제관계에 대해 일본학계와 다른 방향에서 접근하였다. 즉 근대의 국제관계를 '조약시스템'으로, 근대 이전의 동아시아 국제관계를 '조공시스템'이라는 개념으로 일반화하였다. 근대를 기준으로 근대 이전을 바라보는 미국학계의 접근 방식은, 한대漢代에 기준을 두고 수隋·당唐에서 동질성을 찾으며 나아가 송대宋代 이후까지 조망하려는 일본학계와는 대조적이다. '조공시스템론'을 처음 제기한 페어뱅크John K.에 따르면, 조공시스템은 중국의 문화적 우월감에서 발생한 것으로, 중국인은 황제가 천지天地의 중개자로서 천하天下를 지배한다는 것을 이적夷狄(오랑캐)이 인정하지 않으면 안 된다고 생각했다는 것이다. 페어뱅크는, 결국 조공시스템은 중국의 문화적·도덕적 자기주장과 주변국의 경제적·물질적 이익추구가 결합한 때에 발생한 것이라고 하였다. 즉 조공과 교역은 동일 시스템의 양면으로서 중국은 조공의 정신적 가치를 중시하였으며, 이적은 교역의 물질적 가치를 중시하여 양자의 균형이 이루어지면 조공시스템이 지속되었다는 것이다.[5] 그 후 페어뱅크는 논문집 『중국적 세계질서*Chinese World Order*』를

3 堀敏一,「東アジア世界の形成 II. 總說」, 岩波講座『世界歷史』5, 東京：岩波書店, 1970.

4 菊池英夫,「總說 — 硏究史的回顧と展望」, 唐代史硏究會 編,『隋唐帝國と東アジア世界』, 東京：汲古書院, 1967.

5 John K. Fairbank and Ssu-yu Teng, "On the Ch'ing tributary system", *Harvard Journal of Asiatic Studies* 6, 1941.

편집할 때, 이 책의 서론에서 중국의 주변국을 니시지마가 말한 '동아시아세계'와 거의 겹치는 '중국문화지대', 중국문화권 밖에 있으나 중국에 위협을 주는 '내륙아시아지대', 먼 곳에 있어서 교역할 때만 조공을 하는 '외곽지대'로 나누었다. 이른바 '중국문화지대'에는 조선朝鮮·일본日本·유구琉球·안남安南(베트남)·진랍眞臘(캄보디아)·시암〔暹羅〕·참파〔占城〕가 속한다. 고찰 대상 지역이 일본학계의 '동아시아세계'보다 더욱 넓어, 내륙아시아와 동남아시아 지역 전체를 포괄하고 있는 점이 특징이다.[6]

이노구치 다카시猪口孝는 페어뱅크의 '조공시스템론'에 대해, 전통적 중화세계질서를 중화사상적으로 파악한 것이라고 하며, 그 근거로 중국 중심주의, 의식적儀式的 요소의 과대평가, 중외관계中外關係에서의 동남아시아 및 서양 제국에 대한 과대평가를 들었다. 그리고 이노구치는 다음 세 가지 점을 들어 '조공시스템론'이 전통적 동아시아세계 질서에 대한 부적절한 이론이라고 비판하였다.[7] 첫째, 전통적 동아시아세계 질서는 매우 다양하기 때문에 중국문화의 영향도나 중국으로부터의 지리적·문화적 거리에 따라 3분하는 것은 부적절하다. 둘째, 전통적 동아시아세계 질서에서도 군사력이 압도적으로 중요하였다. 셋째, 문화적·이데올로기적인 상부구조가 특히 두드러져 눈에 띄게 마련이나, 이는 실제로 중국 중심주의에 의한 자기만족이나 자기기만의 성격이 강했다. 이노구치와 비슷한 입장에서 피터 윤도 "소위 중국의 우월성이란 경제적·정치적, 그리고 무엇보다도 군사적인 영향력에 기초한 것"임을 강조하며, '주변'의 관점과 역할을 무시한 구미학계의 중국중심적 문화론을 비판하였다.[8]

---

6 John K. Fairbank, *The Chinese World Order*, Cambridge: Harvard University Press, 1968.

7 猪口孝, 「傳統的東アジア世界秩序試論」, 『國際法外交雜誌』 73卷 5號, 1975, 46~47쪽.

8 피터 윤, 「서구 학계 조공제도 이론의 중국 중심적 문화론 비판」, 『아세아연구』 45권 3호,

하마시타 다케시濱下武志는 동아시아의 '조공관계'를 유럽의 '조약관계'와 대비하는 것을 반대하고, 조공관계와 조약관계는 서로 모순되지 않았을 뿐 아니라 조공관계가 조약을 그 속에 포섭하였다고 보았다. 조공이념朝貢理念과 화이이념華夷理念을 상위이념으로 하고 그 아래에 조약관계를 위치시킨 것으로 볼 수 있다는 뜻이다.[9] 그리고 근대 아시아 역권시장域圈市場의 역사적 전제를 찾는다는 문제의식을 가지고, 중국을 축으로 동남·동북·중앙·서북아시아의 각 지역과 인도경제권과 교차하는 지역까지 전체를 하나의 조공무역권朝貢貿易圈으로 엮었다. 하마시타는 청대의 동아시아를 정치적 유대보다는 경제적 유대로 통합된 세계로 보고, 종속관계에 기초한 책봉조공체제도 통치관계라기보다는 본래 교역관계에 의해 지탱되어온 것이라고 하였다.[10] 그러나 오카모토 다카시岡本隆司는 '조공무역시스템론'에 대해 "실증작업이 중국사·조선사를 막론하고 아직 '관념'을 대상으로 한 사상사적인 문맥과 방법으로밖에 이루어지지 않았기 때문"에, 외교사의 실증적 연구에 의해 구축된 이론으로 볼 수 없다고 비평하였다.[11]

일본학계가 대체로 특정한 시대를 대상으로 이론화 작업을 시도한 데 비해, 한국학계에서 동아시아 국제질서에 그동안 가장 깊은 관심을 기울여온 김한규는 '역사공동체'라는 개념을 중심으로 전 시대에 걸쳐 일관된 설명을 하고자 하였다. 중국의 역사 속에는 중국 이외에도 초원유목草原遊牧·요동遼東·서역西域·티베트〔西藏〕·강저羌氐·만월蠻越·대만臺灣 등의 '역사공

2002, 269쪽.

9 濱下武志, 『朝貢貿易システムと近代アジア』, 東京 : 岩波書店, 1997, 143쪽.

10 濱下武志, 『近代中國の國際的契機—朝貢貿易システムと近代アジア』, 東京 : 東京大學出版會, 1998, 25~47쪽.

11 岡本隆司, 『屬國と自主のあいだ—近代清韓關係とアジアの命運』, 名古屋 : 名古屋大學出版會, 2004, 387쪽.

동체'가 각각 존재하였다.[12] 그런데 이들 '역사공동체'가 먼저 김한규 자신이 내린 정의—"특정한 혈연과 지연, 언어와 문화, 역사적 경험과 유산 등을 역사적으로 공유하는 공동체, 즉 나라를 가리킨다"[13]—에 모두 부합하는가가 문제이다. 우선 '공동체'라는 어휘에다 '역사'를 접합한 '역사공동체'라는 용어도 생소한 개념이지만, 여러 층차層次가 있는 크고 작은 '역사공동체'의 상호관계에 대한 설명이 모호한 점 등, 이 이론은 앞으로 보완해야 할 점이 적지 않아 보인다. '역사공동체론'은 일단 '민족사'와 '국가사'를 탈피하기 위한 시도로서는 의미가 있으나, 앞으로 역사연구방법론과 관련하여 보다 전문적인 토론을 거칠 필요가 있다.

마지막으로 동아시아 국제질서의 변동을 외계충격Extraterrestrial Impact의 영향으로 보는 이태진의 독특한 견해도 있다. 사실 소행성이나 혜성이 대기권으로 돌입하며 발생한 자연재난과 기후변화도 다른 자연재해와 마찬가지로 역사에 커다란 영향을 미칠 수 있을 것이다. 그러나 '외계충격으로 인한 자연대재난'과 '국제질서 변동'은 서로 직결되는 것이 아니라, 그 사이에는 수많은 인간의 영위營爲가 국제질서 변동의 근인近因으로 개재하여 있을 터이다. 그러므로 동아시아 '국제질서 변동'이 연구목표라고 한다면, 이들 근인부터 먼저 발굴하여 서로의 인과관계를 구명하는 데에 좀 더 집중해야 하고, '외계충격설'은 단지 배경으로 삼아야만 하지 않을까. 만약 '외계충격설' 자체를 부각해서 꼭 역사와 연결시키고 싶다면, 동아시아 역사의 거시적인 큰 밑그림을 그리는 데 바탕색 정도로 활용하는 선이 적절하지 않을까 하고 생각된다.[14] 렌즈의 초점을 배경인 산하山河에다 맞추면, 카메라 앞에 선

12 김한규, 『天下國家—전통시대 동아시아 세계 질서』, 소나무, 2005, 354쪽.

13 김한규, 『한중관계사 Ⅰ』, 아르케, 1999, 13쪽.

14 이태진, 「18세기 동아시아의 국제질서와 한·중·일의 중화주의」, 『15~19세기 유라시아 諸문명권의 국제질서』, 서울대학교 역사연구소 국제학술대회 발표요지, 2006.

인물의 모습이 흐릿하게 나올 것은 당연한 이치이기 때문이다.

3. 한중관계사의 시기 구분

한중관계사를 고찰하려면 가장 먼저 '중국'과 '한국'을 규정하는 문제에 직면하게 되고, 나아가 '중국사'와 '한국사'를 어떻게 분류할 것인가 하는 문제와도 마주치게 된다. 최근 중국의 이른바 '동북공정東北工程'의 결과로 산출된 일련의 연구성과가 고구려사를 '한국사'에서 떼어내어 '중국사'에 포함시키려 한다든지, 또는 이에 맞서 북방민족이 세운 요遼·금金·원元·청淸 등 정복왕조는 모두 '중국의 왕조'로 볼 수 없다는 일부 한국학자의 견해도 이러한 부류의 문제에 해당한다. 그런데 '중국사'인가 '한국사'인가를 따지는 문제는 결코 역사학의 본질적인 과제가 될 수 없다. 그런데도 반드시 '한국사'와 '중국사'를 분류해야만 하는 경우에 이는 결국 후대 사람의 '역사인식'이 어떻게 축적되어 있는가 하는 문제로 귀결되리라고 생각된다. 즉 고구려사를 '삼국三國', '동국東國', '해동海東'의 역사로 인식해온 역대 한국인과 중국인의 역사인식이 중요한 요소가 될 것이라는 뜻이다. 마찬가지로 거란·여진·몽고·만주는 처음에는 물론 '중국'이 아니었으나, "오랑캐가 중국에 들어오면(중국문화를 받아들이면) 즉 그들도 중국이다"[15]라는 말처럼, 정복왕조의 수립으로 이들 민족과 문화가 중국에 융합되어갔다는 사실 또한 무시할 수 없다.

한중관계의 역사가 전개되는 과정을 어떻게 볼 것인가는 결국 한중관계사의 시기를 어떻게 구분할 것인가 하는 문제로 귀착되기 마련이다. 일찍이 한국학계에서 한중관계사 연구의 토대를 구축한 전해종은 "한중관계라고 할

15 夏原吉, 『忠靖集』, 「附錄遺事」, 明夏忠靖公遺事原序, "夷入中國則中國之".

때에 대체로 국가 대 국가 또는 그 집단들을 호칭하지만, 특히 문화적 관계를 염두에 둘 때에는 국가 대 국가의 관계보다 주로 민족 대 민족의 관계를 뜻하게 된다. 더욱이 중국의 경우에 북방 여러 민족보다 한민족漢民族을 가리키는 것이 보통이다"라고 서술한 바가 있다. 결국 한중관계란 국가관계 또는 민족관계라는 것이다. 전해종은 한중관계 전반을 '전형적 조공관계', '준조공관계', '비조공관계'로 나눈 다음, 한중관계사의 시기를 다음과 같이 구분하였다.[16]

1. 초기 조공관계 성립 : 삼국시대 후반기의 관계(A.D. 317~668)
2. 조공관계 발전 : 통일신라 및 고려와 당·송과의 관계(A.D. 669~1279)
3. 조공관계 변질 : 고려와 요·금·원과의 관계(A.D. 918~1368)
4. 전형적인 조공관계 성립 : 고려·이조와 명·청과의 관계(A.D. 1368~1849)

이 분류에서는 한중관계사의 시기별 특징을 조공관계의 성립→발전→변질 등으로 잡아 변화과정에 초점을 맞추고 있고, 마지막 단계인 고려·조선과 명·청에 이르러 '전형적인 조공관계'에 도달하는 것으로 되어 있다. 이후 한국학계에서 '전형적인 조공관계'라는 용어는 많은 논저에서 반드시 인용될 정도로 한중관계사 연구의 중요한 개념으로 자리 잡았다. 그런데 중국과 한국 간의 책봉조공관계는 상대 국가와 시대 변화에 따라 각기 다른 양상으로 나타나는데, 고려·조선과 명·청과의 조공관계를 굳이 '전형적'이라고 간주할 수 있는 요소가 무엇일까 하는 문제가 있다. 물론 조선시대의 조공제도가 제도 자체로서는 가장 완비되고 정착된 단계에 속하기는 하지만, 유독 조선시대의 '조공'을 조공 본래의 표준적인 모습으로 간주해야 할 이유를

16 全海宗, 『韓中關係史硏究』, 일조각, 1970, 26~58쪽.

찾기는 어렵다. 바꾸어 말하자면 고려가 송宋·요遼·금金을 상대로 맺은 탄력적이고 전략적인 조공관계는 왜 '조공'의 표준적인 모습으로 볼 수 없는가를 반문하게 된다. 다만 명·청의 입장에서 볼 때 조선이 가장 '모범적 조공국가the model tributary'[17]였을 뿐, 조선의 명·청에 대한 조공을 반드시 '전형적 조공관계'로 간주해야 할 당위성은 없는 것 같다.

전해종의 연구관심을 계승한 김한규는 '한중韓中', 즉 '한국'과 '중국'이 무엇을 가리키는가에 대해, "'한국'과 '중국'을 민족이나 국가 개념으로보다는 '역사공동체' 개념으로 이해하여 '한중관계사'란 '한국'과 '중국'의 두 역사공동체가 서로 관계한 역사"라는 결론을 내렸다. 나아가서 한국과 중국 사이에 개재한 '요동'을 하나의 독자적인 '역사공동체'로 설정한 다음, 요동의 귀속을 중심으로 하여 한중관계사의 시기를 다음과 같이 크게 셋으로 나누었다.[18]

제1기 : 요동이 한국과 통합되어 미분화된 시기(고조선, 한군현, 고구려, 발해)
제2기 : 요동이 한국과 분리되어 중국과 통합된 시기(송·요·금·원·명·청)
제3기 : 요동과 중국이 하나의 역사공동체로 통합된 시기(1910년대~1940년대)

김한규는 요동에는 일찍이 예맥계濊貊系의 조선·부여·고구려, 숙신계肅愼系의 말갈·여진·만주, 동호계東胡系의 거란·몽고가 명멸하였다고 하였는데, 과연 이들을 모두 "생활공간과 문화, 역사적 경험과 역사의식 등을 공유하는 공동체"[19]로 간주할 수 있을까? 이들이 함께 지닌 가장 분명한 공통점

17 Kim, Key-Hiuk, *The Last Phase of the East Asian World Order*, Berkeley and Los Angeles: University of California Press, 1980.
18 김한규, 앞의 책, 1999, 18~25쪽.
19 김한규, 앞의 책, 2005, 40쪽.

은 요동을 근거지로 명멸했다는 점으로서, 결국 '요동사'란 '요동'이란 '공간'을 가장 중시하여 설정한 '역사공동체'의 역사가 아니겠는가. 김한규는 오늘날 중국학계에서의 '중국사'에 대한 개념—"현재 중화인민공화국의 영토에서 이루어진 일은 모두 중국사의 범주에 포함된다"—에 대해 매우 비판적이며 분명한 반대의견을 갖고 있다. 그러나 요동이란 '공간'에서 일어난 여러 민족의 역사를 '요동사'로 간주하는 그의 주장은, '현재 중화인민공화국의 영토'라는 '공간'을 중시하여 '중국사'를 규정하고 있는 중국학계의 주장과 역설적이지만 동일한 발상을 한 셈이 되어버린다. 뿐만 아니라 '요동'만을 매개媒介로 삼아 한중관계사를 구성하게 되면, 통일신라나 고려시대에 활발하게 이루어진 한중의 해상교류 관계는 모조리 잘려나가고 말 것임은 두말할 나위가 없다.

한국의 왕조국가가 중국 중심의 책봉조공체제에 포괄된 4세기 삼국시대부터 근대적 조약관계로 이행하는 19세기에 이르는 1천 5백 년의 기간 동안 한중 간의 책봉조공관계가 전개되는 양상은 일정한 정형定型이 없이 시대에 따라 다양한 모습을 나타내었다. 이러한 전개양상의 차이는 양측에 어떠한 국가가 성립되는가와 밀접하게 연관되며, 국가의 문물제도나 지배집단 그리고 국력 특히 군사력의 우열에 따라 좌우되었다. 물론 한국 측 국가보다 중국 측 국가의 존재양상이 한중관계에 더욱 큰 영향을 미쳤다. 이를테면 "중국의 분열이 제후국에게는 복이 되도다!(中國之亂, 諸侯之福也!)"[20]라는 말이 뜻하는 바와 같이, 중국이 분열시대인가 통일제국인가가 한중관계의 양상을 규정하는 중요한 요소가 되었다. 또는 한족왕조漢族王朝인가 북방민족이 세운 정복왕조征服王朝인가 또는 양자가 병존하는 상황인가도 한중관계의 양상에 큰 영향을 미쳤다.

20 『高麗史』 世家 卷44, 恭愍王 22年 7月.

근대 이전의 한중관계도 궁극적으로 국제관계의 일환이며 또 국제관계는 기본적으로 국가와 국가 간의 관계이므로, 한중관계사도 이와 같은 양측 국가의 존재양상이 가장 중요한 요소일 수밖에 없었다. 한중관계사를 이와 같은 국가의 존재양상을 중심으로 하여 시기를 크게 구분해본다면, 대략 다음과 같이 구분될 수 있다. 완전히 맞물리지 않는 각 시기 사이에는 짧은 과도기를 둘 수도 있을 것이다.

삼국시대 : 위진남북조魏晋南北朝와의 관계
통일신라 : 당唐과의 관계
고려전기 : 오대五代 · 송宋 · 요遼 · 금金과의 관계
고려후기 : 원元과의 관계
조선시대 : 명明 · 청淸과의 관계

현재 학계의 흐름이 아무리 왕조를 하나의 단위로 삼는 '왕조사王朝史'를 배척하는 추세라고 할지라도, 한중관계사의 전개를 올바르게 파악하기 위해서는 적어도 '왕조국가王朝國家'의 존재양상이 지금보다 더 중시되어야 할 것이라는 점은 의심할 여지가 없다. 위의 시기구분은 하나의 시론적試論的인 구분에 불과하지만, 이 다섯 시기 가운데서도 13세기 고려와 원조元朝와의 관계는 한중관계사에서 중요한 전환기로 꼽을 수 있다. 그것은 원나라 황제가 고려의 국왕까지도 임의로 교체하는 등 그때까지 책봉조공관계의 양상을 뛰어넘어 직접적인 내정간섭을 했기 때문만이 아니다. 바로 이 시기부터 한중 양측에 각각 하나의 통일 왕조국가가 성립되어 그동안 어느 일방이 다원적多元的이었던 관계에서 쌍방이 일원적一元的인 관계로 이행하였고, 이후 19세기에 이르기까지 이와 같은 양상이 지속되며, 중국 측이 이상적으로 생각한 방향으로 책봉조공관계가 정착되었기 때문이다.

4. 사대조공과 종속관계의 이해

이제 한중관계사에서 마치 핵심어처럼 여겨지고 있는 '사대事大', '조공朝貢', '종속宗屬' 등을 어떻게 이해해야 할 것인가 하는 문제를 생각해보기로 한다. 유교의 이념에서 규정된 예禮에 속하는 '사대事大'는 조공국에게 하나의 외교정책으로서도 구사되었다. 조공이 책봉과 상응하듯이 '사대'도 '자소字小'와 관념적으로는 서로 호응하고 있다. '사대' 외교의 정치적 의미를 현대적으로 풀이한 것이 약소국의 '강대국 존중 외교'라고 한다면, '자소'는 종주국이 약소국인 번속국을 보살펴준다는 정신이다. 종주국과 번속국은 각각 '사대'와 '자소'를 원칙으로 상호관계를 유지하므로, 관념적으로는 서로 쌍무적인 관계에 있다고 볼 수 있다. 근대 이전 동아시아세계에서 한국 측 역대 왕조국가는 중국의 중화사상中華思想에 순응하며, 사대를 통해 중국과 평화적인 관계를 유지하는 것이 국가안보를 보장받을 수 있는 가장 확실한 방법이었다. 일찍이 이와 같은 '사대'를 통한 국가안보의 확보는 '소국小國이 대국大國을 존중하는 것은 국가의 안전을 보장받는 길〔以小事大 保國之道〕'이라는 말로 표현되었다.[21] 정책으로서 '사대'를 표방했던 한국의 역대 왕조국가도 중국으로부터 침략을 받거나 침략의 위협에 직면했을 때에는 독립성을 유지하기 위해 단호하게 맞서 싸우거나 저항의 자세를 명확히 한 사례를 보면, '사대'가 이른바 '사대주의'와 구별되어야 하는 점도 분명하다.

사실 현대의 국제관계는 의례적儀禮的으로 볼 때, 모든 국가가 마치 평등관계에 있는 것처럼 비치기도 한다. 그러나 국가 간의 엄연한 국력 차이 특히 경제력과 군사력 차이로 말미암아, 약소국은 물론 선진공업국들 사이에서도 실질적으로 '강대국 존중 외교'를 펴지 않을 수 없는 상황이 얼마든지 존재

21 『朝鮮太祖實錄』 卷1, 總序.

한다. 그런데 하물며 근대 이전 '평등한 주권국가'의 개념조차 존재하지 않던 시대에 주변국이 평화적인 관계를 희구하면서, 중국을 상대로 '강대국 존중 외교'를 펴지 않을 수는 없었다. 다만 16세기 이후 성리학性理學이 풍미하는 가운데 일원적 한중관계가 장기적으로 지속되면서, 한층 심화된 대국大國 숭배 또는 모화慕華 사상을 밑거름으로 하여 전략적인 정책으로서의 '사대'가 주체성을 상실한 관념으로서의 '사대주의事大主義'로 변질된 부분이 있었다. 그러므로 '사대' 속에는 '사대주의'로 변질될 수 있는 요소가 원천적으로 내장內藏되어 있었다고도 볼 수 있다.

근대 이전 동아시아세계에서 중국이 차지한 압도적인 비중과 국력을 고려하면, 주변국의 군주는 조공을 통해 중국 황제의 책봉을 받음으로써 국내적 권위를 높일 수 있고, 다른 나라와의 항쟁에서도 유리한 작용을 이끌어낼 수 있었다. 중국과의 책봉조공관계는 경제·문화적 실리實利를 추구할 수 있을 뿐 아니라, 과학기술 등 새로운 지식을 받아들이고 동아시아의 최신 국제정보를 획득하는 데도 필수적이었다. 한편 중국도 국내에서 황제의 권위를 높일 수 있을 뿐 아니라, 서북 변방의 강력한 유목국가나 책봉체제 밖의 여러 나라에 권위를 과시할 수 있었다. 중국 측의 군사력이 상대적 열세에 처했을 때, 예를 들면 한漢이 한때 흉노에게 보낸 공물貢物이나 송宋이 요·금 등에 보낸 세폐歲幣 등은 중국이 거꾸로 북방민족에게 사실상의 '조공'을 한 것과 다름없었다. 따라서 한국은 중국 통일왕조의 국력이 강성한 시대에는 물론, 중국이 분열된 시대에도 국가이익을 확대하기 위해 다원적인 외교를 펴며 형식적인 책봉조공의 원칙을 따르는 편이 실리적이었다. 한중관계의 역사 속에서 한국 측이 중국 측과 외교관계를 맺어 국가안보를 보장받고 경제·문화적 이익을 얻기 위해서는, 조공 이외에 다른 취사선택의 여지가 거의 없었다는 점을 인식할 필요가 있다. 정경분리政經分離가 불가능한 조공은 중국에 의해 규정되었으나, 한국의 역대 왕조국가는 이를 소극적으로 수용하는 데만 그치지 않고 오히려 이를 적극적으로 활용했다고 볼 수 있다.

일찍이 김상기는 조공을 국제 간의 문물교역이 중국식 정치적 이상에 카무플라주된 것으로 보고, 조공의 이면에서 움직인 선행 조건 또는 근본 동인動因은 공리주의功利主義에서 나온 대륙 선진문물의 수입에 있었던 것으로 생각된다고 피력하였다.[22] 그는 조공이 '진공進貢'과 '회사回賜'라는 물물교환의 과정으로 이루어지기 때문에, 조공을 하는 측이 선진문화를 수용하고 경제적 이익을 얻는 기회로 활용한다는 측면에서 조공을 이해하고자 하였다. 그렇지만 조공제도의 가장 본질적인 기능을 현대적으로 표현하자면, 사절 왕래를 통한 경제문화교류와 함께 국가 상호 간의 외교적 승인이라는 국제정치적 의의도 빠트려서는 안 될 것이다. 전해종은 한국이 조공관계를 통해 중국문화를 수입하고 또 그것이 한국문화의 기반이 되었지만, 이는 조공제도의 부산물일 뿐 본래의 목적이라고는 할 수 없다고 보고, 조공제도의 목적은 정치적인 점에 있으며 사상적으로 중화주의中華主義와 결부되어 있었다고 하였다. 특히 전해종은 당시 첨단의 연구방법이었던 물가연구를 통해 계량적 방법으로 분석함으로써, 청대 조선의 조공이 경제적으로 조선에 더 불리한 것이었다고 결론지었다.[23] 그런데 '조공'이란 정치 · 경제 · 문화 부분으로 쪼갤 수 없는 한 덩어리의 실체이며, 조공무역은 기본적으로 자국의 풍부한 특산을 보내고 결핍된 물자를 획득하는 '교역유무交易有無'[24]의 행위이다. 그러므로 조공의 비용과 가격 등을 비교 분석한 다음에 내린 이 결론이 '조공' 연구에서 과연 어떤 의미를 지닐 수 있을지 재고해볼 만하다.

---

22 金庠基, 『東方文化交流史論攷』, 을유문화사, 1948, 2~4쪽.

23 全海宗, 앞의 책, 56쪽.

24 『史記』「越世家」, "此天下之中, 交易有無之道通, 爲生可以致富矣".

한중 간 이른바 종속관계의 본질이 더욱 확연하게 드러난 것은 14세기에 명明과 고려와의 관계에서였다. 고려에서 조선으로 왕조가 교체되고 나서 권지고려국사權知高麗國事 이성계李成桂의 명의로 이성계 즉위를 보고한 문서를 받은 명태조는 조공을 관장하는 예부禮部에 다음과 같이 지시하였다.

> 고려는 산과 바다가 가로막아 하늘이 만든 동이東夷로서, 중국이 통치할 바가 아니다. 너희 예부禮部는 '성교聲敎를 자유自由로 하라'라고 문서로 회신하라. 과연 능히 천도天道와 인심人心에 맞게 동이의 백성을 편안케 하며 변경에서 분쟁을 일으키지 않는다면, 사절使節이 서로 왕래하게 될 것이니 실로 그 나라의 복이 될 것이다.[25]

고려는 중국이 통치할 나라가 아니니 국왕이 고려를 통치하게 하고, 앞으로 백성들을 잘 다스리며 중국 변경에서 분란만 일으키지 않는다면 서로 평화적인 교류가 지속될 것이므로, 이는 결국 고려에 유익할 것이라는 명태조의 발언은 사대조공의 효용가치와 종속관계의 본질을 간명하게 설파하고 있다. 그런데 문제는 이와 같은 '성교자유聲敎自由'가 고려에 의해 쟁취된 것이 아니라, 중국 황제로부터 일종의 조건부로 부여되는 형태를 띠었다는 점이다. 즉 이는 앞으로 고려가 조건에 합당하지 않은 행위를 할 때에는, 중국 황제는 언제든지 이를 철회할 수 있다는 것을 의미한다.

종속관계는 중국 황제에 의해 '성교자유'로 표현되기는 했지만, '종속'의 성질은 고정된 것이 아니고 양국의 정세에 따라 가변성과 신축성이 있었다. 예를 들면 고려말 이색李穡이 이성계의 찬탈을 미리 봉쇄하기 위한 목적으로 황제에게 고려의 내정內政을 감독할 '감국監國'의 파견을 요청하였지만, 명태조의 냉담한 불간섭정책 때문에 실현되지 못했던 일이 있었다. 임진왜란 때

25 『朝鮮太祖實錄』 卷2, 太祖 元年 11月 甲辰.

에는 조선의 국왕이 스스로 전란을 피해 명의 요동으로 건너가겠다는 '내부內附'의 의사까지 개진한 일도 있었다.[26] 19세기에 청淸은 열강이 조선과의 통교를 요구할 당시 조선이 속국屬國이기는 하나 내정內政과 외교外交는 자주自主라는 뜻의 '속국자주屬國自主'라는 개념을 내세웠으나,[27] 이후 조선이 '자주'의 범위를 더욱 확대하려는 움직임을 보이자 위안스카이袁世凱를 '감국'으로 파견하여 종속관계를 이례적으로 강화하며 조선을 압박했던 사례도 있다. 이와 같이 내정간섭을 받을 수 있는 여지가 열려 있기는 했지만, 전반적으로 볼 때 한중 간의 종속관계에서는 기본적으로 '자주'의 기조가 유지되었다고 볼 수 있다.

동아시아세계에서 중국과 한국의 역사적 관계에 중국과 베트남의 관계와 마찬가지로 지정학적地政學的 요인이 중요하게 작용했던 점을 과소평가해서는 안 된다. 대륙에 연결된 반도에 위치한 한국에게 중국과의 사이에서 전쟁과 평화의 선택은 바로 국가나 민족의 존속과 멸망을 좌우할 수 있는 문제였으며, 이는 바다 건너 열도에 위치한 일본의 사정과 비교해볼 때 커다란 차이가 있다. 이렇게 지정학적 요인의 중요성을 거론하면, 과거 식민주의사관에서의 '지리적 결정론地理的決定論'을 연상하게 될지도 모른다. 일찍이 이기백은 일본학자들의 '지리적 결정론'을 비판하면서, 원래 티베 강변의 작은 나라였던 로마가 이탈리아 반도를 통일하고 이를 발판으로 지중해세계를 제패했으며, 알프스 산맥을 넘어 영국까지 정복하는 대제국을 건설했다는 예를 반론의 근거로 들었다.[28] 그러나 문명의 중심 자체가 시대에 따라 이동한 유럽 역사에서의 이탈리아 반도와 고대부터 근대에 이르기까지 수천 년간 시종

26 최소자, 『명 · 청시대 중 · 한관계사연구』, 이화여자대학교 출판부, 1997, 323~331쪽.

27 岡本隆司, 앞의 책, 367~383쪽.

28 李基白, 「植民主義史學을 다시 批判한다」, 『硏史隨錄』, 일조각, 1994, 90쪽.

일관 동아시아 문명의 중심이었던 중국에 연결된 한반도를 직접 비교하는 것은 무리가 있다. 지정학적 요인은 한중관계사에서 결정적이지는 않다고 하더라도, 줄곧 주요 요인으로 작용한 것만은 틀림없다.

5. 맺음말

한중관계의 오래된 역사를 살펴보면, 중국 측 통일왕조의 국력이 충실할 때는 대체로 한국에 대한 압력이 가중되었고, 중국이 분열되어 있을 때는 한국 측이 상대적으로 팽창하는 경향을 띠었다. 근대 이전 동아시아세계의 중심인 중국은 분열의 시대를 겪거나 때로는 북방민족에게 정복당하면서도, 끊임없이 주변 민족과의 융합을 거치며 결과적으로 더욱 강대한 '중국'을 만들었다. 중국이 근대에 이르기까지 동아시아에서 거의 유일한 정치 · 군사대국이며 경제대국이었고, 문화적으로도 최선진국이었다는 시대상황은 한국 측에 중대한 영향을 주었다. 따라서 이러한 중국대륙의 동쪽 끝에 반도로 연결되어 있는 한국은 중국과의 관계에서 지정학적으로 일본보다는 베트남과 더욱 유사한 전개과정을 보이게 된 것이다.

한국과 중국의 역사적 관계를 살펴보면 4세기부터 19세기까지 하나의 책봉조공체제가 관통하는 것처럼 보이지만, 사실 한중 간의 책봉조공관계는 시기에 따라 나타나는 양상이 아주 다양하였다. 한중관계사에서 하나의 커다란 전환기는 13세기 몽골의 원조元朝가 고려에 거의 직접적인 지배에 가까운 내정간섭을 했던 시기이다. 이전까지는 명목적 또는 의례적으로 유지되어오던 '책봉조공관계'가 그 이후 중국이 이상적으로 생각하는 방향으로 전환되어간 것이다. 이는 중국에 통일왕조가 연속적으로 등장하고, 한국 측 왕조와 일원적인 책봉조공관계가 장기간에 걸쳐 지속되면서 비로소 출현한 것이다.

동아시아세계에서 책봉조공체제의 일환으로 전개된 한중 간의 종속관계는 제국주의 열강의 진출에 의해 종말을 맞았다. 비록 20세기 초 제국주의 대열에 합류한 일본에 의해 한국은 식민지로 전락했지만, 반면에 끈질기게 지속되어오던 중국과의 전통적 종속관계를 철저히 청산하게 되었음도 사실이다. 현대 한국인은 비록 형식적이라고 하더라도 중국과의 종속관계에 더 이상 얽매이지 않고, 세계를 상대로 한 다원적 국제관계 속의 하나로서 한중관계가 존재하는 시대에 살고 있다. 이는 천수백 년에 걸친 한중관계의 역사 속에서, 불과 1백 년도 안 되는 극히 최근의 일일 뿐이라는 사실을 우리는 곧잘 잊어버린다.

고대 한일관계사의 기본 흐름

김태식

1. 머리말

고대 한일관계사 연구는 이른바 '임나일본부설' 같은 부정적인 관점에 대한 반론에 그칠 것이 아니라 두 지역 관계의 시작과 변화상을 살펴보는 것이 더욱 중요하다.

한일관계의 시초에 대해서는 신석기 초기의 융기문토기 단계부터 논의되고 있으나, 실질적인 관계는 일본의 농경문화가 시작된 때부터 개시되었다고 할 수 있다. 일본 최초의 논벼 농경 유적들의 문화 내용은 기원전 5세기경[1]

金泰植 홍익대학교 역사교육과 교수.

저서로 『加耶聯盟史』(일조각, 1993), 『미완의 문명 7백년 가야사』 1·2·3권(푸른역사, 2002)가 있으며, 공저로 『譯註 三國史記』 1~5권(國譯叢書 96-1)(한국정신문화연구원, 1997~1998), 『韓國의 騎馬民族論—騎馬民族征服說의 實體와 騎馬文化』(마문화연구총서 7)(한국마사회 마사박물관, 2003), 『譯註 加耶史史料集成』 1~2권(高麗以前篇)(韓國古代社會研究所 叢書 5)(駕洛國史蹟開發研究院, 2004) 등이 있다.

무문토기 문화 단계였던 한반도 남부에서 벼농사 시스템으로서 완성되어 있던 것이 그대로 일본열도에 전래된 것이다.[2]

당시에 한반도에서 일본열도로 직접 건너간 이주민의 수는 그다지 많지 않았으나, 농경을 영위하던 그 이주민의 인구 증가율이 원주민의 그것보다 높았기 때문에, 그들은 결과적으로 '왜인倭人' 형질의 기원을 이루었다.[3] 이로 보아 일본 민족의 형성은 한국계 농경 이주민으로부터 비롯되었다고 하겠다.

2. 3세기 이전

일본 고대문명은 기원전 2세기경에 한반도에서 일본 이키섬壹岐島을 거쳐 북규슈北九州까지 위만조선 계통의 세형동검 문화와 남한 무문토기가 교역을 통해 전래됨으로써 시작되었다. 기원후 1~3세기에도 한반도와 일본열도의 교류가 활발하여, 규슈九州를 비롯한 일본 각지에서 청동거울, 벽璧, 오수전 등의 중국 낙랑계 유물과 진·변한 계통 덩이쇠 및 회색 와질토기들이 나타났다.[4]

『삼국지』 위서 동이전에 따르면, 3세기 당시에 낙랑에서 배가 출발하여 서해와 남해 연안을 따라 항해하여 구야한국拘邪韓國에 들른 뒤 해협을 건너 왜

---

1 최근에 일본 벼농사의 시작을 기원전 10세기경으로 보는 견해가 제시되어 주목을 받고 있다. 이는 조몬시대 만기와 야요이시대 조기의 취사용 토기에 붙은 탄화물에서 측정한 방사성탄소연대(기원전 900~750년)를 토대로 하여 새로이 추정한 것이다. 春成秀爾·藤尾愼一郞·今村峯雄·坂本稔, 「彌生時代の開始年代」, 『日本考古學協會 第69回綜合研究發表要旨』, 日本考古學協會, 2003.

2 白石太一郞, 「倭國の形成と展開」, 『列島の古代史 8 : 古代史の流れ』, 東京 : 岩波書店, 2006, 10쪽.

3 中橋孝博, 「倭人の形成」, 『日本の古代史 I 倭國誕生』, 東京 : 吉川弘文館, 2002 ; 「'倭人'への道」, 『列島の古代史 8 : 古代史の流れ』, 東京 : 岩波書店, 2006.

4 武末純一, 「日本 九州 및 近畿地域의 韓國系 遺物」, 『고대 동아세아와 삼한·삼국의 교섭』, 2002년도 복천박물관 국제학술대회 발표요지, 2002.

지로 향하였다고 하며, 변진弁辰에서는 철을 생산하여 한韓, 예濊, 왜 및 낙랑·대방군과 활발하게 교역했다고 한다. 또한 왜국은 오랜 기간에 걸쳐 어지러운 후에 여러 소국의 수장들이 야마대국邪馬臺國의 히미코卑彌呼를 여왕으로 함께 세웠고, 여왕국은 각국의 교역에 대하여 대왜大倭 및 일대솔一大率을 설치하여 감찰케 했다고 한다.

문헌과 유물상의 이러한 증거를 정리한 최근 일본학계의 견해에 따르면, 일본열도에서는 2세기 후반에 큰 전쟁이 있었고, 그 결과 3세기 초에 긴키近畿의 야마대국을 중심으로 하여 규슈까지 포함하는 연합체가 형성되었는데, 이들은 변진, 즉 가야의 철 자원과 각종 선진문물의 교역로를 안정적으로 확보하기 위해 결속한 것이라고 한다. 또한 나라奈良 동남부의 하시하카箸墓 고분은 최초의 전방후원분前方後圓墳으로 3세기 중엽 히미코의 무덤이고, 그 직후에 야마대국 연합과 구노국狗奴國 연합이 통합되어 야마토 정권이 성립되었다고 하였다.[5] 그러나 『일본서기』에 전하는 야마토 왕권의 전승에는 히미코가 포함되어 있지 않으므로, 야마대국 연합과 야마토 왕권은 계승관계가 없다고 보는 견해도 있다.[6]

이로 보아 3세기 이전의 한일관계는 철과 선진문물의 수출을 매개로 일본열도와 전통적으로 밀접하게 교류하던 김해 가야국 중심의 전기 가야소국연맹체와 철을 수입하기 위하여 가야와 독점적 우호관계를 원했던 규슈 또는 긴키 중심 소국연맹체의 교류관계가 중심을 이룬다고 하겠다. 그러나 철은 가야 지역에서 생산되었다고 해도, 상당수의 선진문물은 중국 방면에서 생산되는 것을 가야가 낙랑 또는 대방을 통하여 중개하는 형태였으므로, 그 교

5 白石太一郎, 『古墳と古墳群の研究』, 東京 : 塙書房, 2000 ; 白石太一郎, 앞의 글, 2006.
6 吉村武彦, 「ヤマト王權と律令制國家の形成」, 『列島の古代史 8 : 古代史の流れ』, 東京 : 岩波書店, 2006, 79쪽.

역관계는 동아시아 전반의 형세에 따라 연동되어 움직였다.

3. 4세기

3세기 말~4세기 초에 중국 북방의 유목민족들이 남하하는 변란의 시기를 틈타 동쪽의 고구려는 낙랑군과 대방군을 멸망시켰다. 이에 따라 낙랑-가야-왜를 잇는 교역로가 단절되고 가야와 왜에서도 큰 변화가 나타났다.

4세기의 가야는 북방 유목민족의 기마 무장을 일부 받아들이는 한편, 그들의 철제 미늘갑옷에 자극을 받아 긴 철판들을 못으로 연결한 판갑옷과 투구를 개발하였다.[7] 이로 보아 가야의 일부 엘리트 계층이 중장 기마전술을 수용했다고 볼 수 있다.[8]

일본열도에서는 4세기의 청동거울, 벽옥제 가래 모양 팔찌(초형석鍬形石)와 바퀴 모양 팔찌(차륜석車輪石) 등과 같은 의례적 성격의 위세품威勢品 분급체계를 갖추고 있던 나라 남부 중심의 기존 세력이 약화되고, 4세기 후반에 가와치河內의 신흥 세력이 가야의 철을 수입하여 철제 판갑옷과 투구를 공급하는 새로운 위세품 분급체계를 구축하고 정권을 잡았다.[9]

당시에 가야는 왜에게 물적 자원인 덩이쇠와 선진문물을 전수하였으며, 왜는 가야에게 그 대가로 인적 자원인 노동력[10] 또는 군사력[11]을 공급하였다. 이

---

7 신경철, 「가야 초기마구에 대하여」, 『부대사학』 18, 1994 ; 신경철, 「금관가야의 성립과 연맹의 형성」, 『가야 각국사의 재구성』, 부산대학교 한국민족문화연구소 편, 혜안, 2000.

8 김두철, 「무기 · 무구 및 마구를 통해 본 가야의 전쟁」, 『가야 고고학의 새로운 조명』, 부산대학교 한국민족문화연구소 편, 혜안, 2003, 145쪽.

9 福永伸哉, 「對半島交涉から見た古墳時代倭政權の性格―4~5世紀における日韓交涉の考古學的再檢討―」, 『靑丘學術論集』 12, (財)韓國文化硏究振興財團, 1998 ; 田中晋作, 「巴形銅器について」, 『古代學硏究』 151, 古代學協會, 2000.

10 신경철, 앞의 글, 2000, 73~77쪽.

11 鈴木靖民, 「倭國と東アジア」, 『日本の時代史 2 : 倭國と東アジア』, 東京 : 吉川弘文館, 2002,

러한 상호 교류를 주도하며 김해의 가야국과 긴키의 가와치 세력은 각자 가야연맹 또는 일본 서부연맹의 맹주국으로서 위치를 굳혀갔다.

한편 4세기 중·후반에는 한강 유역의 백제가 중국 남조의 문물을 중개하는 교역의 중심지로 대두되고, 가야를 중개기지로 하여 왜와 연결되었다. 4세기 말에 백제는 고구려와의 전쟁에서 열세에 몰리게 되자 397년에 태자 전지腆支를 일본열도로 파견하여 왜국과 좀 더 긴밀한 동맹관계를 추구하였다.

가야는 백제의 동맹세력으로서 왜국을 지원하였으나, 핵심 기술을 제외한 부분적인 지원이었다.[12] 게다가 왜국은 철 소재를 외부에 의존해야 한다는 근본적인 한계를 가지고 있었고, 군비 수준도 고구려나 가야에 비해 크게 열세였기 때문에[13] 가야와 왜의 협력이 큰 효과를 낼 수는 없었다.

그리하여 백제-가야-왜의 동맹군은 400년 및 404년의 두 차례에 걸쳐 고구려-신라의 동맹군에게 패배하였다. 이에 따라 전기 가야연맹은 해체되고, 가야와 왜 사이의 동맹관계 수립에 바탕을 둔 문물 교류는 큰 타격을 입었다.

이에 비해 임나일본부설과 관련하여 4세기 한일관계사의 쟁점은 『일본서기』 신공神功 49년조 기사를 어떻게 보아야 하는가에 있다. 기사의 주요 내용은 신공황후 49년(369)에 왜가 장군들을 파견하여 신라를 친 결과 비자발比自㶱 등의 일곱 나라를 평정하였고, 백제 왕 초고肖古와 왕자 귀수貴須가 군사를 거느리고 와서 모이니 이때 비리 등의 네 읍이 항복하였다는 것이다.

초기에는 이 기사를 근거로 4세기 후반 왜의 임나 정벌을 사실로 인식하였으나,[14] 1970년대 이후로는 한국과 일본의 학자들 대부분이 그 기사 및 사실

15쪽.

12 예를 들어 가야 지역에서 널리 사용되던 마름모꼴 단면의 쇠투겁창은 끝내 보급되지 않았다.

13 김두철, 「4세기 후반~5세기 초 고구려·가야·왜의 무기·무장체계 비교」, 『광개토대왕비와 한일관계』, 한일관계사연구논집 편찬위원회 편, 경인문화사, 2005.

14 末松保和, 『任那興亡史』, 大阪 : 大八洲出版, 1949 ; 再版, 東京 : 吉川弘文館, 1956 ; 三品彰英, 『日本書紀 朝鮮關係記事 考證』 上卷, 東京 : 吉川弘文館, 1962.

모두를 부정하는 방향으로 선회하였다.[15] 한국의 연구자들은 4세기 후반 백제의 마한 잔여세력 정벌에 대해서는 인정하고 있으며,[16] 왜의 비자발(창녕) 등 7국 평정 기사에 대해서는 그 주체를 교체하여 백제에 의한 가야 정벌로 보는 견해도 있고,[17] 또는 백제가 가야와 친교를 트고 이를 토대로 왜와 연결된 것에 대한 과장으로 보기도 한다.[18]

또한 광개토왕릉비에 나오는 왜군의 성격은 무엇인가? 거기에서 왜군은 400년에 신라성(경주)과 임나가라(김해) 종발성에서 고구려군에게 격퇴되었으며, 404년에는 수군으로 대방계를 침입하였다가 고구려군에게 일망타진되었다고 나온다.

임나일본부설에서는 이를 한반도 남부에 세력 거점을 둔 왜군의 활동이라고 보고 있으나, 최근 학자들은 왜군이 백제 및 가야의 원군 또는 용병이었으며 규모도 그리 크지 않았기에 활동이 과장된 것으로 보고 있다. 다만 이를 주도한 것이 왜였는가,[19] 백제였는가,[20] 가야였는가[21]에 대해서는 관점이 갈리고 있다.

---

15 井上秀雄, 請田正幸, 大山誠一, 鈴木英夫, 이영식, 연민수 등 대부분의 학자들이 그러하다. 기사 편년의 3주갑인하론(山尾幸久)이나 그에 바탕을 둔 기사분해론(田中俊明)도 목씨 문제만 제외하고는 부정 일변도이다.

16 이병도, 『韓國古代史研究』, 박영사, 1976.

17 천관우, 「복원 가야사」 상 · 중 · 하, 『문학과 지성』 28 · 29 · 31, 1977 · 1978 ; 천관우, 『加耶史研究』, 일조각, 1991 ; 金鉉球, 『大和政權の對外關係研究』, 東京 : 吉川弘文館, 1985.

18 김태식, 「광개토왕릉비문의 임나가라와 '안라인수병'」, 『한국고대사논총』 6, 1994 ; 李鎔賢, 「加耶と東アジア諸國」, 國學院大學 大學院 博士學位論文, 1999.

19 武田幸男, 「四~五世紀の朝鮮諸國」, 『シンポジウム好太王碑』, 三上次男 外, 東京 : 東方書店, 1985 ; 濱田耕策, 「4세기의 일한관계」, 『한일역사공동연구보고서』 제1권, 한일역사공동연구위원회, 2005.

20 천관우, 위의 글 ; 김현구, 『任那日本府研究』, 일조각, 1993.

21 김태식, 「4세기의 한일관계사—광개토왕릉비문의 왜군문제를 중심으로」, 『한일역사공동연구보고서』 제1권, 한일역사공동연구위원회, 2005.

4. 5세기

5세기 이후 일본열도의 고대문화에는 급격한 변화가 일어났다. 즉 4세기 말~5세기 초에 공격·방어도구가 모두 한반도계의 실용 무장으로 혁신되었고, 5세기 후반에는 공격력이 높은 긴 목 달린 쇠화살촉, 못으로 연결하는 갑주 제작기법, 마구 등도 사용하게 된 것이다.[22] 또한 금동제 장신구류도 많아지고, 움집 주거에 화덕이 부설되었고, 토기에서도 단단한 스에키須惠器 생산이 시작되었으며, 횡혈식 석실의 매장시설이 나타났다.[23] 문헌 기록으로 확인한 바에 따르면 413년에 왜왕이 동진에 사신을 보낸 것을 시작으로, 5세기 후반까지 왜 5왕이 중국 남조와 조공관계를 유지하였다. 5세기 들어 일본의 가와치河內 지역에서 거대한 고분을 축조한 정권이 대두한 것은 한반도에서 유입된 집단들이 통합된 것과 관련이 있으나, 그 통합의 계기나 과정은 분명치 않다.

그런데 많은 연구자들이 4세기 말에서 5세기 초에 낙동강 하류 지역에서 일본열도 각지로 마구류와 금속가공술, 도질토기陶質土器 등이 이민과 함께 전해졌다고 말하고 있다.[24] 4~5세기에 해당한다고 볼 수 있는 『일본서기』 무열기武烈紀 이전 시기의 일본 대외관계 기사 중에 가장 먼저 눈에 띄는 것도 한반도에서 많은 사람들이 일본열도로 이주했다는 점이다.[25]

---

22 松木武彦,「古墳時代の武裝と戰鬪」,『戰いのシステムと對外戰略』, 東京 : 東洋書林, 1999.

23 白石太一郎, 앞의 글, 2006, 45~47쪽.

24 江上波夫,「日本における國家の形成－倭人の國から大和朝廷へ－」,『東洋硏究』 72, 1984 ; 江上波夫,『江上波夫の日本古代史－騎馬民族說四十五年－』, 東京 : 大巧社, 1992, 256~257쪽 ; 최병현,「고고학적으로 본 가야와 일본의 관계」,『한국사시민강좌』 11, 일조각, 1987, 111~117쪽 ; 中村潤子,「騎馬民族說の考古學」,『考古學その見方と解釋』, 東京 : 筑摩書房, 1991 ; 酒井淸治,「倭における初期須惠器の系譜と渡來人」,『4~5世紀 東亞細亞 社會와 加耶』, 제7회 加耶史 국제학술회의 발표요지, 김해시, 2001, 99~101쪽.

25 김태식,「일본서기에 나타난 한국고대사상」,『한국고대사연구』 14, 한국고대사학회, 1998.

이를 한일 간의 단순한 교역 또는 일본의 주체적 문물 수용, 심지어 도래인의 공급을 안정화시키기 위해 한반도 제국을 번국으로 예속시킨 결과[26] 또는 임나 경영의 결과에 따른 한국 · 중국계 주민의 이동이라고 보는 견해[27]도 있으나, 그런 정도로는 기마민족의 정복이라고까지 불릴 정도로 급격한 4~5세기 일본열도 내 유물상의 변화를 합리적으로 설명할 수 없다. 이는 4세기 후반 고구려와 백제의 대결이라는 한반도 정세에 연동되어 이루어진 가야의 지원과 그에 이은 전기 가야연맹의 해체에 따른 대규모 피난민 행렬에 의하여 이루어졌다고 보아야 한다.[28]

반면에 5세기의 가야 지역에서는 고령의 반파국伴跛國이 가야산 기슭의 철광산을 개발하여 제철산업을 일으켰는데[29] 이를 토대로 국호를 대가야로 바꾸고 대왜 교역을 주도하기 시작하였다. 5세기 후반 이후로 일본열도 각지에서 고령 계통의 위세품과 토기가 분포되기 시작하였고,[30] 축소모형 철제 농기구가 4세기 말부터 6세기 초엽에 이르는 기간에 걸쳐 성행했다는 사실[31]은 고령의 대가야가 자신의 문물과 함께 백제 문물 일부를 가지고 왜와 교류한 것

---

26 石母田正, 『日本古代國家論』, 東京 : 岩波書店, 1973 ; 吉村武彦, 앞의 글, 94쪽.

27 末松保和, 앞의 책, 264쪽 ; 關晃, 『歸化人』, 東京 : 至文堂, 1956 ; 關晃, 『古代の歸化人』(關晃著作集 第三卷), 東京 : 吉川弘文館, 1996, 10~11쪽 ; 上田正昭, 『歸化人－古代國家の成立をめぐって－』, 東京 : 中央公論社, 1965.

다만 우에다 마사아키上田正昭의 도래인설渡來人說은 한반도에서 일본으로 주민들이 건너와 일본 고대문화 건설에 기여한 것을 '귀화'라는 말로 일률적으로 표현할 수는 없고, 그 도래인의 구성에는 중국계보다 한국계가 훨씬 더 중요한 비중을 차지하고 있었다고 강조한 점에 의미가 있다.

28 신경철, 앞의 글, 2000, 78쪽 ; 김태식 · 송계현, 『한국의 기마민족론』, 마사박물관, 2003, 제3장 제2절.

29 김태식, 「후기가야제국의 성장기반 고찰」, 『부산사학』 11, 1986 ; 김태식, 『미완의 문명 7백년 가야사』 1권, 푸른역사, 2002, 176쪽.

30 박천수, 「도래계 문물에서 본 가야와 왜에 있어서의 정치적 변동」, 『동아시아 고대사』, 東京: 考古學研究會, 1994 ; 定森秀夫, 「초기 스에키와 한반도제 도질토기」, 『한국고대의 토기』(특별전 도록), 국립중앙박물관, 1997, 173~174쪽.

31 都出比呂志, 「農具鐵製化の二つの劃期」, 『考古學研究』 13, 1967.

을 반영한다.

최근의 고고학적 연구에 따르면 일본열도의 단야鍛冶와 철 생산은 5세기 후반 내지 6세기 전반에 가야 또는 백제 남부지방에서 온 이주민에 의하여 개시되었다고 한다.[32] 또한 5세기 전반 일본열도의 무기와 마구는 낙동강 하류 유역 금관가야의 것이 도입되거나 또는 그 영향을 받아 만들어진 것이며, 5세기 후반 일본열도의 마구는 대가야에서 온 기술자의 것을 수용하여 재지화在地化한 것이라는 점이 거의 공통적으로 지적되고 있다.[33]

이들 기술자 원조 또는 파견은 4세기 말부터 시작되어 6세기 전반까지의 시기에 한정된 가야와 왜 사이의 교역 방식이었다고 할 수 있다. 가야는 자신들이 받을 왜인의 무장을 강화하기 위하여 철기나 도질토기 제작 기술자들을 미리 왜에 파견한 것이고, 왜 왕권은 이를 국내 집권력을 강화하는 계기로 삼았던 것이다. 또한 가야는 왜국으로부터 받은 노동력과 군사력을 여러 모로 이용했는데, 『삼국사기』 신라본기에 등장하는 500년까지 신라 변경을 침범하던 왜군의 일부는 그러한 존재들이었을 것이다. 백제는 6세기 전반까지는 이러한 방식의 교역에서 직접적인 상대자로 나서지 않고 다만 가야 또는 영산강 유역을 중개지로 삼아 간접적으로 이용하려 한 것으로 보인다.

한편 임나일본부설과 관련된 5세기 한일관계사의 쟁점은 『송서』 왜국전에 나오는 왜왕 무武 등의 5왕이 자칭한 '사지절도독 왜 · 백제 · 신라 · 임나 · 가라 · 진한 · 모한 칠국제군사 안동대장군 왜국왕使持節都督倭 · 百濟 · 新

32 藤尾愼一郎, 「彌生時代の鐵」, 『國立歷史民俗博物館研究報告』 110, 佐倉, 2004 ; 東潮, 「弁辰と加耶の鐵」, 『國立歷史民俗博物館研究報告』 110, 佐倉, 2004 ; 穴澤義功, 「日本古代の鐵生産」, 『國立歷史民俗博物館研究報告』 110, 佐倉, 2004 ; 大澤正己, 「金屬組織學からみた日本列島と朝鮮半島の鐵」, 『國立歷史民俗博物館研究報告』 110, 佐倉, 2004.

33 田中晋作, 「古墳時代の軍事組織について」, 『國立歷史民俗博物館研究報告』 110, 佐倉, 2004 ; 千賀久, 「日本出土の '非新羅系' 馬裝具の系譜—大加耶圈の馬具との比較を中心に—」, 『國立歷史民俗博物館研究報告』 110, 佐倉, 2004.

羅·任那·加羅·秦韓·慕韓七國諸軍事安東大將軍倭國王'이라는 작호 중에 '백제'를 제외한 부분이 중국 남조 송나라로부터 인정받았는데 그 성격이 무엇인가 하는 것이다.

여기서의 논쟁점은 위의 '제군사호諸軍事號'가 각국의 군사통수권에 대한 ① 실제를 어느 정도 반영하는가,[34] ② 단순한 왜왕의 의도를 반영하는가,[35] ③ 단지 일본열도의 대내용 거짓 작호인가,[36] ④ 또는 일본열도 내의 여러 도래계 종족에 대한 통수권인가[37] 하는 점들에 있다. 그중에 ①과 ④는 약간 지나친 주장이고, 문제의 핵심은 ②와 ③ 사이에 있을 것으로 보인다. 의도된 계산이든, 아니면 망상에 의한 착오이든 5세기의 왜왕이 한반도 남부를 군사적으로 통솔하고 있다는 것을 중국으로부터 인정받고자 했던 것은 사실일 수도 있으나, 가장 중요한 것은 그것이 전혀 실효성이 없었다는 점이다.

5. 6세기

479년에 중국 남조의 송이 멸망하고 난 후, 중국에 대한 일본 야마토 정권의 외교는 120년간 단절된다. 이 당시 한반도 세력의 대왜 교역 중심은 6세기 전반 내지 중엽 이후 가야에서 백제로 옮겨지니, 일본의 아스카飛鳥 문화가 곧 그 반영이다. 백제와 왜의 직접적인 교섭은 5세기 후반에 개로왕蓋鹵王이 동생 곤지昆支를 왜국으로 파견하여 왜국과의 협력체계를 만들면서 시작

34 末松保和, 앞의 책 ; 吉村武彦, 앞의 글, 86쪽.

35 石井正敏, 「5세기의 일한관계—왜의 오왕과 고구려·백제」, 『한일역사공동연구보고서』 제1권, 한일역사공동연구위원회, 2005.

36 노중국, 「5세기 한일관계사—"송서" 왜국전의 검토」, 『한일역사공동연구보고서』 제1권, 한일역사공동연구위원회, 2005.

37 李永植, 『加耶諸國と任那日本府』, 東京 : 吉川弘文館, 1993.

되었고,[38] 백제는 그 후에도 대왜 외교의 일선에 왕족들을 내세워 양국의 협력체계 구축에 공을 들였다.[39]

백제는 왜국의 요청에 따라 주로 고급 정신문화를 전하였다. 이제 왜국은 단순한 철이나 위세품 같은 문물보다는 국가제도를 정비하는 데 필요한 고급 문화를 필요로 하는 수준으로 성장하였기 때문이다. 그리하여 백제는 513년, 516년 및 554년에 오경박사五經博士 단양이段楊爾 등을 보내 유학을 전수하였다.[40] 또한 백제는 552년에 노리사치계怒利斯致契 등을 보내 석가불금동상 1구와 경론 등을 보냈고, 577년에는 경론과 승려 및 사찰 건축기술자 6인을 보내고, 588년에도 불사리와 승려 및 건축기술자, 화공 등을 보내 법흥사法興寺, 즉 아스카사飛鳥寺를 짓게 하였으니, 일본의 불교와 사찰 건축은 실질적으로 그때부터 시작된 것이다. 또한 554년에 백제가 왜국에 역박사曆博士, 의박사醫博士 등을 보냈다고 하였으니, 역법 및 의약 등도 백제로부터 전수받았다고 하겠다. 당시에 백제는 문화 전수의 대가로 야마토 정권에게 군원軍援을 요청하여 받았는데, 이는 왜의 인부와 원군 및 군수물자 등을 가리킨다.[41]

한편 임나일본부설과 관련된 6세기 한일관계사의 쟁점은 『일본서기』에 보이는 '임나일본부'가 무엇인가 하는 점이다. '임나일본부'라는 용어는 『일본서기』의 541년부터 544년까지의 기록에 5회 나올 뿐이고, '일본부'라고만 나오는 것을 포함하면 464년부터 552년까지 35회 나오는데, 경남 함안의 안

38 연민수, 「5세기 후반 백제와 왜국」, 『일본학』 13, 1994 ; 연민수, 『고대한일관계사』, 혜안, 1998.

39 연민수, 「백제의 대왜외교와 왕족」, 『백제연구』 27, 1997 ; 연민수, 위의 책, 1998.

40 『일본서기』 권17, 계체천황 7년(513), 10년(516)조 ; 같은 책 권19, 흠명천황 15년(554)조. 『일본서기』 응신천황 15년(연대 미상)과 16년조의 백제 아직기와 왕인 또는 『고사기』의 와니키시和邇吉師가 『논어』 10권과 『천자문』 1권을 전했다고 하여 이것이 유학의 최초 전수라고도 하지만, 어느 정도의 사실성을 가지고 있는지는 알 수 없다.

41 김현구, 「6세기의 한 · 일관계—교류의 시스템을 중심으로」, 『한일역사공동연구보고서』 제1권, 한일역사공동연구위원회, 2005.

라국安羅國에 있었던 것으로 나온다.

임나일본부의 성격은 크게 보아 ① 임나 지배기구설과 ② 외교-교역기관설로 나뉘며, 다시 ①에 속하는 ⅰ. 왜의 임나 지배기구설, ⅱ. 야마토의 미마나소국 지배기구설, ⅲ. 왜인 사칭 임나호족의 통치기관설, ⅳ. 백제의 가야 지배기구설 등과 ②에 속하는 임나와 왜 사이의 ⅰ. 교역기관설, ⅱ. 외교기관설 그리고 이를 결합한 ⅲ. 안라왜신관설安羅倭臣館說 등으로 나뉜다.[42]

요즘의 연구 경향으로 볼 때, 이제 6세기의 임나일본부 문제는 백제사와 가야사를 배제하고는 생각할 수 없게 되었다. 그에 따라 안라왜신관은 가야 말기인 530년대 후반부터 550년대까지 존재하였고, 외형상으로는 '왜국사절 주재관'의 명분을 지니지만 실제로는 남부 가야연맹의 맹주국인 안라국의 외교를 지원하는 모습을 보였다.

한편 임나일본부설에서는 임나 멸망 이후에 일본은 신라의 가야 영유를 승인하는 대신 이른바 '임나의 조調'를 신라로부터 7세기 전반까지 수취했다고 하였다. 이에 대해서는 『일본서기』 찬자가 야마토 정권의 임나지배라는 사관에 맞추기 위해 조작해낸 것이라는 비판이 있고[43] 또는 교류 사실은 인정된다고 해도 그 표현은 6세기 말 이래 고조되기 시작한 국가의식과 『일본서기』 편찬 시의 신라적시관 및 번국관이 융합되어 나타난 관념적 허상이라는 연구가 있다.[44]

---

42 이 문제에 대한 연구사는 김태식, 「고대 한일관계 연구사—임나문제를 중심으로」, 『한국고대사연구』 27, 2002 참조.

43 金鉉球, 『大和政權の對外關係硏究』, 東京 : 吉川弘文館, 1985.

44 延敏洙, 「日本書紀の '任那の調' 關係記事の檢討」, 『九州史學』 105, 1992.

6. 7세기

가야가 멸망한 이후, 한반도 삼국과 왜국의 관계에 대해서는 『삼국사기』 같은 한국 측 사료에는 거의 전하는 것이 없기 때문에 대부분을 『일본서기』에 의존해야 한다. 그러한 문제점을 염두에 두고 『일본서기』에 나타난 7세기의 한일관계를 정리하면 다음과 같다.

첫째, 백제가 멸망한 663년 이후 한반도에서 왜국으로 이주한 이주민이 많았으며, 그들은 주로 백제와 고구려 계통의 유망민이었다.

둘째, 이 시기에 삼국은 왜국에 경쟁적으로 외교사절을 파견하였는데 그 횟수나 규모도 서로 비슷하였다. 그 외교 경쟁에서 가장 큰 성과를 올린 것은 전통적으로 대왜 교섭에 치중해온 백제였으나, 신라도 활발한 대왜 교섭을 통하여 왜가 삼국통일에 장애가 되지 않도록 억누르는 데 성공하였다.[45]

이 시기의 외교에 대해서는 최근 한국 측의 새로운 연구 성과들이 축적되고 있다. 그에 따르면, 일본의 외교정책은 6세기 말까지 소가씨蘇我氏 주도의 친백제 노선을 취하다가, 수·당제국이 출현하는 7세기 전반에는 신라·당과도 관계를 맺는 다면외교를 추진하였다. 그러다 정권 내부에 친신라 노선이 강해지자 위기의식을 느낀 소가씨가 다시 친백제 노선으로 회귀하였으나, 645년 친신라 세력인 개신정권의 등장과 함께 신라-일본-당의 3국협력체제로 전환되었다. 655년 이후에는 확고한 친백제 노선으로 다시 회귀하여 663년의 백강전투를 전개하게 되었다.[46]

---

45 김태식, 「일본서기에 나타난 한국고대사상」, 『한국고대사연구』 14, 1998.

46 김현구, 「일당관계의 성립과 나일동맹—일본서기 김춘추의 도일기사를 중심으로」, 『김준엽교수화갑기념 중국학논총』, 중국학논집편찬위원회, 1983 ; 김현구, 「고대 한(신라)·일관계의 일고찰」, 『대동문화연구』 23, 1989 ; 김현구, 「백촌강 싸움 전야의 동아시아 정세」, 『사대논집』 21, 고려대학교 출판부, 1997.

혹자는 왜 왕권의 백강전투 참전 요인을 군사적 모험주의에 의한 왜 왕권 내부의 결속, 부흥운동이 성공했을 경우에 예상되는 유리한 조건, 오랜 세월에 걸친 백제와의 친연관계, 여기에 백제왕족을 비롯한 관인층의 지속적인 대왜 외교가 복합적으로 작용하여 왜 왕권 내에 친백제적 관료가 형성되었던 것으로 보기도 한다.[47]

7. 8~9세기

668년 신라의 대일 국교 재개 이후 양국은 사절단을 자주 파견하였다. 신라는 대당 항전의 연장선 위에서 대일 외교를 진행시켰고, 나당연합군에게 패배한 일본은 신라가 문물 수입의 유일한 통로였기 때문에 신라의 법률·학술·사상·제도의 수입에 역점을 두었다.[48]

신라와 마찬가지로 일본은 8세기 전반에 견당사를 보내 당과의 교류를 강력하게 추진하였다. 730년대 당과 발해의 대립 속에 신라는 당과 가까워졌고 일본은 발해와 가까워졌지만, 신라와 일본 사이의 문물 교류는 상대적으로 증가 일로에 있었다.[49] 7~8세기 신라와 일본 사이의 교역은 신라의 가공생산품과 일본의 원료를 교환하는 것이었다. 일본 덴표天平 문화의 진수인 쇼소인正倉院 보물 중에 신라 문물임이 확실한 것으로는 배 모양 먹, 신라금(가야금), 좌파리가반佐波理加盤과 수저 세트, 색전色氈과 화전花氈 등이 있다.[50]

위의 일본 외교정책에 관한 요약 부분은 연민수, 「국내학계의 고대한일관계사 연구의 회고와 전망」, 『고대한일교류사』(혜안, 2003), 37~38쪽의 것을 거의 그대로 전재하였다.

47 연민수, 「개신정권의 성립과 동아시아」, 『일본역사연구』 6, 1997.

48 연민수, 「통일기 신라와 일본관계—공적교류를 중심으로」, 『강좌 한국고대사』 제4권, 가락국사적개발연구원, 2003, 224쪽.

49 연민수, 위의 글, 2003, 284쪽.

50 이성시 지음, 김창석 옮김, 『동아시아의 왕권과 교역—신라·발해와 정창원 보물』, 청년사, 1999, 25~40쪽.

9세기에 수도를 헤이안경平安京으로 옮긴 일본이 견당사를 폐지하자, 교역은 주로 청해진을 중심으로 한 신라 상인들의 중개활동을 통하여 서일본에서 이루어졌다. 이로 인하여 동아시아의 교역은 종전의 정치적 책봉체제의 부수적인 성격을 탈피하여 좀 더 경제성이 강한 교역으로 대체되었다.

발해와 일본은 사신 파견을 포함하여 48회 왕래하였다. 발해와 일본 교역의 제1기는 727년부터 759년까지로, 당시에 발해는 당과의 무력 항쟁 및 신라와의 군사적 긴장 때문에 일본과의 교역에 열중하였다.[51] 발해와 일본 교역의 제2기는 762년에 발해와 당의 화해가 이루어진 이후의 시기이며, 그 후 9세기에 발해의 사신단은 상인단의 성격으로 변질하였다.[52] 발해에서 일본으로 전한 교역품은 발해에서 생산되는 모피, 약재, 천연 특산물과 당과의 교역에서 얻은 것들이었고, 발해가 일본에서 들여온 물건은 주로 직물류였다.[53]

통일신라와 일본의 관계에서 핵심적인 쟁점 사항은 『일본서기』에 쓰여 있는 것처럼, 8~9세기에 일본이 신라를 하위에 두어 번국으로 취급하였는가 하는 문제이다. 이에 대해서는 8세기의 일본 지배층들은 중국적 화이사상에 의해 신라를 번국으로 취급했지만, 신라 역시 일본을 번국으로 인식하고 있었다는 연구가 있다.[54] 그러나 8세기 중엽부터는 일본이 국가체제에 위협을 느껴 관념적으로 모방한 중화사상을 포기하고 실리를 추구하였으며, 9세기 중엽 이후에는 신라 해적의 습격으로 신라에 대한 적대감을 노골적으로 드러냈다고 한다.[55]

---

51 이성시, 위의 책, 146쪽.
52 이성시, 위의 책, 151쪽.
53 한규철, 「발해국의 대외관계」, 『강좌 한국고대사』 제4권, 가락국사적개발연구원, 2003, 347~348쪽.
54 이병로, 「8세기 일본의 외교와 교역—나일관계를 중심으로」, 『일본역사연구』 4, 1996.
55 이병로, 「일본지배층의 대신라관 정책변화의 고찰—9세기를 중심으로」, 『대구사학』 51, 1996.

한편 발해와 일본의 관계에서는 8세기 중엽 일본의 신라 침공계획에 대하여 다양한 연구가 있다. 즉 758년부터 764년까지의 발해와 일본의 교섭은 일본의 신라 침공에 발해를 끌어들이기 위한 것이었고, 일본의 신라 공격계획은 후지와라 나카마로藤原仲麻呂 정권이 전제정치에 대한 비판의 화살을 해외로 돌리려고 한 것이었으나, 발해가 대당 관계의 개선으로 처음과는 달리 소극적이 되자 무산되었다고 하였다.[56] 그러나 신라 정벌 계획을 주도한 것은 일본이 아니라 발해였다는 견해도 있고,[57] 신라 정벌 계획을 추진한 것은 일본이지만 발해는 처음부터 그에 동조하지 않았다는 견해도 있다.[58]

8. 맺음말

지금까지 서술한 것을 정리해볼 때, 고대 한일관계사의 기본 흐름은 중국대륙에서 기원한 선진문물과 학문 등의 고급문화가 한반도 남부에서 정착된 후에 지속적으로 일본열도로 전수되었다는 점이다. 그러한 문화 전수는 이를 공급하는 한반도의 사정과 이를 수용하는 일본열도의 수준 및 욕구에 따라 서로 다른 방식으로 이루어졌다.

그리하여 기원전 5세기경의 벼농사와 기원후 5세기경의 마구류, 금속가공술, 도질토기 등은 한반도 내부의 전란 등의 사정으로 인하여 발생한 이주민과 함께 일본열도에 전해졌다고 보인다. 이런 것들은 일본 측에서 적극적으로 도입한 것은 아니나, 일본으로 건너가 일본열도의 고대문명 형성에 결정

56 한규철, 「발해와 일본의 신라협공계획과 무산」, 『중국문제연구』 5, 1993 ; 한규철, 『발해의 대외관계사』, 신서원, 1994.

57 박진숙, 「발해 문왕대의 대일본외교」, 『역사학보』 153, 1997 ; 박진숙, 「발해의 대일본외교」, 충남대학교 박사학위논문, 2001.

58 구난희, 「일본의 대신라침공계획 추진의도」, 『청람사학』 2, 1998 ; 구난희, 「8세기 중엽 발해 · 신라 · 일본의 관계—일본의 신라침공계획을 중심으로」, 『한일관계사연구』 10, 1999.

적인 기여를 하였다.

반면에 세형동검과 청동거울 같은 청동기류, 철 소재, 문자, 유학, 불교 등은 일본 고대문화가 발전함에 따라 교역 또는 외교적 요청에 의하여 일본열도로 전해졌다. 이를 전해주는 쪽은 대개 가야나 백제였는데, 이들은 그 대가로 정치적·경제적 이득을 얻고자 하였다. 또한 전해주는 쪽의 의도에 따라 마름모꼴 단면의 쇠투겁창 같은 전략무기는 끝내 보급되지 않기도 하였다. 철 생산기술은 요즘의 핵무기 생산기술에 비유될 만한 가야의 전략적 지식이었기 때문에, 거의 수백 년간이나 보안이 지켜진 것으로 보인다.

그럼에도 불구하고 고대 한일관계에서 그동안 문제가 된 것들은 대개 일본의 왜국이 가야 지역을 2백여 년간 지배했다거나, 가야를 포함한 한반도 남부 전역에 대하여 군사통수권을 가지고 있었다거나, 또는 일본이 신라나 발해를 번국, 즉 종속적인 하위 나라로 여겼다거나 하는 문제의 진위 여부였다. 이는 관련 문헌사료가 『일본서기』를 비롯한 일본 측의 것들 위주로 이루어져 있었던 점에 기인한다.

고대 한국은 일본에 관한 문헌 사료를 거의 남기지 않았으며, 이는 한국 측의 입장을 설명하기에 불리한 점으로 작용하고 있다. 이런 문제를 보완하기 위해서는 고대 한일 고고학 자료에 대한 연구를 활성화하고, 그를 기반으로 하여 문헌 사료를 재해석할 수 있는 여지를 만들어야 한다. 그러기 위해서는 일본고대사 자체에 대해서도 일본 학계의 수준을 넘어서는 한국 학계의 연구가 있어야 할 것이다.

통일신라에서 고려로의 왕조 교체를 어떻게 평가할 것인가

채웅석

1. 왕조 교체를 역사발전 과정으로 이해한다
2. 지배질서는 어떻게 변화하였나?
3. 사회변화의 주도세력을 어떻게 볼 것인가?
4. 시대구분론상 어떤 의미를 부여할 것인가?
5. 전망과 과제

1. 왕조 교체를 역사발전 과정으로 이해한다

통일신라의 지배체제가 모순을 드러내면서 지방세력들이 할거하고 후삼국으로 분열되었다가 고려에 의해 재통일되는 9~10세기는 한국사에서 격동의 시기였다. 이 왕조 교체는 어떤 사회 변화를 수반하였으며 우리 역사에서 무슨 의미를 지닐까?

당시 동아시아 지역에서는 한반도뿐만 아니라 중국과 일본도 사회격동을 겪었다. 중국에서는 당이 쇠망하고 오대십국으로 분열되었다가 송이 통일하

蔡雄錫 가톨릭대학교 인문학부 국사학전공 교수.

저서로는 『高麗時代의 國家와 地方社會—本貫制의 施行과 地方支配秩序』(서울대학교출판부, 2000), 『譯註《高麗史》食貨志』(공저, 한국정신문화연구원, 1996) 등이 있고, 주요 논문으로 「12세기초 고려의 개혁 추진과 정치적 갈등」(『韓國史硏究』 112, 2001), 「여말선초 향촌사회의 변화와 埋香활동」(『歷史學報』 173, 2002), 「고려 중·후기의 充軍刑과 定役刑」(『韓國史硏究』 131, 2005) 등이 있다.

였는데, 이 기간 동안 사대부가 성장하고 지주전호제를 기반으로 하는 사회로 발전해갔다. 중국 동북부에서는 거란족이 요를 건국하고 이어 발해를 멸망시켰다. 일본은 율령제 국가기구가 해체 위기에 처해 지방호족들을 통제할 힘을 거의 상실하였으며, 장원제가 발전하고 무사계급이 성장하였다. 동아시아 각국에서 일어난 이러한 변화는 상호 영향을 주기도 하였다. 중국왕조가 주변에 미치는 정치외교적 영향력이 줄어드는 한편, 각국에서 중앙통제력이 약해지고 지방사회가 독자적인 힘을 강화하는 가운데 민간교역과 해적들의 활동이 활발해졌다. 이처럼 통일신라에서 고려로 왕조가 교체되는 과정은 한반도에만 국한된 변화가 아니라 동아시아 차원에서 일어난 사회격동과 연관되어 있었다.

정체성론과 타율성론으로 한국사를 왜곡하려 하였던 일제 식민사학은 이 시기 왕조 교체가 단순한 지배세력의 교체일 뿐이고, 그것도 한국인의 자율의지가 아니라 대륙의 정세 변동에 따라 일어난 현상에 불과하다고 폄하하였다. 그러나 이후 한국사의 내재적 변화는 물론 국제적 연관성까지 고려하여 연구한 결과 그렇게 폄하하여 파악한 것은 의도적인 역사왜곡이었을 뿐이라는 사실이 분명해졌다.

이미 일제강점기에 백남운은 식민사학을 비판하면서 한국사를 발전적으로 파악하여 체계화하였다. 그는 통일신라 시기를 노예소유자적 사회에서 농노제로 이행하는 시기로 보았다. 즉 그는 통일신라 시기에 대토지소유제가 발생하고 농노관계가 형성되는 한편 말기에 이르러서는 국가재정이 파탄되고 권력이 분산되었으며 생활난에 쫓긴 농민들이 봉기하는 가운데, 지방의 신흥봉건세력이 구귀족군에게 정치적 승리를 거두면서 전형적인 집권적 봉건사회인 고려가 성립하였다고 파악하였다.[1] 그의 연구는 사적 유물론을 도

1 白南雲, 『朝鮮社會經濟史』, 改造社, 1933(이론과실천, 1994년 복간) ; 『朝鮮封建社會經濟史』

식적으로 한국사에 적용하려 하였다는 비판을 받기도 하지만, 식민사학의 정체성론과 타율성론을 깨고 세계사 차원의 보편적인 발전단계론을 적용하여 연구하였다는 점에서 실천적 의미가 컸다.

1950년대에 일본학자 하타다 다카시旗田巍는 8세기 중반 신라는 농업공동체 단계였으며 그것이 변화하는 과정에서 족단族團을 배경으로 한 호족이 대두하여 이후 고려사회의 기초가 되었다고 파악하였다.[2] 하타다는 이른바 아시아적 공동체 개념을 이용하여 고려전기까지 고대사회라고 보았지만, 백남운처럼 세계사적 발전법칙을 한국사에서 확인하려고 하였다. 그의 연구는 이후 일본 학계에서 식민사학을 극복하려는 한국사 연구자들에게 커다란 영향을 주었다.

1960년을 전후하여 진단학회가 엮은 『한국사』는 그때까지의 연구수준을 보여주는 책이다. 이 책에서는 통일신라까지를 고대, 고려부터는 중세로 시대를 구분하여 서술하였다. 즉 신라말기에 귀족 관료들의 대토지소유 확대와 가혹한 부세 수탈로 인한 농민들의 궁핍, 귀족들의 정권 다툼과 그에 따른 지배체제의 이완 등이 나타났으며, 그런 상태에서 국고가 고갈되어 지방에 조세를 독촉하자 도적이 도처에서 발생하고 토호들이 발호하였다고 하고, 고려는 신라말의 이러한 전국적인 동란 상태를 통일하고 철저한 관료 중심의 중앙집권제를 구상하는 방향으로 발전하였다고 파악하였다.[3]

1960년대 이후 한국 역사학계에서 식민사학에 대한 비판과 사회발전론적 시각의 연구가 본격화되면서 신라말 고려초기의 사회 변화에 대한 연구가 크게 진전되었다. 이 무렵 근대화론과 중산층론 등이 주목받았는데, 역사 연구

上, 改造社, 1937(이론과실천, 1993년 복간).

2 旗田巍, 『朝鮮中世社會史の硏究』, 東京 : 法政大學出版局, 1972.

3 李丙燾 · 金載元, 『韓國史(古代篇)』, 震檀學會, 1959.
李丙燾, 『韓國史(中世篇)』, 震檀學會, 1961.

도 거기에 영향을 받았다. 그래서 사회 모순과 그것을 변혁시키는 주체의 해명에 관심을 기울여, 왕조 교체를 주도한 세력을 중간계층으로 파악하고 그들이 하층민과 결합하여 구체제의 모순을 비판하고 사회변혁을 추진하였다고 이해하였다.

김철준은 진골귀족 본위로 운영된 신라 골품제사회의 모순과 한계성을 극복하는 문화적 역량과 시대적 개성을 찾아 지방세력의 대두와 함께 지식인들의 적극적인 역할을 부각시켰다.[4] 이기백도 인간을 계층 · 집단으로 파악하여 지방호족과 육두품계층이 골품체제에 저항하거나 그것을 변혁해가는 과정을 규명하였다.[5] 이후 지방세력과 육두품세력들이 대두한 시대적 배경과 활동양상 등을 탐구하여 그들이 골품제의 모순을 극복한 변혁의 주역이었고 신라말 고려초기가 사회전환기였음을 보강하는 연구들이 이어졌다. 나아가 정치 · 사회적 변화뿐만 아니라 사상 면에서도 유교정치 이념의 심화와 선종 · 풍수지리 사상의 대두 등에 관한 연구가 활발해져 당시 사회 전환의 모습을 유기적으로 이해할 수 있게 되었다.

물론 역사 이해에서 왕조 교체를 중시하는 것은 다분히 편의적이고 역사를 계기적 발전 과정으로 파악하기 힘들다는 한계가 있다. 그러나 한국사는 한 왕조의 지속 기간이 매우 길었고, 통일왕조의 교체도 두 번밖에 없었으며, 외부세력의 무력정복으로 인한 교체가 아니었다는 특징이 있다. 왕조가 교체될 때는 큰 폭의 개혁이 필요한 시기였고 그에 따라 정치세력과 제도, 지배이념 등이 크게 바뀌었다. 현재 학계에서는 통일신라에서 고려로의 왕조 교체 과정이 한국사의 발전에서 중요한 의미를 갖는다는 데 인식을 같이하고 있다.

---

4 金哲埈, 『韓國古代社會硏究』, 지식산업사, 1975.
5 李基白, 『新羅政治社會史硏究』, 일조각, 1974.

2. 지배질서는 어떻게 변화하였나?

우선 정치 부문을 보면, 신라하대에는 왕권을 강화하려는 세력과 그에 반대하는 귀족세력 간에 갈등이 심해지고 진골귀족 사이에서도 권력을 장악하기 위해 서로 분열하고 대립하는 등 권력쟁탈전이 극심하게 벌어졌다. 군사적 실력을 이용한 권력쟁탈전이 거듭되면서 정치와 사회질서가 동요하였다. 당시 권력쟁탈전이 심화된 원인을, 혈연관계를 기초로 편성된 골품제의 변질과 모순에서 비롯된 것으로 파악하는 견해가 일반적이다. 이와 관련하여 골품제의 토대인 혈연집단의 변화, 즉 골骨 속에서 족族, 족 속에서 가家의 단위성이 커지면서 귀족들 사이에 대립과 갈등이 벌어졌다는 견해, 족단적 사회편성 원리의 해체 즉 골품제의 기초가 되는 친족집단이 축소되어 유대관계가 소원해진 한편 귀족층이 팽창하면서 하대의 혼란상이 초래되었다는 견해, 신라 왕실의 리니지lineage 분지화分枝化에 따른 혈연의식의 변화에 따라 진골합의제를 기본으로 하는 골품제의 운영이 변질되었다는 견해 등이 제시되었다.[6] 이렇게 학자들 사이에 견해 차이는 있지만, 공통적으로 신라말기에 친족집단이 분지화하거나 집단적 친족관계가 소멸됨에 따라 골품제가 변질, 해체되었고, 그것이 신라하대의 정치적 혼란상을 초래하였다고 보고 있다.

이러한 위기상황에 대응하여 왕권을 안정시키고 집권적 질서를 확립하기 위한 노력이 나타났다. 원성왕 때의 독서삼품과 실시, 애장왕 때의 20여 조의 공식公式 반포, 홍덕왕 때의 골품제 규범 정비 등은 왕과 육두품 지식인들이 주도한 개혁이었다. 그러나 이러한 왕권 강화 정책에 대해 귀족들이 반발하였고, 대민시책이 미흡하였을 뿐만 아니라 개혁을 주도한 세력이 약해 효과

6 李基東, 「新羅 骨品制 硏究의 現況과 그 課題」, 『新羅骨品制社會와 花郎徒』, 일조각, 1984.

를 거두지는 못하였다. 이를테면 독서삼품과는 골품 위주의 관리 등용을 보완하기 위해 유학儒學 실력에 따라 관리를 등용하려 한 제도이지만, 골품제가 강고하게 유지되었기 때문에 제 기능을 하지 못하였다.

결국 골품제 질서가 유지되는 한 정치개혁에는 한계가 있었다. 귀족들 간의 권력쟁탈전도 막을 수 없었고, 성장하는 하위 두품과 지방세력들을 포용하기는 더욱 힘들었다. 이러한 가운데 도당유학渡唐留學 등으로 능력을 갖춘 지식인들이 이러한 골품제의 한계를 인식하였고, 각 지방에서는 촌주 출신의 토착세력이나 중앙에서 파견된 관리 또는 몰락귀족으로서 지방에 정착한 세력들이 중앙통제력이 약화되자 독자적으로 세력을 키워나갔다.

후삼국 시기에 궁예와 견훤 그리고 왕건은 골품제 해체를 기반으로 유교지식인층과 지방세력들의 역량을 흡수하여 정치권력을 키웠다. 후삼국이 서로 각축을 벌이던 시기에는 집권적 관료체제를 구축하는 것이 어려웠지만, 고려는 후삼국을 통일한 뒤에 관료제를 발전시켰고, 광종 9년에는 과거제도를 시행하여 능력을 기준으로 관료를 뽑았다. 과거제도의 내용과 급제자의 출신을 살펴보면, 유학지식과 능력을 중시하였으며 특정 지역에 한정되지 않고 거의 모든 지방에서 응시하여 관료가 될 수 있었다는 사실을 알 수 있다. 고려왕조가 집권체제를 정비하고 발전시킴에 따라 점차 문벌적 성향이 강해지기는 하였지만, 고려사회는 사회이동이 개방적인 가운데 지배층으로서 지위를 계속 유지하기 위해서 유교정치 이념을 습득하고 관료가 되는 것이 필수적인 사회가 되었다. 바로 이러한 정치·신분제도상의 변화가 신라와의 가장 뚜렷한 차이이다.

경제지배질서 부문을 보면 통일신라 시기에는 결부법과 양전제를 시행하면서도 조租·조調를 호등제에 바탕을 두고 수취하여 인호人戶 지배의 비중이 컸다. 그러나 궁예의 태봉에서는 전조田租와 호조戶調를 구분하여 전조를 토지면적을 기준으로 거두기 시작하였다.[7] 이때 조율은 수확량의 10분의 3으로 하였다가 고려 때 10분의 1로 조정하였다. 또한 신라가 녹읍제를 근간으로 지배층에게 경제적 급부를 주었던 데 비해, 고려초기에는 전시과제도를 시행하여 수조권분급제도로 바꾸었다. 통일신라 때 벌써 토지를 대상으로 하여 부세수취가 이루어졌고 녹읍은 수조권분급제도였다고 파악하는 견해도 있지만,[8] 당시의 수취 방식을 호등제에 바탕한 것으로 파악할 수 있다면 녹읍은 일정 지역의 일정 호戶를 단위로 하여 거기서 전조와 호조를 거둘 수 있는 권리를 준 것으로 이해할 수 있다. 고려는 건국 초기에 지방세력의 지역지배를 용인하는 차원에서 녹읍제를 유지하였지만 중앙집권체제를 강화하면서 곧 수조권분급제도로 전환하였다.

이처럼 경제 부문의 지배질서가 바뀌게 된 배경에는 농촌사회의 변화가 있었다. 신라가 삼국을 통일한 후 농업생산력이 발달하는 가운데 점차 농민층의 계급분화가 심화되는 한편 호부층豪富層이 성장하였다. 호부층은 농민층의 분화 과정에서 소유지를 확대하고 우마 · 곡식 등 우세한 동산 소유를 바탕으로 예속노동력을 확보하면서 선진적인 경영을 하였다. 그러나 그들은 신라사회의 골품제 때문에 정치적 성장에 한계가 있었고, 귀족의 녹읍지배와 전장 확대, 고대적인 부세 수취 등 때문에 경제적 성장도 제약을 받았다.

이 무렵 지방사회에서는 부세 부담이 늘어나고 국가의 권농 · 구휼 기능이 마비되자 몰락농민들이 중심이 되어 유망 · 도적화 등의 형태로 저항하고 있었다. 이에 호부층은 자위조직을 만들고 농민들과 연대하여 지역사회의 공동체질서를 재편하면서 지방세력의 모태가 되었다. 태봉과 고려는 골품제와

---

7 전덕재, 『한국고대사회경제사』, 태학사, 2006, 417~419쪽.

8 金容燮, 「土地制度의 史的 推移」, 『韓國中世農業史硏究』, 지식산업사, 2000.
李景植, 『韓國 古代 · 中世初期 土地制度史』, 서울대학교출판부, 2005.

다른 지배질서를 지향하면서 이런 변화를 수용하여 경제적으로도 새로운 지배질서를 세웠다.[9]

사회조직 부문을 보면, 신라는 혈연적 족단이 사회구성원리 · 운영원리로 기능하여 골품제의 기반이 되었지만, 신라말기 사회 변화 속에서 이러한 집단적인 친족관계는 약화되었다. 친속조직이 변화하여 고려 이후 양측적 또는 총계적 친속이라고 불리는 친족관계가 발달하였다고 보기도 한다.[10] 이에 따라 앞 시대에 비해 사회의 집단 형성에서 친족관계가 일차적 원리로 작용하지 못하게 되었고 비혈연적 요소의 비중이 커졌다. 문객門客이나 지방 자위조직의 구성을 살펴보면 이러한 변화를 확인할 수 있다.

지방세력의 자위조직은 족적 관계에 따른 것이 아니라 호부층과 영세농민층 간에 지역사회 보호를 위한 연대 · 결합을 바탕으로 하였다. 호부층은 계급적 대립관계 때문에 결합이 약화되는 것을 무마하기 위해 지역사회에서 권농 · 교화 등의 활동과 향도香徒 같은 신앙조직을 통해 계급 간 결속에 노력하였다. 고려초기에 처음으로 시행된 본관제도는 이러한 사회 변화를 바탕으로 국가가 지배질서의 차원에서 시행한 것이었다.[11]

3. 사회변화의 주도세력을 어떻게 볼 것인가?

신라 지배체제의 한계를 인식한 사람들은 대부분 골품제하에서 육두품 이하의 신분이거나 지방 출신이었다. 특히 육두품 출신 가운데 도당유학 등을

9 蔡雄錫, 『高麗時代의 國家와 地方社會—本貫制의 施行과 地方支配秩序』, 서울대학교출판부, 2000.

10 盧明鎬, 「羅末麗初의 사회변동과 古代 · 中世의 전환」, 『韓國史의 時代區分에 관한 硏究』, 신서원, 1995.

11 蔡雄錫, 위의 책.

통해 유교 정치이념을 습득한 지식인들은 골품제의 신분적 제약을 비판하였다. 그들은 골품보다 학문적 식견과 능력을 강조하면서 신라의 정치개혁에 참여하기도 하였으나 성과를 거두지 못하였고, 이후 은거하거나 지방세력에 협력하였다. 하지만 비록 골품제의 한계를 깨달았더라도, 육두품은 골품제에서 진골 다음으로 기득권을 누리는 지배계층이었고 무력을 소유하지 못하였기 때문에 도전에는 한계가 있었다.

골품체제 해체에 가장 결정적인 역할을 한 것은 지방세력이었다. 흔히 이 지방세력을 호족豪族이라고 부른다.[12] 이들의 출신을 보면 촌주와 같은 토착적인 세력기반을 이용하거나 해상무역·군진軍鎭을 배경으로 세력을 키운 경우가 있었으며, 중앙귀족으로서 지방에 낙향하거나 지방관으로 파견되었다가 그곳에 눌러 앉아 지방세력이 된 경우도 있었다. 지방세력은 성주·장군이라고 칭하면서 독자적인 군사력과 관반官班이라고 불리는 행정조직을 갖추고 지역사회를 지배하였다.[13] 이들이 정치적으로 자립하여 각축을 벌이는 과정에서 궁예와 견훤이 삼국유민의식三國遺民意識을 이용하여 세력을 규합하고 후고구려·후백제라는 새로운 국가를 만들었다. 일부 학자들은 호족이 족단이라는 혈연적 기반을 바탕으로 하고 이전 사회의 수장층과 계보적으로 연결되며 경제적으로는 지역사회를 공납제적으로 지배하였다고 파악하지만, 이런 점들은 실증되지 않았고 오히려 그들이 골품체제를 극복하는 역사적 의미를 가졌다는 이해와 상충된다.[14] 지방세력의 모태가 된 것은 호부층이었는데, 이들은 직접 자위력을 갖추거나 무장한 집단과 결합하여 자위조직을 만들었다. 호부층은 낙향귀족이나 촌주로서의 기득권을 이용해 성장하

---

12 申虎澈, 「호족의 종합적 이해—호족연구의 현황과 과제」, 『後三國時代 豪族研究』, 개신, 2002.

13 金光洙, 「羅末麗初의 豪族과 官班」, 『韓國史研究』 23, 1979.

14 李純根, 「羅末麗初 豪族 용어에 대한 연구사적 검토」, 『聖心女大論文集』 19, 1987.

기도 하였지만, 경제적으로 계급 분화가 이루어지는 과정에서 부를 축적하였고 사회적으로는 지역사회를 무단적武斷的이 아니라 관반조직을 이용해 여론을 의식하면서 지배하였다는 사실에 주목할 필요가 있다.

지방세력은 지방학교를 운영하고 선승禪僧들을 초청·후원하였다. 이 무렵 불교계에 새로 수용된 선종은 경주의 골품귀족을 중심으로 발달한 교종과 대비되었다. 선 사상은 교학불교가 갖고 있던 한계를 비판하고 지배층과 피지배층 사이에 벌어진 간격을 이어주는 역할을 하였는데, 특히 지방세력과 연결되면서 그 사회적 의미가 증폭되었다. 선승 중에는 지방 호부층 출신이 많았고, 조상이 중앙귀족인 이들도 이미 지방에 낙향한 경우가 많았다. 선승들은 지방세력과 협력하여 지방사회의 정치적·문화적 역량을 키웠다. 선 사상과 함께 들어온 풍수지리설은 국토를 유기적으로 파악하는 인문지리적 지식을 심어주고, 지방세력의 근거지를 명당으로 합리화하여 그들의 활동에 정당성을 부여하였다.[15]

이상과 같이 지방세력, 육두품 출신 유교지식인, 선종 승려 등이 당시 사회변동에서 주도적인 역할을 담당하였다. 학계에서는 이들에게 신골귀족의 사기분열과 갈등 속에서 골품체제의 한계를 깨닫고 사회를 변혁시켜 활로를 찾으려 하는 이른바 중간계층으로서 의미를 부여하였다.

중간계층의 이러한 정치적 지향은 농민층의 동향과 연계됨으로써 실천성을 갖출 수 있었다. 신라하대 농민들은 지배층의 토지소유가 확대되고 녹읍주의 자의적인 수탈이 강화되면서 몰락해갔다. 진성여왕 3년에 중앙에서 부세 납부를 독촉하자 마침내 농민항쟁이 전국에서 일어났다. 농민항쟁은 부세 저항과 지역사회 보안을 위하여 호부층이 자위조직을 각지에서 만드는 계

15 崔柄憲, 「新羅下代 禪宗九山派의 成立」, 『韓國史硏究』 7, 1972 ; 「道詵의 生涯와 羅末麗初의 風水地理說」, 『韓國史硏究』 11, 1975.

기가 되어 지방세력 대두에 결정적인 영향을 끼쳤다. 호부층과 몰락농민은 계급적 대립관계가 있었지만 신라의 지배체제가 모두에게 질곡이 되자 자위 조직을 만들어 변혁을 지향하는 세력으로서 결합하였다. 농민층의 동향은 중앙정치에도 영향을 주었는데, 궁예가 미륵하생신앙彌勒下生信仰을 이용하여 권력을 강화하고, 왕건이 "인민을 법도 있게 수취한다〔取民有度〕"라고 내세운 것은 모두 농민층의 동향을 의식한 것이었다.

4. 시대구분론상 어떤 의미를 부여할 것인가?

이상에서 살펴본 것처럼 통일신라에서 고려로의 왕조 교체는 단순히 지배세력의 교체가 아니라 광범위한 사회 변화를 동반하였다는 점은 분명하다. 다만 그 변화에 대하여 시대구분론상 어떤 의미를 부여할 것인가 하는 점을 둘러싸고 학자들 사이에 견해가 갈리고 있다.[16]

먼저 고대사회 안에서의 변화일 뿐이라고 보는 견해가 있다. 앞에서 살펴본 것처럼 하타다 다카시는 아시아적 공동체의 존재와 그 변화를 설명하는 이론을 적용하여 이 시기를 연구하였다. 그는 당시의 사회 변화를 인정하면서도 호족은 족단에 기반을 두었고, 고려의 군현제도는 천민집단인 향·소·부곡을 광범하게 포함하였다고 파악하였다. 게다가 토지소유권이 아직 미숙하고 공동체관계를 청산하지 못해 고대적인 성격을 띠며, 12세기 이후에야 이런 한계점들을 극복하고 중세사회로 나아갔다고 보았다. 강진철도 이와 비슷한 관점에서 연구하였다. 그는 신라의 녹읍은 일정 지역에 거주하는 인간에 대한 지배권을 주는 것이었고, 고려초기에 시행된 전시과제도는 일정한 토지에 대한 지배를 의미하기 때문에 녹읍에서 전시과제도로의 전환은 큰 사

16 노태돈, 「古·中世 分期 設定을 둘러싼 諸論議」, 『강좌 한국고대사』 1, 2003.

회 발전으로 볼 수 있다고 하였다. 그렇지만 고려전기에 농민들의 토지소유는 아직 미숙하였는데 이것은 혈연적 유대에 얽힌 고대 공동체관계의 유제遺制와 깊은 관련이 있으며, 농민은 국가로부터 노동력을 매개로 인신적 수탈을 당하는 고대노예와 비슷하였다고 보았다.[17]

그러나 고려전기 사회가 토지의 사적 소유가 발달하지 못하고 혈연적 동성촌락으로 이루어졌다고 보는 견해는 실증적으로 문제가 많다는 점이 밝혀지면서, 통일신라에서 고려로 교체되는 과정을 고대사회 내에서의 변화라고 보는 견해는 설득력을 많이 잃었다. 현재 학계에서는 고대에서 중세로 전환하는 시기로 보는 견해가 우세하다.[18] 이 견해를 주장하는 학자들은 특히 골품제를 폐쇄적 신분제로서만이 아니라 사회체제와 운영 원리로 이해하고, 신라하대에 그것이 변질되고 모순을 드러내면서 새로운 사회로 전환이 이루어졌다는 점을 강조한다.

이 견해를 대표하는 학자가 앞에서 소개한 김철준이다. 그는 골품제 해체와 과거제도 시행으로 상징되는 정치·사회·사상적 변화에 주목하였다. 그는 신라의 골품지배체제는 족상세력을 편세하여 구성한 것으로, 그 족적 기반은 고대국가의 발전에도 불구하고 소멸되지 않다가 신라하대에 들어와서 체제의 한계성과 모순이 전면에 부각되었다. 더불어 가혹한 고대적 수취에 대한 농민들의 반발도 거세지자, 지방호족이 성장하면서 골품제 폐기와 '취민유도取民有度'를 제시하여 그러한 사회 모순을 극복하였다. 모순을 극복하는 과정에서 육두품 출신의 유교지식인과 선종 승려들이 중세 지성으로서의 면모를 보이면서 새로운 사회의 이념 또는 운영 원리를 제공하였다. 고려 건

17 姜晉哲, 「韓國史의 時代區分에 대한 一試論」, 『震檀學報』 29·30, 1966 ; 「高麗 田柴科體制下의 農民의 性格」, 『韓國史時代區分論』, 을유문화사, 1970.
18 蔡雄錫, 「高麗時代史 연구 半世紀(1945~1995)의 동향과 과제」, 『韓國學報』 79, 1995.

국 이후에는 유교정치 이념에 입각하여 집권체제를 정비하면서 관료제도를 발전시키고, 과거제도라는 개방적인 관료등용제도를 마련하였으며, 전시과제도를 시행하여 관료제도의 경제적 기반을 제공하고 그에 상응하는 부세수취제도를 만들었다고 파악하였다.

한편 이기동은 9세기 중엽에 왕의 비서·시종기관들이 대두하고 문한文翰기관들이 확장된 것을 중세적 측근정치를 지향하는 움직임으로 파악하였다. 또 신라의 변방에서 일어난 고려가 지방세력들을 포섭하여 집권체제를 확립한 사실에 주목하여 봉건제의 발생을 대제국 붕괴 후 그 주변부에서 일어나는 정치회복운동으로 파악하는 가설과 비교해보기도 하였다.[19] 최근에는 공동체적 질서가 중세사회의 보편적 특성이 될 수 있다는 관점에서 고려 시기 향도의 존재에 주목하였고,[20] 조상을 기준으로 한 고대의 친족관계가 고려 때부터 나를 중심으로 한 친속조직으로 변화하였다는 사실을 밝혔으며,[21] 9세기 종파불교의 형성에서 중세불교가 시작되었다고 파악하는 등[22] 여러 부문의 연구에서 이 시기 사회 변화의 시대구분적 의미를 보강하였다.

이렇듯 최근에는 신라말 고려초기를 고대에서 중세로 전환하는 시기로 파악하는 견해가 널리 통용되고 있다. 그러나 다른 한편으로는 중세로의 전환시기를 신라의 삼국통일 무렵까지 소급하여 볼 수 있다는 견해도 나름대로 설득력 있게 제시되고 있다. 김용섭은 집권적이던 한국 중세의 토지지배관계를 소유권에 입각한 자영농제와 지주전호제, 수조권에 입각한 전주전객제

19 李基東, 「新羅下代의 浿江鎭—高麗王朝의 成立과 關聯하여」, 『韓國學報』 4, 1976 ; 「羅末麗初 近侍機構와 文翰機構의 擴張—中世的 側近政治의 志向」, 『歷史學報』 77, 1978.

20 李泰鎭, 「社會史的으로 본 韓國中世의 시작」, 『韓國史의 時代區分—古代·中世』, 신서원, 1995.

21 盧明鎬, 앞의 글.

22 許興植, 「佛敎思想史에서 본 고대의 起點과 終點」, 『韓國史의 時代區分—古代·中世』, 신서원, 1995.

가 상호 보완 · 반발하는 과정으로 이해하고, 통일신라 시기부터 이런 모습들을 찾을 수 있으므로 신라말 고려초기의 사회 변화는 중세 시기 내에서의 단계적 변화라고 파악하였다. 또한 통일신라에서 정치적으로 집권적 관료체제가 성립해 있었지만 그것은 골품제사회 안의 일이었으므로 관료제가 갖는 본질적 성격과 골품제가 내포하는 본래적 성격이 상반되는 가운데 체제 모순이 심화되었다고 하였다. 이에 골품관료제 해체와 과거관료제 성립을 기반으로 하는 중세사회의 재편성이 이루어졌는데, 이때의 사회경제적 기반은 지방세력의 성장이라고 파악하였다.[23] 이 밖에 8세기 무렵 통일신라에서 부세수취제도를 비롯한 경제질서가 인신보다는 토지를 중심으로 운영되었다고 보는 연구[24]와, 중세사회의 특성을 집권적인 체제에서 구하고 7세기 후반 신라가 향 · 부곡을 군현제의 하부단위로 편제시킴으로써 중세사회가 제도적으로 완비되었다고 파악하는 연구[25]에서도 중세의 시작을 통일신라 때로 소급하였다.

이처럼 통일신라 시기부터를 중세사회라고 보는 견해는 신라말 고려초기 골품제 해체와 지방세력의 성장 등을 커다란 의미가 있는 변화라고 인정하면서도 이미 이전부터 토지지배관계나 수취제도 · 군현제도 등에서 중세적 성격을 갖추었다고 파악하였다. 따라서 신라말 고려초기를 중세로 전환하는 시기로 보는 견해와 비교해보면 통일신라 때의 토지지배관계와 수취제도의 성격을 어떻게 파악할 것인가에서 결정적인 차이가 나는데, 사료의 부족으로 이에 대하여 분명하게 실증하기 어렵다는 문제가 있다. 앞서 살펴본 것처럼

---

23 주 8과 같음.

24 金基興, 「韓國史의 古 · 中世 時代區分—사회경제사를 중심으로 총체적 시각에서」, 『韓國史의 時代區分—古代 · 中世』, 신서원, 1995.

25 朴宗基, 「韓國史의 中世起點과 中世社會論—郡縣制의 성립과 변동을 중심으로」, 『經濟史學』 21, 1996.

통일신라에서 양전제가 실시되기는 하였지만 이것이 곧바로 토지면적을 기준으로 조를 거두었음을 입증하는 것은 아니다. 여전히 호등을 기준으로 조租·조調를 징수하였고, 녹읍지배의 내용도 봉호封戶에 대한 조租·조調를 수취였다고 파악하는 연구들이 최근에 나오고 있다.

5. 전망과 과제

통일신라에서 고려로의 왕조 교체를 시대구분론상 어떤 의미를 부여할 것인가를 둘러싸고 학자들 간에 의견이 엇갈리고 있지만, 여러 부문에서 큰 변화를 수반하여 역사적 의미가 컸다는 점은 대부분 인정하고 있다. 이는 한국사를 계기적인 발전 과정으로 이해하려고 노력한 결과이다. 전에는 외부의 간섭을 받지 않고 한국사가 내재적으로 사회 전환을 이루었다는 점을 강조하기도 하였지만, 최근에는 동아시아 전체에서 일어난 변화와의 유기적인 연관성에 주목하는 등 연구 시야가 확대되고 있다. 그러나 아직도 이 시기 왕조 교체 연구는 몇 가지 문제점을 안고 있다.

첫째, 중간계층의 활동에 주목하여 주로 정치·사상적 변화에 관심을 기울이고, 사회·경제 부문의 변화와 연결하여 고찰하는 연구가 적었다. 이렇게 특정분야사 연구에만 치우치다 보니 각 부문의 변화를 총체적으로 파악하거나 민의 동향에 적극적인 의미를 부여하는 데는 취약하였다.[26] 지방세력의 정치적 독립성 해명 못지않게 그들의 사회경제적 기반과 계급지배의 성격 등이 해명되어야만 그 시대의 역사성을 분명하게 이해할 수 있을 것이다. 따라

26 일부 학자들은 노예제·봉건제의 개념을 적용하는 것을 경계하였다. 이는, 한국 근대 역사학의 성립 초기에 그런 개념을 사용하여 역사발전의 보편적 합법칙성을 강조한 연구들의 실증이 약하였던 데 대한 반작용이자, 역사 해석에서 성급하게 일반화하기보다는 특수성·다양성에 대한 고려가 필요하다는 지적이었다.

서 논의를 진전시키기 위해서는 정치 · 사상사와 사회 · 경제사, 나아가 문화사를 종합적으로 인식하는 연구가 활성화되어야 한다.

둘째, 사회 변동을 확인하는 데 치중해서 앞 시대와의 단절을 중시하고 계승적 측면은 소홀하게 다루는 경향이 있다. 지금까지는 골품제의 한계와 지방세력의 독립성을 강조한 나머지 신라하대 중앙정치에서 모색한 개혁, 새로운 제도의 수용 등에 대해서 충분히 살피지 못하였다. 비록 골품제가 유지되는 한 그런 개혁조치들이 한계를 갖기는 하였더라도, 그것들을 소홀하게 취급하면 신라하대의 정치제도사 분야는 거의 공백으로 계속 남아 있게 될 것이다.

셋째, 골품제 해체 후 새로운 사회질서를 구축하는 것과 관련하여 고려왕조의 역할만이 아니라 그 이전 후삼국의 역할에도 주목해야 한다. 그동안은 궁예와 견훤의 활동을 앞 시대의 지배체제를 해체시키는 역할로서만 인식하고 그들이 새로운 사회질서를 모색한 측면에 대해서는 충분히 고려하지 못하였다. 후삼국 시기를 단순히 통일신라에서 고려로 왕조가 교체되는 과정에서 나타난 과도기적 상황으로 보는 것 이상으로 역사적 의미를 충분히 검토하는 연구가 필요하다.

고려사회의 기본 성격

김용선

1. 머리말

'고려사회의 기본 성격'이라 하면, 곧 고려사회를 지배해간 주요계층의 정치·사회적 성격이 기본적으로 어떠했는가에 대한 것이라고 이해할 수 있다. 이에 대해 귀족(또는 문벌귀족)이 지배해간 사회였다는 주장이 주도적이기는 하지만, 다른 한편으로 능력에 따라 선발된 관료들이 주도해간 사회였다는 견해도 꾸준히 제기되고 있다. 그러므로 고려사회의 기본 성격에 관한 논의의 초점은 고려를 귀족제 사회로 보는가 아니면 관료제 사회로 보는가 하는 문제에 놓이게 된다.

金龍善 한림대학교 사학과 교수.

저서로 『고려음서제도연구』(일조각, 1991), 『고려금석문연구』(일조각, 2004)가 있고, 편·역저로 『고려묘지명집성(제4판)』(한림대학교 출판부, 2006), 『개정판 역주 고려묘지명집성(상·하)』(한림대학교 출판부, 2006), 『개정판 고려묘지명집성 색인(역주·원문)』(한림대학교 출판부, 2006)이 있다. 그 밖에 고려시대의 정치·사회사와 금석문에 관한 논문이 여러 편 있다.

고려를 귀족제 사회로 보려는 입장은 상당히 오래전부터 나타났다. 즉 안확이 개설서인 『조선문명사』(1923)에서 고려를 '귀족정치시대' 였다고 이해한 이래, 한국의 대표적인 개설서라고 평가받는 이기백의 『한국사신론』(1967 ; 신수판 1990)에서도 고려를 '문벌귀족의 사회' 라고 규정하였고, 고려시대에 관한 본격적인 개설서를 쓴 박용운도 『고려시대사』(1985)에서 고려를 '문벌귀족사회' 라고 서술하였다.

이와 달리 관료제 사회로 보려는 본격적인 논의는 박창희의 「고려시대의 '관료제' 에 대한 고찰」(1973)이라는 논문을 통해서 제기되었다. 그는 과거제와 음서제를 논의의 중심에 두고, 고려시대에는 개인의 능력을 시험하여 관리로 선발하는 과거제가 가문을 배경으로 하는 음서제보다 더 중요하였다고 이해하였다. 즉 음서제보다 과거제가 더 일반적으로 시행되었고, 과거 출신 관료들을 주축으로 정치적 지배세력이 형성되었으므로, 고려는 능력 본위로 관직이 부여된 관료제 사회로 보아야 한다고 주장한 것이다. 그는 또 귀족제설의 중요한 근거가 된 음서제는 첫 관직을 수여하는 관리등용방법의 하나였을 뿐 그 이후의 승진을 보장해주는 것도 아니고, 귀족제하에서의 습관제襲官制와는 같은 것으로 볼 수 없다고 하였다(박창희, 1977).

이후 귀족제·관료제의 개념이나 실체를 둘러싸고 많은 논의가 이루어졌는데, 유승원은 「고려사회를 귀족사회로 보아야 할 것인가」(1997)를 발표하며 이 논쟁에 다시 불을 붙였다. 그는 고려사회가 실증적으로나 이론적으로나 귀족이 지닌 법제상의 세습적 특권이라 할 만한 것도, 귀족제라 할 만한 것도 찾아보기 어렵다고 하여 귀족제 사회론을 강력하게 비판하면서, 하나의 대안으로 고려를 귀족사회 대신 '문벌사회' 라고 부를 것을 제안하였다. 이 문벌사회란 '귀족사회처럼 특정 혈통이나 가문에 대한 세습특권이 법제화되어 있지는 않았으나, 사회적으로 개인의 능력보다 가문의 배경이 우선시되거나 적어도 그에 못지않게 중시되어 상류층에 대한 우대책이 공공연하게 입안되고 실시될 수 있었던 사회'라는 것이다. 이에 대해 박용운은 「고려는 귀족사회임을 다시 논함」(1998 · 1999)을 발표하여, 유승원의 주장을 구체적으로 반박하면서 고려는 귀족사회였음을 다시 논증하였다.

이와 같이 고려시대의 귀족제 · 관료제 논쟁이 본격적으로 진행됨에 따라, 고려사회의 지배신분층의 성격이나 특성이 심층적이고도 다각도로 검토되었다. 실상 귀족제 · 관료제 논의의 실상을 제대로 이해하는 일은 비단 고려시대를 어떻게 이해하는가에 그치지 않고, 나아가 한국사의 올바른 진행방향을 이해하는 일과도 직결되어 있다고 할 수 있다. 이 논쟁의 핵심은 바로 고려사회가 신분귀속사회인가, 아니면 능력에 의한 성취사회인가 하는 문제에 있기 때문이다. 그리하여 이 글에서는 독자들의 이해를 돕고자 특히 양자 간에 주요 쟁점거리가 되고 있는 음서제와 과거제, 그리고 귀족과 문벌의식을 중심으로 이 문제를 다시 한번 정리해보고자 한다.

2. 음서제와 과거제의 실체와 운영

앞에서도 말했다시피 고려의 음서제는 귀족제 사회론의 중요한 근거가 되었으며, 관료제 논자들은 과거제가 더 중요한 의의를 가지고 있다고 주장하고 있다. 그렇다면 논의의 내용을 확실하게 이해하기 위해 우선 고려시대의 음서제와 과거제의 실상이 과연 어떠하였고, 어떻게 운영되었는가를 살펴보는 것이 마땅할 것이다. 이에 음서제와 과거제의 실체와 운영내용을 간단하게 살펴보기로 한다.

(1) 음서제

음서제란 말 그대로 '조상의 음덕에 의해 그 자손이 관직에 서용되는 제도'라고 정의할 수 있다. 즉 음서제도는 일정한 관품에 오르거나, 일정한 자격을 갖춘 관리의 자손에게 관직을 줌으로써 그 후손을 관리로 복무하게 하는 제도인 것이다. 고려시대의 음서시행에 대한 구체적 규정과 내용은 『고려사』 권 75 선거지 3 전주銓注 조에 '범음서凡蔭敍', '범서조종묘예凡敍祖宗苗裔', '범서공신자손凡敍功臣子孫'이라는 세 항목으로 나뉘어 실려 있다. 이들은 각각 문무 5품 이상 관리의 자손을 대상으로 시행되는 음서와 왕실의 후예와 공신의 자손을 대상으로 시행된 음서를 말한다. 그런데 『고려사』나 묘지명 기록 등에서 음서가 실제 시행된 사례를 찾아보면, 이 규정을 벗어난 음서도 많이 찾아볼 수 있다. 즉 선거지의 규정에 나타난 바와 같이 '문무 5품 이상 관리'나 '공신'의 자손이 아니더라도, 국가에 일정한 공을 세운 관리가 사망하거나 하는 경우에도 그 자손에게 음서가 시행되었던 것이다. 이러한 사실은 고려시대의 음서에, 선거지에 규정된 범위 내에서 시행된 일반적인 음서와, 그 범위를 벗어나서 시행된 특별한 음서가 있었음을 말해준다.

그런데 특별한 음서는 특별한 경우에 부정기적으로 시행되었지만, 일반적인 음서는 실제 사례를 조사해보면 연중 어느 때나 시행된 것으로 나타나고 있다. 또 그 음서를 의탁한 탁음자托蔭者의 관품도 문무 5품 이상에서 2품 · 1품까지 다양하게 나오고, 그 탁음자가 사망한 뒤 음서가 시행되는 경우도 많다. 이러한 현상은 후손이 음서의 권리를 확보하고 있다가 적절한 시기에 그 권리를 행사한 결과라고 이해된다. 그렇다면 고려시대의 음서는 본인이 필요할 때 언제든지 시행될 수 있었다고 할 수 있다. 이것은 결코 고려의 음서가 불규칙하게 무원칙적으로 시행되었다는 것은 아니다. 음서라는 하나의 제도의 틀 안에서 종류를 달리하는 여러 음서가 언제라도 다양하게 시행될 수 있었다는 것이다. 이러한 점을 고려 음서제도의 첫 번째 특징으로 꼽을 수 있고, 우리는 일단 이 점을 주목해야 하지 않을까 싶다.

음서는 일정한 음덕을 갖춘 조상과 그 자손 간의 쌍방관계에 기반하여 시행되는 것이다. 그렇다면 그 조상과 음서를 받는 본인의 관계는 어떤 것이었을까. '범서공신자손' 조의 규정을 보면 고려초인 문종 6년(1052)에는 태조대의 6공신의 증손자와 현손자에게 음서의 혜택을 준다고 하였고, 고려후기 충선왕 복위년(1308)에는 최대 현손자의 현손자까지도 그 혜택을 받을 수 있다고 하였다. 즉 처음에는 5대손 정도이던 것이 시기가 지나면서 10대손까지에 이를 정도로 그 범위가 늘어난 것이다. 그리고 이들 공신 자손들은 여러 세대에 걸쳐 몇 번이고 음서의 혜택을 계속하여 받을 수 있었다. 실제로 공신이었던 '7대조음七代祖蔭'을 받아 그 후손 중 4명이나 음서를 받은 사례도 있다. 이와 같이 볼 때 공신을 배출하여 공신직첩 같은 것에 그 명단을 올리게 되면, 그 가문은 몇 대에 걸쳐서 다수의 자손이 계속하여 음서의 혜택을 받을 수 있었던 것으로 생각된다.

그렇다면 일반적인 음서의 시행범위는 어떠했을까. '범음서' 조의 규정을 대략 정리하면, 문무 5품 이상의 지위에 오른 1명의 관리는 아들(수양자收養子 포함)·내손(친손親孫)·외손外孫·사위(서婿)·조카(질姪·생甥)·동생(제弟)에게 음서의 혜택을 줄 수 있다고 한다. 이것을 음서를 받은 입장에서 표현해보면, 그 명칭은 부음父蔭·조음祖蔭·외조음外祖蔭·처부음妻父蔭·백부음伯父蔭·숙부음叔父蔭·외숙부음外叔父蔭(또는 생구음甥舅蔭)·형음兄蔭이 된다. 즉 어떤 한 가문에서 5품 이상의 관리를 1명이라도 배출하게 되면, 적어도 7명의 후손 중 1명이 음서를 받을 수 있는 권리가 생기는 것이다. 그리고 음서를 제수받기 위해 일정한 시험 같은 것을 통과해야 한다는 조건도 없었던 것으로 보인다. 왜냐하면 특별한 경우에 시행되는 음서는 그 대상자에게 바로 관직을 주면서, 일반적인 음서를 받는 이들에게 일정한 절차나 자격을 요구한다는 것은 형평에 맞지 않기 때문이다〔그러나 조선시대에는 '강오경중講五經中一·사서중일四書中一'(『경국대전』 1 이전吏典 취재取才 음자제蔭子弟)이라는 일정한 절차와 자격을 요구하였다〕. 이 점에서 고려시대의 음서는 비교적 자유롭고 쉬운 벼슬길이 될 수 있었다. 또 음서를 받은 관리 중에는 재추宰樞와 같은 고위 관직은 물론이고 문하시중과 같은 최고의 관직에 오른 인물들도 상당히 많다. 이러한 사실은 음서출신자라고 하여 승진에 일정한 제약이나 제한을 받지 않았음을 말해준다. 이 점이 우리가 두 번째로 주목해야 할 점이 아닌가 한다.

이와 같이 고려시대에는 최소한 5품 이상의 관리가 되면 그 후손 중의 1명은 본인이 필요할 때 언제라도 음서를 받을 수가 있었다. 또 그 관리나 자손 간에 단 한 번 음서를 주고받을 수 있는 기회만이 주어졌다고 하더라도, 종류를 달리한다면 한 가문 내에서 여러 명의 아들이나 손자, 외손자, 조카와 사위들이 모두 음서를 통해 관리가 될 수 있었다. 예컨대 장남은 부음을, 차남은 조음을, 3남은 처부음 등을 받으면 되는 것이다. 또 그들은 음서를 받기 위해 일정한 학문적 능력을 갖출 것을 요구받지도 않았다. 이러한 점에서 음서제는 본인의 능력이나 자질과는 아무 상관 없이 오로지 가문의 배경에 의해 관리의 신분을 획득하게 해주고, 그 가문이 계속하여 관리를 배출할 수 있게 하는 제도가 되었던 것이다.

물론 음서제 자체는 음서 수혜자에게 관직을 주어 관리가 되게 하는 데 그칠 뿐이고, 특정한 조상의 음덕이 그 후손의 승진이나 관직생활에 영향을 주는 것은 아니었다. 또 음서를 받았다고 하여 조부나 부의 관직이나 작위 등이 아들이나 손자에게 그대로 전해지는 것도 아니었다. 이 점에서 음서는 서양의 귀족제에서 보이는 습작제襲爵制와는 분명히 다르다. 그러나 음서를 통해 계속해서 관리신분을 유지할 수 있었으므로, 이 제도는 단순하게 '상류층에 대한 우대책'을 뛰어넘어 보다 근본적인 의의를 가지게 되었다. 다시 말해 음서는 지배계층으로서의 신분과 특권을 세습해나가는 데 결정적인 영향을 주는 특권적인 제도가 된 것이다. 음서를 제수받는 법제적 연령은 18세였지만 실제 제수된 평균연령은 15.4세였고, 심지어 5세의 어린 나이에 음서를 받은 사례도 있다는 것은, 음서제가 고려의 지배층에게 얼마나 매력 있는 것이었는지 말해주고도 남음이 있다.

물론 이 지배계층을 어떻게 불러야 하는가, 즉 이들을 귀족이라고 부를 수 있을 것인가, 아니면 다르게 불러야 하는가 하는 문제가 남지만, 이에 대해서는 뒤에 다시 언급하기로 한다. 이들을 어떻게 부르든 간에 한 가지 분명한 사실만큼은 확인해둘 필요가 있다. 곧 고려시대의 음서제는 개인의 능력과 관계없이, 가문 또는 신분적 배경이라는 귀속적 요소에 의해 개인이나 가문을 지배계층에 편입시켜주는 가장 중요하고도 손쉬운 제도적 보장책이 되었다는 것이다.

(2) 과거제

고려의 과거는 광종 9년 처음 실시된 이래 고려사회에서 줄곧 시행되었는데, 그 시험은 크게 세 종류로 나뉜다. 즉 시詩·부賦·책策 등 문학적 능력을 시험하는 제술과製述科, 유교경전을 시험하는 명경과明經科, 기술관 시험인 잡과雜科가 그것이다. 그중에서 가장 중요한 것이 제술과였는데, 이 시험이 관료제 논의의 핵심주제가 되고 있으므로 이 글에서도 제술과를 중심으로 검토해보고자 한다.

양인良人 신분 이상이면 응시가 가능하였던 명경과와 잡과와 달리, 제술과의 응시자격은 중앙관리와 향리鄕吏의 자제로 제한되어 있었다. 즉 고려의 과거를 대표하는 제술과는 제한된 신분층에게만 문호가 열려 있었던 것이다. 그렇다고 하여 과거제가 '특권신분층'만을 대상으로 한다고 보기에는 문제가 있다. 향리까지 특권신분층에 포함시키면 그 계층의 범위가 너무 넓어지기 때문이다. 또 실제 과거급제자를 보면 중앙의 관리자제 이외에도 향리 출신도 상당수 있다. 이 점을 강조하여 귀족제를 비판하는 입장에서는 고려 과거제의 원리를 다음과 같이 설명하였다. 첫째, 고려의 과거는 비귀족에게 문호가 언제나 개방되어 있고 능력을 기준으로 선발하는 시험이었다. 둘째, 설사 특권신분층에 국한해 보더라도, 과거란 기성 가문이 가진 전통적 권위나 가문들 사이의 고착된 서열을 전혀 무시해버리고 똑같은 조건에서 경쟁하게 하여 귀족의 서열을 끊임없이 바꿈으로써 기존의 귀족제적 질서를 파괴하는, 반귀족적 성격을 발휘하게 된다. 즉 고려의 과거는 일부 계층이 유리하게 이용했다고 하더라도 어디까지나 능력 본위였고, 결과적으로 귀족제적인 질서를 깨뜨리는 역할을 하였다는 것이다.[1]

그렇다면 이 주장은 얼마나 설득력이 있는 것일까. 고려시대의 과거가 실제로 운영되는 모습을 검토하면서 살펴보기로 한다.

고려시대 제술과 시험은 광종 9년(958) 처음 시행된 뒤 공양왕 4년(1392)까지 435년 동안 모두 250회 치러졌으며, 총 6,330명의 급제자를 배출하였다. 이를 평균해보면 1.7년에 한 번씩 과거가 시행되었으며, 1회당 평균 급제자 수는 25.3명이 된다. 1년을 단위로 환산해보면 한 해에 과거에 급제하는 인원은 14.6명에 불과하다. 또 제술과의 평균 급제연령은 24세 정도로 조사되었다. 고려시대의 평민인 양인良人들이 역役을 짊어지기 시작한 나이가 16세였고, 음서가 실제로 시행된 연령이 15.4세였다는 점을 감안하면, 24세라는

1 유승원, 「고려사회를 귀족사회로 보아야 할 것인가」, 『역사비평』 36, 역사문제연구소, 1997, 60~61쪽.

과거급제 연령은 상당히 늦다는 인상을 받는다. 또 국자감시 평균 급제연령인 18.6세와도 대략 5년의 차이가 난다. 그런데 이 5년이라는 햇수는 과거가 3회 정도 시행되는 기간이기도 하다. 이로 미루어 보면 고려시대에는 평균 3회 정도 과거에 응시한 다음에야 급제하였다는 추정이 가능해진다. 즉 과거시험장에서 재수생은 물론이고 4·5수생도 다반사로 만날 수 있었던 것이다. 고려시대의 과거응시 비율은 전혀 알 수 없지만, 이러한 수치들은 당시에도 과거시험에 합격하는 것이 상당히 어려웠다는 사실을 알려주기에 충분하다. 따라서 과거에 합격하려면 학문적 능력도 중요하였지만, 그에 못지않게 경제적 여력도 넉넉하게 갖추고 있어야만 했던 것이다. 관리의 후손이었지만 음서의 기회를 마다하고 오로지 과거의 길만 고집하다가 끝내 그 꿈을 이루지 못한 채 비참한 생애를 보내야 했던 임춘林椿이나, 뛰어난 재능에도 불구하고 너무 늦게 과거에 급제하여 벼슬다운 벼슬 한 번 얻지 못하고 곤궁한 삶을 살아야 했던 오세재吳世才 같은 인물이 그러한 사정을 잘 말해준다. 또 집이 가난하여 아예 처음부터 과거의 꿈을 접어야 했던 사람들에 관한 기록도 많이 남아 있다.

더구나 과거에 급제했다고 하여 곧바로 좋은 관직을 받고 출세가 보장되는 것은 아니었다. 가문의 '배경'이 좋지 않은 경우, 첫 관직으로 근시직近侍職이나 문한직文翰職은커녕 경직京職보다 외직外職을 받게 되는 경우가 더 많았고, 그나마 실직實職을 받기 위해 수년간 대기해야 하는 경우도 상당히 있었다. 또 관직을 받기 위해서는 이부吏部의 전주銓注와 대간臺諫의 심사가 뒤따라야 했는데, 그 과정에서 과거시험 성적이나 행정 능력보다는 그의 가문이 더 큰 영향을 끼쳤다. 사정이 그러하니 과거급제자라 할지라도 관직을 얻기 위해서는, 자신을 뽑아준 시험관인 지공거知貢擧를 좌주座主로 모시고 부자지간보다 더 깊다는 좌주·문생 관계를 맺거나, 유력자에게 자천·타천의 글을 올려 구직을 호소하는 등 온갖 방법을 동원해야만 했다. 어려서부터 문학적 재능을 인정받은 이규보李奎報 같은 이도 23세에 어렵게 과거에 급제한 뒤, 관직을 받기 위해 수차례 글을 올렸지만 우여곡절 끝에 32세가 되어서야 겨우 전주목사록全州牧司祿이라는 지방직을 얻었던 것이다. 이와 같은 점을 볼 때, 고려시대의 과거급제자는 학문적 능력을 갖추었다고 하더라도 결코 그 자체로 승진이나 출세가 보장되는 것은 아니었다고 할 수 있다.

또 고려시대에 탈마脫麻라고도 하는 은사급제恩賜及第가 여러 차례 주어졌다는 점도 주목해야 할 것이다.[2] 이는 과거에 열 번 떨어진 응시자들에게 특별히 급제를 주는 혜택인데, 학문적 능력과는 다소 거리가 먼 제도였다. 그밖에 6품 이하의 현직관리들에게 처음에는 세 차례만 응시기회를 주었으나 의종 연간부터는 다섯 차례로 늘려주고, 6품이 되더라도 그 관직에 취임을 유보하면 몇 년씩 응시자격을 그대로 부여해주는 제도도 운영되었다. 이러한 점들은 결국 과거가 학문적 능력, 경제적 여건, 가문의 배경과 같은 여러 조건을 골고루 갖춘 지배계층에게 유리하게 운용되었다는 점을 보여준다. 다시 말해 고려시대의 과거제라는 것은 순수하게 실력만을 기준으로 하는 것이 아니라, '사회적 · 정치적 · 경제적 · 문화적으로 유리한 지위에 있는 자들이 그들의 특권을 배타적으로 공유하는 하나의 방법'[3]으로 운영되었다고 이해하는 것이 실상에 더 근접한 것이라고 할 수 있다. 고려사회는 성취동기만 가지고 본인의 능력에 따라 지배계층으로 진출하거나 성장할 수 있던 사회는 분명히 아니었던 것이다.

2 『고려사』 74 선거지 2 恩例.

3 이기백, 「고려귀족사회의 형성」, 『한국사』 4, 국사편찬위원회, 1974, 184쪽.

(3) 음서출신자와 과거급제자의 관직생활

그럼에도 불구하고 고려시대의 많은 이들은 과거라는 '좁은 문'을 두드렸다. 그중에는 급제와 그 이후의 출세를 위해 유리한 모든 조건을 갖춘 이들도 있었지만, 지방 향리이거나 한미한 집안 출신자도 상당수 있었다. 또 음서의 혜택을 받아 이미 관직을 받은 자들도 과거에 도전하였다. 실제 음서 출신 관리들은 재추나 문하시중 같은 최고위 관직까지 아무 제한 없이 승진할 수 있는 데에도 불구하고, 그중 40%가 넘는 이들이 음서를 제수받은 뒤 다시 과거에 합격하기도 했다. 이런 점에서만 본다면 음서보다 과거가 더 매력적이고 우월한 제도가 아니었나 하는 생각도 든다. 이에 음서출신자와 과거급제자의 관직생활을 비교해보기로 한다.

고려시대의 관리들은 여러 관직을 거치며 승진하는 동안 크게 한품제限品制와 한직제限職制라는 두 가지 제도를 적용받았다. 한품제는 출신에 따라 일정한 품계 이상의 관직에 오르지 못하게 하는 제도이고, 한직제는 일정한 관직에 취임하지 못하게 하는 제도이다. 음서출신자와 과거급제자는 모두 한품제의 제약을 받지 않고 모든 품계에 오를 수 있었다. 개인의 비리나 건강 등 특수한 경우를 제외하고는 모두 최고의 지위에까지 오를 수 있었던 것이다. 그리고 고려의 관리들은 고과성적 이외에도 순자격徇資格이라고 하여 일정한 기간 동안 근무해야 다른 관직으로 옮기거나 승진할 수 있었다. 그러므로 조기에 관직에 진출할수록 승진에도 유리하였는데, 이 때문에 대다수 음서출신자들은 과거급제자에 비해 더 이른 나이에 고위관직으로 진출할 수 있었다. 이러한 점에서 보면 음서제는 과거제에 비해 매우 유리하면서도 우월한 제도였다.

그러나 과거급제자와 달리 음서출신자들은 한직제를 적용받았다. 특히 문한직의 경우가 그러한데, 고려시대에는 과거급제자가 아니면 이 관직들을 맡을 수 없도록 엄격하게 규정되어 있었던 것이다. 고려시대의 문한직으로는 이른바 '금내6국禁內六局'이라는 '한림翰林 · 사관史館 · 비서秘書 · 보문寶文 · 동문同文 · 유원留院' 소속의 관직이 대표적이었다. 이들의 주된 임무는 국왕의 조칙 작성과 시종侍從, 역사서의 편찬, 과거의 시험관이나 서연관書筵官으로서의 역할 등이었다. 이 임무를 과거 출신 관리가 독점하였으므로 음서출신자들은 나머지 일반행정직에 종사할 수밖에 없었다. 이와 같이 담당하는 관직이나 역할이 달랐으므로, 같은 문반관리라 할지라도 과거 출신 관리들만 '문文'이나 '유儒'라고 불리었고, 음서 출신 문반관리들은 그들의 문학적 능력과 관계없이 '이吏'라고 불리었다. 이러한 차이는 재추직 내부에서도 보인다. 즉 음서 출신 관리들도 재추직을 역임할 수 있었지만, 재추직 내에서도 출신별 구분에 따라 고유한 임무가 나누어져 있었던 것이다. 과거 출신 재추들은 이른바 문지재추文地宰樞라고 하여 정당문학, 첨서추밀원사, 중추직학사와 같은 특정한 재추직을 독점하거나 6부판사직을 주로 겸임하면서 그들끼리 연합하여 과거급제자를 관리로 추천하거나 문한관을 천거하는 등 독점적 권한을 행사하였다. 또 과거 출신 관리들은 과거시험을 독점적으로 주관하면서 급제자들과 좌주 · 문생관계를 맺어 그들의 권익을 서로 지켜주고 키워나갔다. 그러나 이와 달리 음서 출신 관리들 상호 간에는 그들의 이익을 대변해줄 만한 어떤 조직 같은 것도 없었고, 그들만의 독점적 권한 같은 것도 없었다.

이와 같이 출신에 따른 차이는 엄연하게 존재하였지만, 그렇다고 해서 일방적으로 음서 출신 관리가 불리하다거나 과거 출신 관리가 더 유리했다고 말할 수는 없다. 앞에서 언급하였듯이 음서제를 이용하면 특별한 절차나 제한 없이 관리가 될 수 있었으며, 과거급제자보다 평균 10년 정도 일찍 관직을 받아 그만큼 승진에 유리한 면이 있었다. 또 고려 관직체계 내에서 문한직보다는 일반직이 훨씬 많았으므로 음서를 비롯한 비과거 출신 관리들이 수적으로도 많았을 것이다. 반면 과거 출신 관리들은 시작은 늦었지만 문한직과 같은 특정한 관직을 독점하고, 그들만의 조직을 만들어서 권익을 지켜나갈 수 있었다. 이 점에서 음서제와 과거제는 서로 유리하고 불리한 점이 있었다고 보아야 한다. 설사 과거 출신 관리들이 오로지 학문적 능력만으로 특정한 임무를 독점하는 등 관직생활을 해나갔다고 하더라도, 그들만이 일방적으로 유리하고 우세한 지위를 독점하지는 못하였다. 고려시대에는 음서제와 과거제가 절묘한 조화와 균형을 이루며 운영되는 가운데 지배계층이 형성되고 유지되어나갔기 때문이다.

3. 귀족과 문벌의식

이상에서 음서제와 과거제가 실제로 운영되는 모습과 각각의 출신에 따른 차이점을 살펴보았다. 고려사회가 귀족제인가 관료제인가를 살펴보려는 이 글에서 이 두 제도를 집중적으로 검토한 것은, 고려사회의 지배계층이 기본적으로는 관직을 가진 관리들로 구성되었기 때문이다.

그들은 특정한 관직을 가지고 국가에 복무하면서, 그 대가로 정치적 · 사회적 · 경제적 특권을 누렸다. 관직의 중요성에 비해 이들에게 작위는 중요하지 않았다. 물론 고려시대에도 종실 이외에, 공훈을 세운 신하들을 대상으로 국공國公 · 군공郡公 · 군후郡侯 등의 명칭을 주는 이성봉작제異姓封爵制가 시행되었다. 그러니 이 작위는 당대에 그칠 뿐 상속되지 않았고, 봉작과 함께 주어지는 녹봉祿俸은 물론이고 식읍食邑도 원칙적으로 당대에 한하였다. 그러므로 고려의 지배계층에게 중요한 것은 작위를 물려주는 것이 아니라, 관리라는 신분을 어떻게 자손들에게 이어주는가 하는 데 있었다. 이 점에서 작위의 세습을 근간으로 하는 서양귀족제를 상정하고 거기에 맞춰 고려의 귀족제를 논하는 것은 처음부터 방향을 잘못 잡은 것일 수밖에 없다. 그렇다면 고려시대에는 이론적으로나 법제적으로나 귀족에 대한 세습적 특권도 마련되어 있지 않았기 때문에 이 사회를 귀족제 사회로 볼 수 없다고 하는 주장은 어느 정도 타당성을 갖는 것일까.

여기서 귀족의 개념이라고 할까, 또는 귀족의 속성을 다시 한번 살펴보아야 할 것 같다. 귀족제 비판론자의 견해 그대로 귀족제 사회를 '특정 혈통이나 가문에 대한 세습특권이 법제화되어 있는 사회'[4]라고 규정한다면, 귀족은 '어떤 특권을 법제적 규정을 통해 세습적으로 이어가는 특정 혈통이나 가문(또는 개인)'이라고 정의할 수 있다. 그런데 지금까지 살펴본 것처럼 고려시대에는 그 특권이 작위가 아니라 관직을 통해 표출되었다. 즉 관리라는 신분이 중요했던 것이다. 또 고려시대에는 음서라는 법제적 특권이 마련되어 있었다. 따라서 고려의 관리들은 음서라는 법제적 특권을 이용하여 그 신분을 세습적으로 이어나갈 수 있었던 것이다. 그렇다면 이러한 관리, 즉 '음서와 같은 법제적 특권을 통해 특정 신분을 세습적으로 이어가는(또는 이어갈 수 있는)' 그들을 귀족이라고 정의하면 논리의 모순일까.

되풀이 말하지만 고려시대에 특별한 경우가 아니라면, 모든 관리는 5품 이상의 지위로 승진할 수 있었다. 그리고 일단 5품 이상이 되기만 하면 법제적 규정에 따라 최소한 후손 7명 중 1명에게는 음서의 혜택을 줄 수 있었다. 그런데 이 음서는 강제적 의무 규정이 아니라, 수혜자가 자의로 선택할 수 있는 하나의 권리였다. 각자가 처한 상황이나 능력에 따라 그 권리를 행사하기도 하고, 유보하기도 하고, 때로는 아예 포기할 수도 있었다. 이 점은 과거 출신 관료들의 경우도 마찬가지였다. 비록 한 가문이 몇 대에 걸쳐 과거급제자를

4 유승원, 앞의 책, 60쪽.

배출하였다고 하더라도, 그의 형제나 후손들은 과거와 관계없이 얼마든지 음서를 통해 관리가 될 수 있었던 것이다.

고려시대의 관리가문은 이렇게 음서와 과거의 권리를 적절하게 이용함으로써 지배계층으로서의 그들의 특권을 이어나갔다. 따라서 그 가문의 격格은 조상 중 얼마나 많은 공신이나 고위관리가 배출되었는가, 고위관리를 많이 배출한 다른 가문과 혼인 등으로 어떻게 연결되었는가 하는 점에 따라 평가되었다. 물론 여기에 과거급제자를 많이 배출하였다면 그 격은 더 높아질 수 있었다. 여기에서 그러한 가문을 '벌열閥閱'이니 '문벌門閥'이니 '세족世族'이니 하고 부르는 문벌의식이 생겨나게 되었던 것이다. 이러한 문벌의식은 법제적 개념으로 강제된 것이 아니라 사회적·관습적으로 매겨진 것이었다. 그러므로 아무리 능력이 뛰어난 개인이 노력하여 최고의 관직에 올랐다고 하더라도, 당대에 입신한 개인이나 가문에게 이러한 칭호가 바로 주어지지는 않았다. 실질적인 지배계층에 소속되고, 그 사회의 구성원이 되기 위해서는 어느 정도 '혈통성'이 증명될 수 있는 '시간'이 필요했던 것이다.

바로 이런 모습이 고려의 지배계층이 움직여나간 사회였다. 그들은 작위귀족이 아니라 관직귀족(관료귀족)이었으며, 음서와 같은 법제적 권리를 적절하게 활용해가면서 그들의 특권적 지위를 이어나갔다. 과거라는 제도도 크게 보면 이러한 대세 속에서 운영되었던 것이다. 그렇다면 이러한 사회를 귀족사회, 적어도 고려적인 귀족사회(또는 문벌귀족사회)라고 불러도 역사적으로 크게 어긋날 것이 없다고 생각한다.[5]

---

5 최근에 나온 개설서나 논문 중에는 귀족제·관료제 논쟁의 결과를 적극 반영하여 고려를 '문벌사회'(박종기, 『5백년 고려사』, 푸른역사, 1999)라고 하거나, 두 가지 요소를 모두 가지고 있는 '귀족-관료제 사회'〔한영우, 『다시 찾는 우리역사』(전면개정판), 경세원, 2004〕로 파악하자는 절충적인 입장도 나타났으며, 심지어는 고려와 조선을 모두 '양반사회'라고 부르자는 견해까지 제기되기에 이르렀다(김당택, 「고려양반사회와 한국사의 시대구분」, 『역사학보』

4. 맺음말

고려의 지배계층들은 관리로 복무함으로써 모든 특권을 누릴 수 있었다. 그러므로 이들에게는 작위가 중요한 것이 아니라, 관직을 획득하여 관리신분을 계속 이어나가는 일이 더욱 중요하였다. 이들은 음서제와 과거제를 적절하게 이용하면서 그 지위를 획득하고, 신분을 이어나갔다. 음서는 강제규정이 아니라 본인이 선택할 수 있는 제도였으며, 과거제 역시 큰 틀에서는 지배계층에게 유리한 제도로 운영되었다. 즉 음서와 과거는 서로 배타적이고 대립적인 제도가 아니라 조화와 균형 속에서 상호 보완적인 관계를 맺고 있었던 것이다.

관직이 중요했던 만큼, 고려에서는 고위관리를 많이 배출하거나 그러한 집안과 여러 겹으로 연결될수록 더 격이 높은 가문으로 평가되었다. 그 평가는 당시 사회의 관습적인 기준에 의해 마련된 것이었다. 그러나 문벌의식이 강해지면서 법제적 특권을 이용하여 그 문벌을 이어나가기도 하였는데, 음서제도 그중 하나였던 것이다. 그러므로 고려 사회에는 '음서와 같은 법제적 특권을 이용하여 관리신분을 세습적으로 이어가는 가문이나 개인'이 존재하였고, 그들이 지배계층의 핵심을 구성하였다고 할 수 있다.

이들을 어떻게 불러야 하는가, 이들의 속성을 어떻게 이해하는가가 바로 귀족제 · 관료제 논의의 핵심이다. 신라의 골품귀족과 조선의 양반과 다른 고려 지배계층의 특성은 무엇인가. 서양사에서 등장한 귀족 개념을 그대로 이들에게 적용할 것인가, 아니면 고려적인 귀족의 존재를 인정해야 할 것인

166, 2000). 그러나 '문벌사회'라고 하면 고려와 조선사회의 역사적인 차이가 뚜렷이 드러나지 않는다. '양반사회'라는 명칭도 마찬가지 문제점을 가지고 있다. '귀족-관료제 사회'라는 용어도 고려가 귀족제와 관료제 두 가지 요소가 동시에 혼재되어 있는 사회라는 오해를 줄 수 있다(이 책에서 저자는 조선을 '양반-관료국가'가 아니라 '근세 관료국가'라고 불렀다).

가. 명확한 실체를 이해하기 위해 역사의 보편성과 특수성을 아우르는 본격적 논의가 더 필요하리라고 생각된다.

참고문헌

김기덕, 『고려시대 봉작제 연구』, 청년사, 1998.

김용선, 『고려음서제도연구』, 일조각, 1991.

_____, 「고려 문벌의 구성요건과 가계」, 『한국사연구』 93, 1996 ; 『고려금석문연구』, 일조각, 2004.

_____, 「고려시대의 문지재추」, 『진단학보』 98, 진단학회, 2004.

김의규 편, 『고려사회의 귀족제설과 관료제론』, 지식산업사, 1985.

박용운, 『고려시대 음서제와 과거제 연구』, 일지사, 1990.

_____, 「고려는 귀족사회임을 다시 논함」, 『한국학보』 93 · 94, 일지사, 1998 · 1999 ; 『고려사회와 문벌귀족가문』, 경인문화사, 2003.

박창희, 「고려시대의 '관료제' 에 대한 고찰」, 『역사학보』 58, 역사학회, 1973 ; 『한국사의 시각』, 영언문화사, 1984.

_____, 「고려시대 '귀족제 사회' 설에 대한 재검토」, 『백산학보』 23, 백산학회, 1977 ; 『한국사의 시각』, 영언문화사, 1984.

유승원, 「고려사회를 귀족사회로 보아야 할 것인가」, 『역사비평』 36, 역사문제연구소, 1997.

이기백, 「고려귀족사회의 형성」, 『한국사』 4, 국사편찬위원회, 1974 ; 『고려귀족사회의 형성』, 일조각, 1990.

정용숙, 「귀족제설과 관료제설」, 『고려시대사강의』, 한국중세사학회 편, 늘함께, 1997.

원元의 '부마국'으로서의 고려국가의 성격

이익주

1. 머리말

1231년부터 1259년까지 28년 동안 고려는 몽골의 침략을 맞아 항전을 벌였다. 그리고 강화가 성립된 후 1356년 반원운동反元運動에 성공할 때까지 100년 가까운 기간 동안 몽골의 정치적 간섭을 받았다. 이른바 '원간섭기元干涉期'라고 부르는 시기이다.

13세기 후반부터 14세기 전반에 이르는 100년은 몽골의 세상이었다. 1206년 국가를 세운 몽골은 곧바로 세계 정복에 나서 1260년에는 유라시아 대륙

李益柱 서울시립대학교 국사학과 교수.
저서로는 『행촌 이암의 생애와 사상』(공저, 일지사, 2002), 『정치가 정도전의 재조명』(공저, 경세원, 2004)이 있고, 논문으로는 「묘지명 자료를 통해 본 고려후기 관인의 생애」(『한국사학보』 23, 고려사학회, 2006), 「고려 말 정도전의 정치세력 형성 과정 연구」(『東方學志』 134, 延世大學校 國學硏究院, 2006), 「『牧隱集』의 간행과 사료적 가치」(『震檀學報』 102, 震檀學會, 2006) 등이 있다. 주로 고려-몽골 관계사와 원간섭기 정치사, 고려 말의 개혁과 조선건국 문제에 관심을 가지고 연구하고 있다.

거의 전부에 이르는, 세계 역사상 가장 넓은 제국을 건설하였다. 이 제국은 중국 지역의 대원大元과 러시아 지역의 주치 울루스, 중앙아시아의 차가타이 울루스, 중동 지역의 훌레구 울루스 등 네 개의 나라로 분할되어 통치되었으며, '대몽골국大蒙古國'이라는 의미의 '예케 몽골 울루스'가 제국의 이름이었다.[1] 이러한 몽골 중심의 세계질서 속에서 고려의 국제적 위상은 어떠한 것이었을까?

고려는 1259년 몽골과 강화를 맺은 후에도 내부적으로는 강화론과 항전론의 갈등이 계속되었다. 항전을 고집하는 무신정권이 존속하고 있었고, 국왕과 문신관료들은 왕정복고와 강화를 주장하며 무신정권과 대립하였다. 그 과정에서 몽골의 도움을 받으려 했던 국왕 원종이 몽골에 혼인을 요청했고, 고려뿐만 아니라 일본까지 아우르는 동방의 안정을 위해 고려의 협력이 필요했던 몽골의 쿠빌라이 카안이 그 요청을 받아들여 왕실혼인이 성사되었다. 고려 왕자와 몽골 공주의 결혼으로 시작된 두 나라의 왕실혼인은 이후에도 계속되었으며, 그에 따라 고려 국왕은 대대로 몽골황실의 부마가 되었다. 그 때문에 고려를 '부마국駙馬國'이라고 부르게 되었던 것인데, '부마국'으로서 고려의 국가적 성격은 어떠한 것이었을까?

식민지를 경험한 한국사회에서 외세의 문제는 매우 중요하면서도 민감한 소재가 아닐 수 없다. 특히 역사학은, 우리가 식민사학이라고 부르듯이, 제국주의 침략의 도구로 사용된 적이 있었고, 식민사학의 극복은 해방 후 한국 역사학의 최대 과제였다. 고려-몽골(원) 관계사도 식민사학에 의한 왜곡이 매우 심한 분야였고, 그것을 극복하기 위한 노력도 그만큼 많이 이루어졌다. 그

---

1 '울루스'란 인민, 영토를 뜻하는 몽골어로, 종래에는 한자로 한국汗國 또는 칸국으로 표기해 왔다. 킵차크 한국은 주치 울루스, 일 한국은 훌레구 울루스이며, 오고데이 한국은 존재하지 않았다.

러나 식민사학의 극복 과정에서 또 다른 편향이 나타날 가능성이 없지 않았던 만큼, 현재로서는 식민사학이나 민족주의 역사학을 뛰어넘어 역사적 진실에 다가가려는 노력이 필요하다고 하겠다. 이 글은 이와 같은 사학사의 흐름 속에서 13세기 후반~14세기 전반에 걸친 100년 동안 고려의 국제적 위상과 국가적 성격에 대한 연구 성과들을 정리한 것이다.

2. 민족주의 역사학의 연구 : 1960, 1970년대

고려와 몽골(원)의 관계에 대한 연구는 일본인 학자들에 의해 1910년대에 이미 시작되었다. 그러나 이들의 연구는 한국사의 독자성을 부정하고 만주·몽골 등 대륙 역사에 부속시키고자 하는 이른바 '만선사관滿鮮史觀'에 기초하고 있었다. 만선사관은 한국사의 타율성을 강조함으로써 일제의 식민지 지배를 정당화하는 역할을 한 것으로, 그에 기초한 연구의 학문적 진정성은 처음부터 인정받을 수 없는 것이었다. 실제 이들의 연구는 몽골의 고려 침략을 정벌·경략經略 등으로 표현하고 그 과정을 상세히 밝히거나, 고려에 미친 몽골의 영향을 부각시키는 데 집중되어 있었다.

해방 후 남한에서 식민지 잔재의 청산이 전반적으로 부진했던 가운데, 역사학에서 식민사학을 본격적으로 비판, 극복하기 시작한 것은 1960년대에 들어서부터였다. 그로부터 사회 전반에서 민족주의에 대한 관심이 고조되면서 민족주의 역사학이 주목을 받기 시작하였고, 식민사학의 타율성론과 정체성론停滯性論을 극복하려는 노력이 경주되기 시작하였다. 이러한 때에 나온 고병익의 연구는 고려-몽골(원) 관계사 분야에서 매우 중요한 의미를 갖는다.

고병익은 원이 고려에 설치한 정동행성을 중심으로 하여 양국 관계의 본질과 변화 과정을 살폈다.[2] 그의 주된 관심은 원의 지방행정기구인 행성이 고려에 설치되어 있었다면, 고려의 주권은 어땠는가 하는 것이었다. 이 장편의 논문에서 고병익은 방대한 사료를 검토한 결과 정동행성의 존재와 관계없이 고려가 국가 자체로서 부인된 적이 없다는 점을 밝혔다. 그리고 정동행성은 고려의 내정을 감독하기 위한 기관이 아니라 ① 원제국 내에서 고려의 지위를 규정하기 위한 것이었고, ② 원-고려 간의 공적인 연락기관으로 기능하였다는 결론을 내렸다. 그와 동시에 고려에 몽골의 영향력이 강하게 미쳤음을 지적하고, 이 시대를 한중관계사의 흐름 속에서 유례없는 '대륙왕조 영향 가중의 시대'라고 표현하였다.

고병익의 연구는 고려의 국가적 존속과 몽골의 영향력 강화라는 두 가지 상충되는 요소 가운데 전자를 확인한 데 더 큰 의미가 있었다. 그때까지의 연구들이 고려 왕조의 존속을 인정하지 않거나, 적어도 그 의의를 강조하지 않았기 때문이다. 그리고 그의 이러한 결론은 이후 연구자들에게 고려-원 관계에 대한 기본틀 역할을 하였다. 우선 그 자신도 논의를 더 연장하여 1307년에 충선왕이 원에서 무종을 옹립하는 데 참여한 사실과 1219년 고려와 몽골이 처음 맺은 관계가 '형제맹약'이었다는 사실로부터 고려-원 관계의 특징적 면모를 밝히고자 하였다.[3] 그리고 더 나아가 고려가 몽골의 정복지역 가운데 특수한 위치에 있었다고 주장했는데, 중국과 같은 직접통치나 한국汗國을 통한 간접통치에 해당하지 않고 거의 유일하게 국가를 유지한 채 다루가치의 통제를 받음으로써 다른 지역에 비해 몽골의 통치력이 완만하게 미쳐왔다는 것이다.[4]

그렇다면 당시 고려가 그러한 위상을 확보할 수 있던 계기는 무엇이었을

2 고병익, 「麗代 征東行省의 硏究」 上 · 下, 『歷史學報』 14 · 19, 1961 · 1962.

3 고병익, 「高麗忠宣王의 元武宗擁立」, 『歷史學報』 17 · 18 합집, 1962 ; 「蒙古 · 高麗의 兄弟盟約의 性格」, 『白山學報』 6, 1969.

4 고병익, 「元과의 關係의 變遷」, 『한국사』 7, 국사편찬위원회, 1973.

까? 이에 대해 고병익은 쿠빌라이가 자신을 찾아온 고려 태자를 맞으면서, "고려는 만 리나 되는 큰 나라이다. 옛날 당 태종이 친정했지만 복속시키지 못했는데, 지금 그 태자가 스스로 내게 왔으니 이는 하늘의 뜻이다"라며 기뻐했다는 『고려사』 기록을 근거로, 몽골이 고려를 고구려의 후신인 강국으로 인식했기 때문이라는 견해를 피력하였다. 그 밖에도 많은 연구자들이 고려의 끈질긴 항전이 얻어낸 성과였다는 데 동조했는데, 국난 극복의 역사를 강조하는 민족주의 역사학의 분위기 속에서 이 문제에 대한 더 이상 깊이 있는 논의는 이루어지지 않았다. 다만, 당시에 고려가 국가를 유지하고 있던 점에 주목하여 언제부터인가 고려-원 관계를 '지배'보다는 '간섭'으로 표현하기 시작했고, 따라서 '원간섭기'라는 용어가 사용되기 시작하였다. 또 당시 고려의 국가체제를 '부마국 체제'[5] 또는 '이중국가二重國家'[6]로 부른 예가 있지만, 본격적인 논의가 이루어진 적은 없었다.

고병익의 연구는 대외관계사에서 식민사학의 타율성론을 극복한 점에 커다란 의미가 있다. 그러나 식민사학에 대한 본질적인 비판은 정체성론을 극복하는 데서 이루어질 수 있는 것이었다. 이 점에서는 1960년대 이우성의 사대부 연구가 주목된다.

이우성은 고려 무신집권기에 새로운 사회계층으로서 사대부가 등장했음을 밝혔다. 그에 따르면, 사대부는 지방의 중소지주이자 향리 출신으로서 과거에 급제하여 관인으로 진출하였고, 고려 말에 이르면 정치·사회적 기반을 확충하고 조선 건국을 주동하였다.[7] 고려후기 사회의 변화와 발전을 전제하고 있는 이 가설은 1960년대에 한국사학계를 풍미했던 내재적 발전론과 밀

5 민현구, 「高麗後期의 權門世族」, 『한국사』 8, 국사편찬위원회, 1974.
6 정구복, 「李齊賢의 歷史意識」, 『震檀學報』 51, 1981.
7 이우성, 「高麗朝의 '吏'에 對하여」, 『歷史學報』 23, 1964.

접하게 관련된 것으로, 이후 고려후기 역사 연구에 커다란 영향을 끼쳤다.

우선 정치사 분야에서 고려후기 사대부의 정치적 성장에 대한 연구가 뒤따랐고, 공민왕대 신돈의 개혁 과정에서 사대부가 정치세력으로 대두하였음이 밝혀졌다.[8] 하지만 무신집권기에 출현한 사대부가 고려 말에 조선을 건국하기까지 성장하는 과정을 설명하기 위해서는 원간섭기 사대부의 동향에 대한 이해가 필요했다. 그러한 점에서 원간섭기의 개혁정치에 대한 연구가 중요한 의미를 갖게 되었는데, 이기남은 충선왕의 개혁정치를 분석하여 그것이 사대부에 의한 반원反元 개혁이었다고 결론지었다.[9] 이로써 사대부가 원간섭기에 반원적 성향을 띠었음을 밝힌 셈인데, 반원과 친원親元을 가르는 기준이 분명치 않았음에도 불구하고 이 견해는 상당히 오랫동안 학계의 통설로 자리잡았다.

1970년대 이후 원간섭기 정치사의 대표적인 연구자는 민현구였다. 그는 원간섭기가 정치·외교상으로는 부마국 체제를, 사회·경제상으로는 녹과전祿科田 체제를 근간으로 하였고,[10] 그럼으로써 앞뒤 시기와 구별되는 독자적인 시기였음을 처음으로 밝혔다. 그리고 그 시기의 지배세력으로서 권문세족을 설정하여 원간섭기 역사에 대한 종합적인 이해를 가능하게 하였다. 그에 따르면 친원적 성향의 권문세족을 지배세력으로 하는 원간섭기의 정치체제는 공민왕의 반원운동을 통해 붕괴되고, 고려 말의 전제개혁을 거쳐 사대부가 주인공이 되는 새로운 체제로 이행할 것이었다. 한편, 그는 정치도감의 활동에서 반원적 요소를 찾아내고, 그것을 공민왕대의 반원운동으로 연결시킴으로써[11] 원간섭기에 사대부가 반원적 성격을 띠었다는 견해를 한층 강

8 민현구, 「辛旽의 執權과 그 政治的 性格」 上·下, 『歷史學報』 38·40, 1968.
9 이기남, 「忠宣王의 改革과 詞林院의 設置」, 『歷史學報』 52, 1971.
10 민현구, 「高麗의 祿科田」, 『歷史學報』 53·54 합집, 1972.
11 민현구, 「整治都監의 性格」, 『東方學志』 23·24 합집, 1980.

화시켜주었다.

이처럼 이우성 이후 민현구·이기남 등의 연구는 고려후기 사회의 변화와 발전을 설명하였고, 그 점에서는 매우 중요한 성과를 거두었다고 할 수 있다. 하지만 이들 연구에서는 원의 간섭이 고려후기 정치사의 중요한 요소로 취급되지 않았다. 고려의 반원과 친원세력을 구분할 뿐, 고려-원 관계의 다양하고 복잡한 양상을 제대로 설명하지 않았던 것이다. 이 대목에서, 우리 역사의 내재적 발전을 강조하려던 나머지 외세의 영향을 의도적으로 축소했던 것은 아닌지 되돌아볼 필요가 있다. 이기남의 논문 첫머리에서 "무신정권이 무너진 이후 고려는 커다란 사회적 변동기에 처하게 되었다. 그런데 과거에는 주로 원과의 관계에 치중해서 이 시기를 다루어 왔기 때문에 고려 사회 자체의 변화에는 주의를 기울이지 않았었다"라고 한 지적은 내재적 발전을 강조하던 당시 한국 역사학계의 분위기를 잘 보여주지만, 동시에 또 다른 편향을 잉태하고 있었다.

3. 민속수의 역사학에 대한 비판과 계승 : 1980년대 이후

한국의 역사학은 1980년대 들어 중요한 전기를 맞이하게 된다. 전사회적인 민주화운동의 열기 속에서 민중사학이 출현했고, 한편에서는 '과학적·실천적 역사학'을 표방하는 젊은 역사연구자들이 학술단체를 결성하고 조직적으로 활동하기 시작했다. 이때의 새로운 역사학은 종래의 역사학을 비판하고 극복하고자 했는데, 그 주된 대상 가운데 하나가 민족주의적 편향성이었다. 또 연구자들이 민족문제와 계급문제를 강도 높게 의식하면서 근현대사 연구가 활성화되었고, 전근대사에서는 대내외적 모순이 중첩되어 있던 원 간섭기 역사에 대한 관심이 높아졌다.

한국역사연구회 '14세기 고려사회 성격 연구반'의 공동연구는 당시 분위기를 잘 보여준다.[12] 이 연구반에서는 1960년대 이래의 민족주의 역사학이 식민사학을 극복하는 성과를 거둔 점을 인정하면서, 동시에 민족의식이 지나치게 표출된 점을 문제로 지적하고, 원간섭기의 개혁정치를 반원개혁으로 규정한 것을 대표적인 사례로 들었다. 오히려 이 시기에 자주 나타나는 민의 유망流亡 현상에 주목하여, 개혁정치를 그와 관련된 것으로 해석하였다. 그에 따르면 원간섭기의 개혁정치는 유망流亡의 형태로 나타나고 있던 민의 저항에 대한 지배층의 대응책이었다. 민의 저항은 12세기 이래 사회경제적 모순에 따른 것이므로, 결국 원간섭기는 대내적 모순과 원의 간섭으로 인한 대외적 모순이 중첩된 시기였고, 원의 간섭은 고려사회 내부에서 진행되고 있는 사회변동을 저해하고 왜곡했다는 결론을 내렸다.[13]

'14세기 고려사회 성격 연구반'의 연구는 원간섭기의 역사를, 고려의 사회변동과 원의 간섭이라는 두 가지 요소를 종합하여 이해할 수 있는 틀을 제시했다는 점에 의미가 있었다. 하지만 원의 간섭이 어떻게 고려의 사회변동을 왜곡했는지는 끝내 밝히지 못했는데, 이는 당시 몽골사 연구의 수준에 제약을 받은 면이 강했다. 한국 역사학계에서 몽골사 연구는 매우 빈약한 편이어서 그때까지만 해도 고병익 이후 거의 진척이 없다시피 했던 것이다. 이러한 때에 나온 주채혁의 연구는 한국사 연구자들에게 매우 반가운 것이었다.

주채혁은 고려-몽골(원) 관계사 연구의 시각을 전환할 것을 주장하였다. 그는 고려를 중심으로 하는 고려-몽골(원) 관계사가 아니라, 몽골에서 본 고려와의 관계사, 즉 '몽골-고려사'를 제안하였던 것이다.[14] 그에 따라 고려의

---

12 이 연구반에 참여한 사람은 권영국 · 김기덕 · 김순자 · 김혜원 · 도현철 · 박영제 · 박종기 · 박종진 · 신안식 · 안병우 · 오일순 · 이익주 · 이혜옥 등이다.

13 14세기 고려사회 성격 연구반, 『14세기 고려의 정치와 사회』, 민음사, 1994.

14 「몽골-고려사 연구의 재검토 — 몽골-고려 전쟁사 연구의 시각 문제」, 『애산학보』 8, 1989 ;

대몽항쟁도 몽골의 세계침략 과정의 일부로서 설명되었고, 더욱 중요한 것은 몽골제국의 질서 속에서 고려의 위상을 밝힐 수 있게 된 점이었다. 그의 연구에서도 고려가 몽골제국 안에서 독특한 위상을 갖고 있던 점은 인정되었지만, 그것이 고려의 끈질긴 항전 때문이 아니라 몽골 내부의 정치적 상황 때문이라고 설명한 점이 달랐다. 즉, 고려와 몽골의 강화가 성립되는 시점에 몽골에서 쿠빌라이를 중심으로 하는 한지파漢地派 세력이 본지파本地派를 상대로 승리를 거두었는데, 이 한지파의 대외정책이 고려에 적용되었다는 것이다. 이어 왕실 혼인을 통해 쿠빌라이의 외손자인 이지르부카가 고려국왕이 됨으로써 몽골제국 안에서 고려의 위상이 더욱 확고해졌다는 설명이 뒤따랐다.

고려의 충선왕을 굳이 몽골 이름인 이지르부카 왕이라고 표현한 데서도 알 수 있듯이 주채혁의 연구는 철저히 몽골사의 입장에 서 있다. 그 밖에 양국의 왕실 혼인으로 인하여 고려왕실의 혈통이 차츰 몽골화되어갔다거나, 고려 국왕을 몽골제국의 분봉지를 통치하는 번왕藩王으로 볼 수 있을 것이라는 등의 과감한 주장들이 제기되었는데, 이러한 것들은 엄밀한 의미에서는 앞으로 검증을 거쳐야 할 일종의 가설이라고 해야 할 것이다. 그럼에도 불구하고 이 연구가 고려-몽골(원) 관계사를 고려 중심의 일방적인 시각이 아니라, 고려와 몽골 쌍방의 시각에서 연구하게 되는 계기가 되었다는 점만은 부인할 수 없다.

주채혁의 연구가 민족 중심의 시각에서 완전히 벗어나 있는 것처럼, 1980년대 후반에는 여러 면에서 민족주의 역사학에 대한 비판이 제기되었다. 그러한 가운데 또 하나의 흐름은 실증의 부족을 지적하며 민족주의 역사학의 성과를 부정하는 것이었다. 예를 들어 이우성의 사대부 가설에 대하여, 사대

「몽골-고려사 연구의 재검토—몽골-고려사의 성격 문제」, 『國史館論叢』 8, 1989.

부가 중소지주라는 사실이 실증된 것이 아니라거나, 고려 후기의 사회변동 역시 사료를 통해 입증할 수 없다는 등의 이유로 그 자체를 부인하는 것 등이 그것이다. 이처럼 실증이 강조되는 가운데 고려-원 관계사에서는 장동익의 연구가 중요한 성과로 꼽힌다.

장동익은 정동행성을 중심으로 하여 고려-원 관계사를 연구하였다.[15] 정동행성에 대한 본격 연구는 고병익 이후 처음이지만, 그는 『고려사』나 『원사元史』 같은 연대기年代記 자료 외에 원나라와 명나라 사람들의 문집을 널리 수집하여 자료로 활용함으로써 많은 사실들을 새롭게 밝혀냈다. 또한 국가 간의 공식적인 관계뿐만 아니라 민간의 교류까지도 광범하게 조사한 것도 중요한 업적이라고 할 수 있다. 다만, 정동행성의 기능을 설명하는 가운데 '번국藩國으로 떨어진 고려왕조에 지워진 원의 여러 가지 압제와 징구徵求를 일차적으로 담당한 관서'라고 설명한 부분은 정동행성이 형식적인 기관에 머물렀다는 고병익의 설명과 차이가 있다. 그러나 그 근거가 분명치 않아 민족주의 역사학의 영향으로부터 벗어나려는 의도가 지나치게 작용한 것은 아닌가 하는 의문이 든다.

고려-몽골(원) 관계에서 고려가 침략당한 사실을 강조하는 것과 침략에 저항한 사실을 강조하는 것은 마치 동전의 앞뒷면과도 같다. 몽골(원)의 고려에 대한 지배(또는 간섭)의 강약을 가지고 논쟁을 벌이는 것도 마찬가지이다. 편향성에 대한 비판은 언제나 또 다른 편향성을 불러올 수 있기 때문이다. 민족주의 역사학이 역사를 주관적으로 해석하는 면이 있는 것은 사실이지만, 그렇다고 해서 고려 후기의 사회변동과 발전을 부인하고, 몽골(원)의 지배력이 강력했다고 하는 것은 과연 객관적인 역사인식일까? 여기서 대외관계사의 연구방법론에 대한 논의가 필요할 듯하다.[16]

---

15 장동익, 『高麗後期外交史研究』, 일조각, 1994.

대외관계사 연구가 '나'를 중심으로 '남'과의 관계를 밝히는 방식으로 진행된다면, 주관적이고 일방적인 시각을 벗어나기 힘들 뿐만 아니라 국제질서에 대한 객관적인 이해도 그만큼 어려워진다. 따라서 해당 시기의 국제질서에 대한 구조적인 이해를 바탕으로 관계사를 연구하여야만 주관적 편향성을 극복할 수 있을 것이다. 고려-몽골(원) 관계사에서도, 당시 몽골 중심의 세계질서 속에서 고려의 위상을 밝히는 것이 필요하며, 그러한 가운데 고려-몽골 관계의 공시적共時的 특징과 한국의 대외관계사에서 그것이 갖는 통시적通時的 특징을 함께 밝혀야 할 것이다.

13세기 후반부터 14세기 전반에 걸친 몽골 중심의 세계질서는 중국의 대원大元과 3개의 울루스로 구성되지만, 그것이 성립한 것은 1259년 쿠빌라이가 내전에서 승리하고 이듬해 카안에 즉위하면서부터였다. 그리고 바로 그 무렵 고려와 몽골의 강화가 이루어져 고려 태자가 몽골에 가서 쿠빌라이를 만났던 것인데, 그 때문에 고려-몽골 관계는 몽골제국 질서의 성립과 동시에 수립되었다. 그 초기에 몽골이 고려의 풍속을 고치도록 강요하지 않겠다는 약속을 했고, 고려 국왕에 대해 책봉을 행하였으며, 연호를 사용하도록 하고, 역曆을 하사했는데, 이것들은 틀림없이 중국의 전통적인 대외정책에서 볼 수 있는 조공-책봉관계의 수립이었다. 이것이 주채혁이 말하는 한지파의 정책으로, 고려가 그 새로운 정책의 첫 번째 대상이 된 것은 이후 몽골 중심의 세계질서 속에서 고려의 위상을 결정짓는 중요한 요인이 되었다.

고려-몽골 관계가 이 한 번의 교섭으로 완성된 것은 아니었다. 그 뒤로 고려에서는 무신정권이 재항전을 모색하고, 몽골에서는 유목전통에 따른 '6

16 이하의 내용은 졸고, 「高麗・元關係의 構造에 대한 硏究—소위 '世祖舊制'의 분석을 중심으로」, 『韓國史論』 36, 서울대 국사학과, 1996 ; 「14세기 후반 원・명 교체와 한반도」, 『전쟁과 동북아의 국제질서』(역사학회 엮음, 일조각, 2006)에 의하여 서술하였다.

사' 를 요구해옴으로써[17] 양국 간에 긴장이 계속되었다. 그 와중에 무신정권이 국왕 원종을 폐위했다가 몽골의 압력으로 복위시키는 사건이 일어났고, 원종이 몽골의 군사력을 앞세워 무신정권을 무너뜨리자 삼별초가 반란을 일으키는 등 혼란이 거듭되었다. 그러나 고려-몽골 관계는 점차 안정되어 1274년에는 몽골 군대가 고려에서 철수하고 '6사' 가운데 가장 핵심적인 다루가치 설치와 호구조사의 보고 의무가 폐지됨으로써 조공-책봉 관계가 자리를 잡아갔다. 그리고 그것은 뒷날 원의 세조 때 성립한 체제라는 뜻에서 '세조구제世祖舊制', '세조성헌世祖聖憲' 등으로 불리며 양국 관계의 기준 역할을 하였다.

물론 고려와 몽골의 조공-책봉 관계는 다른 시기에 비해서 뚜렷한 특징이 있었다. 몽골의 고려국왕에 대한 책봉이 고려의 왕위 계승을 추인하는 것이 아니라 실질적으로 행사되었고, 따라서 국왕의 폐립이 몽골에 의해 결정되었다. 그 때문에 고려 국왕의 의존적 자세가 심화되었고, 몽골의 내정 간섭이 가능하게 되었다. 또 고려 국왕이 몽골 황실의 부마이자 정동행성의 승상으로 존재하였던 점도 커다란 특징이었다. 그러나 근대 조약관계의 성립 이전에 존재했던 동아시아 세계의 조공-책봉 관계는 중국과 주변 나라들이 책봉과 조공을 교환하는 형식에 의해 성립하는 것으로, 실제 내용은 시기마다 달랐다. 따라서 고려-몽골 관계도 기본적으로는 조공-책봉 관계의 범주 안에 있는 것이고, 위의 특징들은 이 시기의 양상으로 이해하면 좋을 것이다.

몽골 중심의 세계질서 속에서 고려와 같이 몽골제국과 조공-책봉 관계를 맺고 있는 나라가 또 있었는지는 확언하기 어렵다. 다만, 동아시아에서는 일

---

17 '6사' 란 ① 인질을 보낼 것, ② 군대를 내어 도울 것, ③ 식량을 실어 올 것, ④ 몽골까지 오는 역참을 설치할 것, ⑤ 호구조사 결과를 보고할 것, ⑥ 다루가치를 설치할 것 등 여섯 가지 요구사항을 말한다.

본과 베트남이 몽골과의 조공-책봉 관계 수립을 거부한 사실이 있다. 또 1310년에 원 무종이 고려에 보낸 국서에서 "지금 천하에 백성과 사직을 가지고 왕위를 누리는 것은 오직 삼한뿐이다"[18]라고 한 것을 볼 때, 고려가 유일한 사례였을 것으로 추측할 수 있다. 이러한 추측이 가능하다면, '몽골 중심의 세계 속에서 유일하게 몽골제국과 조공-책봉 관계를 맺고 있던 나라', 이것이 당시 고려의 국제적 위상이 될 것이다.

4. 새로운 문제

최근 몽골사(원사) 연구에서는 매우 중요한 변화가 일어나고 있다. 그 변화는 '원이 중국 왕조인가?' 하는 간단한 물음에서 시작되었다. 그 계기는 몽골사 연구가 종래 한자 사료인 『원사』를 중심으로 하던 데서 벗어나 『집사集史』를 이용하기 시작한 데서 만들어졌다. 『집사』란 1300년대 초에 훌레구 울루스에서 라시드 앗 딘이 페르시아어로 지은 역사책으로, 몽골사 연구에서 자연스럽게 중국사로서의 원조사元朝史를 극복할 수 있게 해주었다.

『집사』를 한국에 처음 소개하고 번역한 김호동에 따르면, 우리가 흔히 중국왕조로 알고 있는 대원大元도 사실은 몽골제국 전체를 가리키는 '예케 몽골 울루스'의 한자식 표현이라고 한다.[19] 그리고 우리가 대원 또는 원이라고 부르는 지역은 '카안 울루스'라고 불러야 한다는 것인데, 카안이란 각 울루스들의 지배자인 칸과 구별되는, 몽골제국의 정점에 군림하는 지배자를 가리킨다. 몽골사 연구가 이렇게 달라진다면, 고려-몽골 관계사는 어떻게 될 것인가? 원이 중국왕조가 아니라면, 한중관계사의 연장에서 고려-원 관계를 연

18 『高麗史』 忠宣王世家.

19 김호동, 「몽골제국과 '大元'」, 『歷史學報』 192, 2006.

구하는 것은 처음부터 무의미하며, 더욱이 양국 관계를 조공-책봉 관계로 설명하는 것은 불가능해지는 것일까?

우리가 지금까지 고려-원 관계라고 해온 것은, 김호동의 설명에 따르면 고려와 카안 울루스의 관계가 된다. 물론 전체 몽골제국(예케 몽골 울루스) 속에서 고려의 국제적 위상을 밝히기는 했지만, 실제 관계는 고려와 중국 지역의 카안 울루스 사이에 이루어졌던 것이다. 이러한 사실은 고려와 몽골의 관계 수립이 몽골에서 쿠빌라이에 의해 카안 울루스가 성립하는 것과 때를 같이하였다는 점과, 무엇보다도 당시 고려 사람들이 원을 몽골제국 전체가 아닌 중국 왕조로 인식했다는 사실[20]에서 확인할 수 있다. 그렇다면 고려-몽골 관계에서 중요한 것은 몽골제국 전체가 아니라 그 일부인 카안 울루스의 성격이 될 것이다.

쿠빌라이가 금과 남송을 정복하여 중국을 차지한 뒤 중국 고전인 『역경』의 '크도다, 건원이여!〔大哉乾元〕'라는 구절에서 대원이라는 국호를 따온 것이나, 중통中統과 지원至元이라는 중국식 연호를 사용한 것, 지금의 베이징에 중국식 도성을 건설하고 대도大都라고 이름 붙인 것 등은 모두 중국 문화의 수용 사실을 보여준다. 정치제도에서도 중서성 · 추밀원 · 어사대 같은 전통적인 중국 관제를 채용했고, 승상 등 관직 이름도 마찬가지였다. 물론 몽골이 중국 문화를 받아들인 것을 한화漢化로 표현하는 것은 한족의 자만심에서 비롯된 것이겠지만, 적어도 중국 지역에 성립한 카안 울루스가 통치의 필요에 따라 중국의 전통을 이용했던 것은 분명한 사실이었다. 그 가운데 하나가 주변 국가들에 대한 정책에서 중국의 전통적인 조공-책봉 관계를 이용한 것이었고, 그랬기 때문에 고려와 카안 울루스 간에 조공-책봉 관계가 성립할 수 있었던 것이 아닐까.

---

20 채웅석, 「원간섭기 성리학자들의 화이관과 국가관」, 『역사와 현실』 49, 2003.

고려-몽골 관계사 연구는 식민사학을 넘어 민족주의 역사학으로, 그리고 다시 과도한 민족주의적 성격을 비판하면서 지금까지 이어지고 있다. 현재는 당시 몽골 중심의 세계질서에 대한 구조적인 이해를 바탕으로 고려-몽골의 관계와 교류의 양상을 연구하는 단계로 접어든 것으로 보인다. 하지만 몽골 중심의 세계질서에 대한 논의가 최근 새로운 국면으로 들어서고 있는 만큼, 고려-몽골 관계사 연구도 그 추이를 지켜봐야 할 것이다. 또한 앞으로 몽골제국 내의 다른 지역 · 국가들에 대한 사례 연구가 진행된다면 고려-몽골 관계의 특징과 고려의 국제적 위상에 대한 연구가 심화될 수 있을 것으로 기대한다.

대외관계사는 세계 속에서 우리의 위치를 확인하는 연구 분야이다. 그 연구는 각 시대마다 세계질서에 대한 구조적인 이해를 바탕으로 국가 간의 관계와 교류의 사실을 밝히고, 각각의 역사를 비교하는 과정으로 나아간다. 대외관계사 연구에서 가장 경계해야 할 것은 우리 중심의 주관적인 태도이지만, 구조적인 이해가 아니고는 그것을 바로잡을 수 없다. 고려-몽골(원) 관계사나, 당시 고려의 국가적 성격에 대한 논의도 몽골 중심의 세계질서 속에서 고려의 위상과 성격을 밝히는 것이 되어야 할 것이다.

고려에서 조선으로의 왕조 교체를 어떻게 평가할 것인가

민현구

1. 머리말

역사의 흐름에서 크게 관심을 끄는 것은 정치적인 대변혁이다. 특히 왕조의 교체는 근대 이전 중국과 한국의 역사서에서 초미의 관심사로 나타났는데, 아예 정사正史가 왕조를 단위로 편찬되었다. 역사를 정치의 거울로 보아 왕조 중심의 흥망사관이 역사인식의 바탕을 이루었던 것이다. 근래 왕조의 흥망에 치중해 살핀다면 단순한 순환사관循環史觀에 빠져 진정한 역사를 놓칠 우려가 있다는 지적도 있지만, 왕조의 수명이 길었던 한국사에서 왕조 교

閔賢九 고려대학교 한국사학과 명예교수.
저서로는 『朝鮮初期의 軍事制度와 政治』(한국연구원, 1983), 『高麗政治史論』(고려대학교출판부, 2004), 『한국중세사산책』(일지사, 2005), 『韓國史學의 성과와 전망』(고려대학교출판부, 2006) 등이 있고, 편저로는 『史料로 본 韓國文化史』 고려편(공편저, 일지사, 1984)이 있으며, 역주로는 『譯註經國大典』(공역주, 한국정신문화연구원, 1985 · 1986)이 있다. 그 밖에 「辛旽의 執權과 그 政治的 性格」(上 · 下)(『역사학보』 38 · 40합집, 1968), 「白文寶研究」(『東洋學』 17, 1987) 등 주로 고려사에 대한 많은 논문이 있다.

체가 지니는 중요성은 아무도 부정할 수 없을 것이다.

고려의 멸망과 조선의 건국으로 구현된 왕조 교체도 큰 관심을 끌며 논의의 쟁점이 되어 왔다. 그러나 연구자들은 한결같이 그 중요성을 인정하면서도 이해의 내용을 달리하고 해석의 차이를 보여주었다.[1] 장기간 지속된 고려가 역성혁명易姓革命으로 무너지고 조선으로 이어진 변혁의 원인을 어디에서 찾을 것인가. 조선 건국의 주역은 무장武將으로 화가위국化家爲國한 태조 이성계李成桂인가 또는 정도전鄭道傳으로 대표되는 문신 중심의 신흥사대부인가. 궁극적으로는 이 왕조 교체가 왕조와 왕실을 바꾼 정치적 변화에 그치는 것인가 또는 사회적 변화를 수반한 획기적 변혁인가. 이러한 논의의 핵심 문제는 결국 고려와 조선의 왕조 교체가 지니는 성격과 의미로 귀결된다고 하겠다.

이 글에서는 고려에서 조선으로의 왕조 교체에 대해 그 실상을 되짚어보고, 이에 대한 접근과 평가의 내력을 훑어본 다음, 그 이해의 방향을 모색해 보려고 한다. 다시 말하면, 먼저 공민왕대 이후 조선 건국 초까지의 역사과정을 객관적·중립적 입장에서 개략적으로 통관通觀하고, 이어서 이 왕조 교체에 대해 학계에서 지금껏 관심을 갖고 연구하면서 의미를 추구해온 과정을 일별할 것이다. 그리고 이상의 검토를 마무리하면서 나의 관견管見을 피력하고자 한다.

올바른 역사의 이해는 정확한 사실의 파악과 타당한 해석으로 이루어진다. 물론 절대적 객관이란 존재할 수 없고, 사실과 해석은 서로 넘나들므로 엄격히 구분할 수 없는 것이라 하더라도, 역사 연구자는 객관적으로 사실에

1 『한국사시민강좌』 제35집(2004년)에는 '고려의 멸망과 조선의 건국'이라는 공동주제 아래 민현구, 이익주, 김당택, 도현철, 위은숙이 각각 분야별로 독자적 논고를 실었는데, 각기 다소 다른 관심과 견해를 보여주었다.

접근하고 자의적 해석을 경계하는 자세를 소중히 여겨야 할 것이다. 이 문제도 역사적 사실에 충실한 상태에서 타당한 해석의 범위를 벗어나지 않도록 한다는 입장을 중시하면서 간략히 살펴보고자 한다.[2]

2. 고려 쇠망과 조선 건국의 역사과정

(1) 공민왕대 개혁정치의 양면성

고려와 조선의 왕조 교체라는 큰 변화의 시작은 공민왕대恭愍王代(1351~1374)로 잡는 것이 일반적이다.[3] 고려가 오랜 원元 간섭기干涉期에서 벗어나 새로운 정치적 국면에 접어든 것이 이 시기이고, 조선 건국 문제에 개입한 인물들의 등장시기도 이때로, 격동의 공민왕대가 23년간 지속하다가 막을 내린 지 18년 만에 고려가 멸망하고 조선이 건국된 것이다.

공민왕대는 반원개혁反元改革을 통해 고려가 원의 정치적 간섭에서 벗어나 새 출발을 하는 시기로 특징지을 수 있다. 중국대륙에서 원·명이 교체되는 국제정세의 변화를 간파하고 공민왕이 주도한 반원적反元的 개혁정치가 일단 성공을 거두어, 고려는 자주권을 되찾고 국가체제를 재정비하였다. 국가의 체모가 되살아나고 왕권이 강화되는 모습을 보여주었지만, 지속적인 개혁을 통해 그동안 일탈한 정치질서를 바로잡고, 만연한 사회경제적 비리와 모순을 시정해야 하는 과제를 안고 있었다.

공민왕은 줄기차게 개혁정치를 시도하였다. 첫 번째로 반원정책反元政策의 단행과 동시에 개혁안을 발표하고 개혁을 추진하였다. 그러나 내면적으로

2 필자는 주 1에서 언급한 공동주제 '고려의 멸망과 조선의 건국'의 일부로서 「고려에서 조선으로의 왕조교체를 어떻게 볼 것인가」(『한국사시민강좌』 35, 2004)를 발표한 바 있는데, 아울러 참고하기를 바란다.

3 崔承熙, 「조선초 왕권의 강화와 국정운영체계」, 『한국사』 22, 1995.

반원정책에 뒤따른 정치적 후유증과 외면적으로 홍건적紅巾賊의 침입 때문에 성공을 거둘 수 없었다. 두 번째로 국내외 정세가 어느 정도 정돈되자 공민왕대 후반기에 다시금 신돈辛旽을 등용하여 적극적인 개혁정치를 펼쳤다. 이번에는 정치의 중심에 위치한 무장세력武將勢力을 축출하고, 전민변정도감田民辨正都監을 설치하여 개혁적 시책을 펼침으로써 상당한 성과를 거두고, 일반 백성의 큰 호응을 받았다. 하지만 이번에도 두터운 벽을 허물지 못하고 개혁은 끝내 실패하였고, 왕은 환관에게 시해당하는 비참한 최후를 맞았다.

공민왕대에는 커다란 격동 속에서 여러 정치세력의 등장과 활약이 복잡한 양상을 보여주었다. 일찍이 원에서 왕을 시종하였던 측근세력이 크게 떨쳤고, 원과 무력으로 대결하고 홍건적과 왜구의 침입을 막아내는 과정에서 무장세력이 강하게 대두하였다. 그리고 신돈이 등용되어 개혁정치가 추진되는 가운데 성균관成均館을 다시 세우고 신흥사대부 계열의 신진문신세력新進文臣勢力이 등장하였는데, 그들은 새로 도입된 성리학을 익혔다. 무장으로 최영崔瑩과 이성계가 대두하여 활약했고, 문신 중 부상한 이색李穡, 정몽주鄭夢周, 정도전鄭道傳, 조준趙浚 가운데 앞의 세 사람은 신진문신세력과 관련된 사람이었다. 이 같은 여러 갈래의 정치세력이 국제정세의 추이 속에서 개혁의 추진과 복잡하게 얽히는 가운데 공민왕대의 정치가 전개되었고, 그 결과는 한편으로 고려를 원의 간섭에서 벗어난 독립된 왕국으로 거듭나게 하고, 다른 한편으로는 왕조 교체의 단서를 마련하는 양면성을 지닌 것이었다.

(2) 우왕대 대외관계의 시련과 왕권의 추락

공민왕대에 뒤이은 우왕대禑王代(1374~1388)는 14년간에 걸친 정치적 왜곡의 시기로서, 곧바로 위화도 회군威化島回軍으로 이어져 왕이 쫓겨나고 4년 뒤에 고려에서 조선으로 왕조가 교체되었다. 예기치 못한 공민왕의 죽음으로 많은 논란 끝에 10세의 어린 나이로 즉위한 우왕은 당초부터 정치적 주도권을 행사할 수 없는 처지였다. 당시 고려사회에서는, 합좌기구로서 도평의사사都評議使司가 정부의 중심을 이루는 가운데 유력한 무장들을 중심으로 재상들이 정방제조政房提調로서 정치의 실권을 장악한 과두정치寡頭政治가 행해졌고, 왕이 방탕하고 일탈된 행태를 보이는 가운데 정치적 기강이 무너지고, 토지경제가 비리와 모순에 휩싸여 온 나라가 크게 신음하고 있었다. 정치는 왜곡되었고 왕의 권위는 크게 실추되었다.

이 시기 고려를 크게 괴롭힌 것은 대외관계의 난조와 왜구의 피해였다. 일찍이 공민왕은 명이 건국하자 반원정책의 연장선상에서 친명관계를 수립하였는데, 왕이 시해되자 명은 고려조정을 의심했다. 이에 고려는 중원에서 쫓겨나 잔명殘命을 유지하고 있는 북원北元과의 교섭을 재개하였으며, 그 과정에서 반대 입장을 취한 신진문신세력이 대거 축출 · 유배되었다. 고려는 양단외교兩端外交를 펼치다가 명이 더욱 강성해져 중국대륙의 주인공으로서의 위치를 굳혀가자 대명관계를 호전시키기 위해 많은 노력을 기울였다. 그러나 명은 태도를 바꾸지 않고 과중하게 공물을 요구하고, 입조入朝한 사신을 유배하는 등 여러 가지 형태로 고려에 압박을 가했다.

왜구는 이미 공민왕 때에도 고려에 큰 피해를 입혔거니와, 우왕대에는 그 침입이 절정에 달해 연간 수십 번씩 전국 각처에 피해를 입히는 지경에 이르렀다. 왜구의 약탈과 살육으로 해안지대를 중심으로 전국이 황폐해졌고, 국가는 군대를 동원해 왜구에 대응하는 데 큰 힘을 기울였는데, 그 과정에서 최영을 비롯한 수많은 무장들이 재상 직을 지닌 채 출정하여 공을 세웠고, 외딴 동북면 출신의 이성계도 뛰어난 무훈으로 크게 부상하였다.

이처럼 고려가 우왕대에 이르러 왕권이 실추된 상태에서 대명관계에 어려움을 겪고 왜구에 힘들게 대처하는 동안 정치는 왜곡되고 민생은 도탄에 빠졌지만, 누적된 비리와 모순을 바로잡고 개혁하는 것은 엄두도 낼 수 없었다. 신진문신세력이 뿔뿔이 흩어진 가운데 고려 국가는 군사력을 장악한 무장세력의 주도 아래 통치기능을 유지하고 있었으나 가까스로 봉합된 문제점들은 언제든 폭발할 위험성을 안고 있었다.

(3) 위화도 회군 이후의 개혁과 정쟁

우왕 14년(1388) 5월에 감행된 위화도 회군은 조선 건국을 향한 직접적 행보의 출발로 간주되는 큰 사건이다. 명의 철령위鐵嶺衛 설치로 촉발된 고려의 요동정벌을 최영이 우왕의 뒷받침을 받아 강행하자, 명을 받아 출정한 좌군도통사左軍都統使 이성계가 중도에서 군대를 되돌렸던 것이다. 그에 앞서, 정권을 잡고 불법과 부정을 자행해온 시중侍中 임견미林堅味 일파를 병권을 장악한 최영이 왕의 협조로 숙청한 정변이 있었고, 그 후 최영이 시중에, 이성계가 수시중守侍中에 임명되는 권력구조 개편이 있었다. 우왕대의 정치적 문제점이 정변으로 폭발하고, 요동 정벌과 위화도 회군으로 이어졌다고 볼 수 있다.

위화도 회군은 즉시 정치적 재편성으로 이어져 신·구세력의 대립구도가 짜이게 되었다. 최영이 거세되고 우왕이 축출된 후 새 왕으로 우왕의 어린 아들 창왕昌王이 즉위하면서 종전의 유력가들은 여전히 요직을 차지하였다. 그러나 이성계의 추천으로 조준이 대사헌大司憲에 올랐고, 정도전을 비롯한 신진문신세력이 병권을 지닌 이성계 가까이에 결집하였다. 특히 조준의 전제개혁田制改革 상소로 인해 고려사회의 변화와 개혁을 주장하는 이성계를 중심으로 한 진보적 일파와 그에 반대하는 대부분의 보수적 세력이 양분됨으로써 그 후 신·구세력이 정치적 투쟁을 벌이는 대립구도가 출현하게 되었다.

위화도 회군이 마무리된 지 한 달 뒤 조준이 웅대한 경륜을 담아 올린 전제개혁 상소는 당시 토지제도의 문란을 통렬히 비판하고 과감한 사전私田 혁파를 주장한 것으로, 민생안정과 국가재정의 충실을 도모하자는 뜻을 나타냈다. 이것은 필요한 개혁이었지만, 많은 사전을 지닌 구세력은 받아들이기 어려웠다. 그러나 한쪽에서 찬반을 둘러싼 격렬한 대립 · 투쟁이 벌어지고, 다른 한쪽에서 토지를 측량(양전量田)하는 가운데 개혁내용을 완화해 타협하면서 이 사업을 3년간 계속 추진한 끝에 과전법科田法의 성립을 보게 되었다. 이것은 구세력의 경제기반을 무너뜨린 것으로서 이성계 일파의 정치적 승리였다.

이 시기, 즉 위화도 회군부터 왕조 교체에 이르는 약 4년간의 정쟁은 매우 복잡하고 치열했다. 창왕 때 김저金佇의 이성계 모해謀害 사건이 발생하자 신세력은 우창비왕설禑昌非王說을 내세워 공양왕恭讓王을 옹립하고 구세력을 무자비하게 숙청하였다. 이성계 일파와 정치적 행보를 함께했던 정몽주는 과전법 성립 직후 신세력의 맹렬한 척불운동斥佛運動이 직접적 계기가 되어 그들과 결별하고 왕의 도움을 받아 구세력을 복귀시켰다. 이 무렵 정몽주는 신세력의 집요하고 가혹한 정치투쟁의 이면에는 개혁의 범위를 넘어 왕조 교체로 진전시키려는 뜻이 담겨 있음을 알아차린 것 같다. 그는 이후 약 10개월 동안 정치를 주도하면서 고려왕조를 지속시켜야 한다는 입장에 서서 이성계 일파와 정면대결을 벌였다. 그러나 그가 폭력에 의해 살해당함으로써 그의 뜻은 좌절되었고, 그로부터 3개월 뒤에 고려는 멸망하였다. 신세력을 중심으로 모략과 인신공격이 난무했고, 회군 직후 외교 관계가 정상화된 명을 정치에 이용하려는 모습도 보여주었다. 이성계의 군사력 장악은 세력을 강화하는 데 중요한 역할을 했으나, 정쟁에 군대는 거의 동원되지 않았고, 대간臺諫의 언론이 결정적 역할을 했음은 주목할 만한 점이다.

(4) 왕조 교체와 정치적 재편성

고려왕조는 공양왕 4년(1392) 7월 12일 왕대비王大妃의 교지敎旨로 왕을 폐위함으로써 공식적으로 멸망했고, 조선왕조는 그로부터 5일 뒤인 태조 원년 7월 17일 이성계가 대소신료大小臣僚와 한량기로閑良耆老들의 간곡한 권유를 받아들여 즉위함으로써 정식으로 개창開創되었다. 외형상 왕조 교체는 개경의 고려 왕궁에서 조용히 이루어졌으나, 그 이면에는 앞서 훑어본 것처럼 긴 과정과 복잡한 정쟁이 있었다. 그동안 왕의 권위가 실추되어 왕위가 비교적 쉽게 교체되었고, 오랜 중앙집권체제의 전통 속에서 역성혁명의 형식을 빌려 왕조의 교체가 구현될 수 있었다고 여겨진다.

조선왕조의 개창 직후에는, "국호는 그대로 고려라 하고, 의장儀章과 법제法制는 모두 전조前朝의 고사故事에 따른다"라는 내용의 교서敎書가 보여주는 바와 같이, 이성異姓의 새 왕이 종래의 국가체제를 그대로 계승하는 모습을 띠었다. 그러나 5개월 뒤에 조선으로 국호를 바꾸고, 2년 남짓 뒤에는 한양으로 천도하였다. 위화도 회군 직후 결성된 이성계 일파가 새 왕조에서 권력구조의 중심부를 이루고 개국공신의 주인공이 되었다. 정도전이 『조선경국전朝鮮經國典』을 통해 새 왕조의 정치적 방향을 제시하였고, 태조대에는 조선왕조의 새 모습이 어느 정도 갖추어졌다.

그러나 조선이 고려에서 벗어나 온전한 새 왕조 체제를 구축한 것은 태종대에 들어선 다음이었다. 우선 정치적으로 태조정권이 정변을 통해 붕괴되고, 태종의 치세로 넘어오자 권력구조가 새롭게 재편성되었다. 오랫동안 풀리지 않은 숙제였던 대명관계 문제는 태종대 초에 이르러 해결되었다. 고려말에는 전제의 문란과 더불어 노비문제가 심각한 현안이었는데, 태종 때 비로소 노비변정奴婢辨整 사업을 통해 해결되었다. 이 시기에 이루어진 사찰의 혁거革去와 정비는 고려말에 제기된 척불운동의 한 귀결로서 유교의 성장을 측면에서 지원하는 것이었다. 이처럼 태조대를 거쳐 태종대에 확실히 국가체제의 새 틀이 잡히고, 사회 현안들이 해결됨으로써 왕조 교체가 비로소 종결되었다고 할 수 있다. 고려말 공민왕대부터 태종대까지 60여 년에 걸친 전환기에 고려에서 조선으로의 왕조 교체라는 역사과정이 전개되었던 것이다.[4]

(5) 역성혁명의 특이성

고려와 조선의 왕조 교체에서 특이하게 여겨지는 것은 고려의 쇠망사와 조선의 건국사가 겹친다는 점이다. 신라 · 고려의 경우, 경주慶州와 송악松嶽(또는 철원鐵圓)을 무대로 각기 다른 정치집단이 주역으로 등장한 것과 달리, 여기에서는 개경開京의 고려 국가체제 속에서 동일한 주체가 이끈 정치의 내용과 결과를 통해 쇠망과 건국의 실마리를 찾아야 한다는 것이다. 이것은 결국 쇠망과 건국의 출발을 언제 어디로 잡을 것인가, 대체로 혼란을 거쳐 쇠망에 이르고 새로운 기운과 성세盛勢를 타고 건국에 성공하는 것이 일반적이라고 볼 때, 왕조 교체 직전의 동일한 정치적 · 사회적 상황을 놓고 그 속에서 쇠망과 건국이라는 상반된 모습과 징후를 추적하는 것이 가당한가, 그렇다면 이 왕조 교체의 실상을 어떻게 해석할 것인가 등의 문제를 제기한다고 여겨진다.

이 점은 역성혁명이라는 특징적인 변혁과 직접 연관된다. 흔히 있었던 신라 · 고려의 왕조 교체 형태와 다르고, 정변으로 인한 찬탈과도 구분되고, 그렇다고 고대의 전설적인 선양禪讓과도 합치되지 않는 특수한 모양의 왕조 교체가 구현되었던 것이다.[5] 이 왕조 교체는 왕대비의 교지로 전조前朝 왕의 폐위가 결정되고, 이어서 대소신료와 한량기로의 권고를 받아들여 새 왕이 즉위하고, 그것이 곧 새 왕조의 개창으로 이어지는 합리적 형식과 절차가 표방되었는데, 비록 사전에 짜인 각본에 가깝다 하더라도 그것은 특이한 현상으

---

4 주 2 참조.

5 閔賢九, 「近世朝鮮前期 軍事制度의 成立」, 『韓國軍制史』〈近世朝鮮前期篇〉, 육군본부, 1968 ; 『朝鮮初期의 軍事制度와 政治』, 韓國研究院, 1983.

로, 오래된 중앙집권체제, 합좌기구의 발달, 왕권의 추락과 같은 역사적 배경 아래 가능했다고 여겨진다. 그러므로 역성혁명 형식으로 이루어진 고려와 조선의 왕조 교체는 그 자체의 배경과 특수성을 지니며, 이러한 시각에서 그 역사과정을 이해하는 것이 중요하리라 여겨진다.

앞에서 지적한 바와 같이 고려의 쇠망사와 조선의 건국사가 겹칠 뿐만 아니라, 군사력을 직접 동원한 무력충돌 대신 대간의 언론을 통한 정쟁이 치열하게 전개되었고, 왕조 교체가 특정 시점이 아니라 일정 기간의 전환기를 거쳐 이루어졌음은 특히 유의할 바라고 생각된다. 이 격변의 시기를 정확한 사실을 추적해 살피고, 역사 속의 일반적 사례와 비교해보는 동시에 당시의 사회적 여건과 역사적 배경을 고려해서 적절하게 이해해야 할 것이다.

3. 왕조 교체에 대한 시각과 평가의 추이

(1) 초창기의 비판적 평가

고려 멸망과 조선 건국의 왕조 교체를 바라보는 시각과 이해의 방향은 꾸준히 변하였다. 이를 개략적으로 살펴보면 먼저 이 문제에 관심을 갖고 개척적 성과를 거둔 이상백李相佰의 연구가 주목된다. 그는 1930년대 중반 『진단학보震檀學報』(4, 5, 7)에 나누어 실은 논문들을 해방 후에 정리하여 『이조건국李朝建國의 연구研究』(을유문화사, 1949)를 출간했는데, 이것은 조선과 고려의 왕조 교체를 근대 역사학의 입장에서 본격적으로 다룬 최초의 연구였다.

이상백은 '조선의 건국'이라는 상식적이지만 중요한 문제에 접근하면서 정치적 측면에서 위화도 회군 이후의 격렬한 정쟁을 분석하고, 사회경제적 측면에서 이성계 일파의 전제개혁운동을 철저히 검토하였다. 수많은 사료가 인용되고, 조선시대 야사류가 널리 참조되는 가운데 이 연구에서 그는 이 변혁의 밑바탕을 이루는 것은 정치적 · 사회적 이해관계라는 점을 중시하고, 그들의 정도正道에서 어긋난 권력투쟁과 전제개혁운동의 하찮은 성과를 표출하려 했다. 이성계 일파는 수단 방법을 가리지 않은 모략과 술수를 펼쳤으며, 민생안정보다는 장군 이성계가 당면한 군수문제를 해결하기 위해 전제개혁을 추진했고, 과전법도 당초 주장에서 후퇴하여 문란한 전제를 약간 정제整齊한 데 지나지 않았다는 점이 부각되었다.

이상백은 '조선의 건국'에 비판적으로 접근하였고, 그 역사적 의미도 낮추평가하였다. 이것은 전통시대의 역사서에서 조선의 건국을 합리화하고 미화한 데 대한 비판과 반성을 뜻하는 것으로 여겨지지만, 또한 이성계 일파가 강자로서 권모술수를 자행한 것을 폭로함으로써 일제하 한국학자의 민족적 반항을 나타낸 것으로 보는 견해도 있다.[6] 이 연구는 당시 일제 관학자官學者들의 조선시대사에 대한 폄하 · 왜곡에 아랑곳하지 않고, 중요한 주제를 찾아 자료를 철저히 섭렵하고 객관적으로 고찰함으로써 결론에 도달하는 실증사학의 진수를 보여주었다.[7] 여기에서 얻은 성과는 그대로 개설서槪說書에 반영되어, "고려 · 조선의 교체는 무슨 전체적인 사회혁명에 의하여 된 것이 아니고, 단지 왕실왕조의 역성적易姓的인 혁명, 즉 일종의 왕권교체에 불과하였던 것"[8]으로 정리됨으로써 해방 이후 1960년대 중엽까지 한국사의 상식으로 간주되었다.

(2) 신흥사대부론과 발전적 이해

1960년대에 들어서 신흥사대부론이 제기되면서 고려와 조선의 왕조 교체

---

6 李基白, 「高麗時代 硏究의 回顧와 展望(1900~1960)」, 『歷史學報』 20, 1963 ; 『高麗貴族社會의 形成』, 일조각, 1990.
7 韓永愚, 「李相佰과 朝鮮建國史 硏究」, 『우리 역사와의 대화』, 을유문화사, 1991.
8 李丙燾, 『國史大觀』, 보문각, 1960.

에 대한 이해에 변화의 계기가 마련되었다. 이우성李佑成은 「고려조高麗朝의 리吏에 대하여」(『역사학보』 23, 1964)에서 고려 무신집권기에 문학적 소양과 행정실무 능력을 함께 갖춘 능문능리能文能吏의 신관료新官僚가 형성되었다고 하고, 학자적 관료요 관료적 학자인 이들 새 관인층官人層을 사대부士大夫 계급으로 규정하였다. 그리고 이들 사대부는 재지적在地的 경제기반을 갖춘 지방 향리 출신으로 과거를 통해 중앙관료로 진출하는 것이 전형적인데, 고려 말기에 접어들어 정치적 · 사회적 기반을 확립하고 조선의 건국에 주동적 사명을 담당했다는 견해를 피력하였다.[9]

이러한 이우성의 주장은 곧 이기백李基白이 펴낸 『한국사신론韓國史新論』(일조각, 1967)에 대폭 반영되었다. 이기백은 앞서 일제 관학자들의 식민주의적 한국사관을 비판하였고, 뒤이어 주체적 · 발전적 한국사상韓國史像을 구축한다는 자세에서 이 책을 저술하였는데, 여기의 편차編次에서 '무인정권' 에 뒤이어 '사대부의 등장' 이 독립된 시대를 뜻하는 장章 제목으로 나타난 것이다. 이기백은 이우성의 견해를 거의 그대로 받아들이면서, 사대부들이 정계로 진출한 것은 개혁정치가 시도된 공민왕 때부터란 설명을 덧붙였다. 고려 사회의 변화와 발전 속에서 사대부세력이 새로운 정치 주도세력으로 등장하여 마침내 구세력(권문세족)을 무너뜨리고 조선왕조를 성립했다는 것이다. 『한국사신론』이 큰 호응을 받으면서 왕조 교체에 대한 새로운 이해는 점차 확산되었다.

그러한 가운데 한영우韓永愚의 「조선왕조朝鮮王朝의 정치政治 · 경제기반經濟基盤」(『한국사』 9, 국사편찬위원회, 1973)이 나왔고, 그 가운데 있는 고려의 멸

9 이우성은 1959년 7월에 역사학회 제47회 월례발표회에서 '高麗後期에 있어서 鄕吏의 免役과 그 官人으로의 진출' 이라는 주제로 구두 발표를 하였으나 이를 이후 논문으로 발표하지는 않았다.

망과 조선의 건국에 대한 서술이 주목을 끌었다. 그는 당시의 연구 성과를 수렴하면서도 자신의 견해를 과감히 피력하였다. 그는 조선의 건국을 공민왕대의 개혁정치에서 기론起論하여 개혁파 유신세력儒臣勢力과 반귀족적·애국적 무장인 이성계가 마침내 결합하여 새 왕조를 건립한 것으로 설명하였다. 그리고 그들의 작품인 과전법을 국가재정의 안정, 관료의 생활보장, 그리고 농민생활의 안정을 가져왔다고 하여 높이 평가하였다. 조선의 건국을 개혁파의 승리인 동시에, 그들을 추종한 농민대중의 일정한 승리라고 하는 과감한 발언도 하였다. 그가 말하는 개혁파 유신은 앞서 말한 사대부와 상통하는 바가 있으며, 이 같은 긍정적 평가는 이 왕조 교체를 새롭게 이해하는 데 큰 영향을 미쳤다.

사대부의 등장을 통해 고려와 조선의 왕조 교체를 새롭게 해석하려는 입장은 고려후기의 지배세력으로 권문세족權門世族의 존재가 부각됨으로써 더욱 정돈되었다. 그 무렵 민현구의 「고려후기高麗後期의 권문세족權門世族」(『한국사』 8, 국사편찬위원회, 1974)이 발표된 후 무신정권 이후의 고려사회는 권문세족과 사대부 양자의 대립구도로 이해되기에 이르렀고, 이후 '권문세족과 신흥사대부'라는 표현이 자주 쓰이게 되었다.[10] 그리하여 원 간섭기부터 시작한 고려후기 정치사를 권문세족과 신흥사대부의 대립·투쟁과정으로 보아, 문제의 왕조 교체를 전진적인 신흥사대부의 승리로 해석하고 높이 평가하는 경향이 커졌다.

1973년부터 1979년에 걸쳐 국사편찬위원회에서 펴낸 『한국사』(총 25책)에서 조선시대를 다룬 첫 책(제9권)은 '양반관료국가의 성립'으로 명명되었다. 바로 이것은 고려와 조선의 왕조 교체를 새로운 양반관료국가의 탄생을 가져온 역사의 진전으로 파악한다는 인식을 드러낸 것이다. 이처럼 신흥사

10 韓國史硏究會, 『韓國史硏究入門』(제2판), 지식산업사, 1987.

대부론을 내세워 그것을 발전적으로 이해하는 한국사의 체계가 1960년대 말부터 1970년대 초에 수립되어 보편화되었고, 그 골격은 지금까지도 대세를 이루고 있다.

(3) 연구의 진전과 다양한 시각

한국사 연구가 활발해짐에 따라 고려와 조선의 왕조 교체와 직접적·간접적으로 연관된 연구 성과들이 많이 나타났다. 그 가운데 왕조 교체를 보는 시각이나 그에 대한 평가와 관련하여 주목되는 바가 몇 가지 있다.

첫째, 앞서 말한 발전적 이해의 방향을 좇으면서 그 내용을 보완한 연구들이 있다. 우선 신흥사대부론을 가다듬고 보강한 연구이다. 당초 이 주장은 가설에 가까웠기 때문에 문제점이 적지 않았다. 이태진李泰鎭은 조선 건국과 직접 연계된 사대부의 조형祖型을 무신집권기의 능문능리에서 찾는 것은 무리라는 점을 들어 사대부 등장의 상한을 13세기 말·14세기 초로 조정하였다(「高麗末·朝鮮初의 社會變化」, 『震檀學報』 55, 1983). 고혜령高惠玲은 고려 사대부가 무신집권기, 원 간섭기, 공민왕대 이후의 말기 등 3시기에 걸쳐 계기적으로 변화하는 것으로 정리하였다(「高麗後期 士大夫의 槪念과 性格」, 『許善道先生停年紀念韓國史學論叢』, 일조각, 1992). 이익주李益柱는 신흥사대부가 성리학을 익히고 과거에 급제함으로써 신흥유신으로 정치세력화하여 조선 건국에 참여한 정치현실을 추적하였다(「공민왕대 개혁의 추이와 신흥유신의 성장」, 『역사와 현실』 15, 1995).

대체로 고려사 연구자들이 신흥사대부론을 보강하며 고려후기 사회의 발전을 추구함으로써 조선 건국의 적극적 의미를 되새긴 데 비해, 조선시대사 연구자 쪽에서는 조선 건국 후에 나타난 새로운 변화를 부각시켜 발전적 이해를 굳히려는 경향이 있었다. 한영우韓永愚가 조선초기의 정치이념, 신분체제를 넓게 검토하여 민본사상民本思想과 신분적 개방성을 강조하면서 조선의 건국을 중세에서 근세로 진입하는 분기점으로 본 것이 대표적 사례라 하겠다(『朝鮮前期社會經濟研究』, 을유문화사, 1983).

둘째, 발전적 이해를 비판하고 왕조 교체로 인한 사회변동을 아예 부정하는 주장이 제기되었다. 즉 고려후기의 정치적 구도를 권문세족과 신흥사대부의 대립으로 보는 데 대해 두 용어가 적절치 않다는 문제점에서 출발하여 그 실체의 부정으로 진전되고, 결국 조선 건국의 발전적 의미를 전면적으로 부인하는 결론에 도달하였다. 김광철金光哲은 고려후기 유력한 가문으로 정치적 비중이 컸던 존재를 세족世族이라 하고, 그들 중 다수가 조선시대에도 여전히 성세盛勢를 유지했다는 점을 중시하면서 왕조 교체로 인한 사회변동을 찾을 수 없다고 하였다(『高麗後期世族層研究』, 동아대학교출판부, 1991).

김당택金塘澤은 원 간섭기 권문세족과 신흥사대부 정치적 실제를 검토하여 기존의 학설을 비판하였고(『元 干涉下의 高麗政治史』, 일조각, 1989),[11] 그 연장선상에서 조선 건국을 공민왕대 반원정책 이후 무장세력과 문신들의 대립이 거듭된 끝에 소외되었던 무장 이성계가 정치적 승리를 거둔 결과로 보았다. 그 과정에서 정치적 음모와 술수가 속출하였고, 전제개혁도 민생안정과는 거리가 먼 것이었다고 하여 왕조 교체 자체를 정쟁 차원에서 이해하였다. 이 같은 주장은 초창기에 나타난 이상백의 연구와 상통한다.

셋째, 왕조 교체가 함축하는 사회적 변화는 인정하되, 그것을 고려후기부터 조선 초까지를 함께 묶어서 이해하거나, 기본적으로는 동질적 사회의 재편성으로 이해하는 견해가 있다. 이태진은 농업사의 측면에서 14·15세기에 시비법施肥法과 수차水車 등 농업기술의 발달로 휴한법休閑法이 극복되었고, 연작連作이 이루어졌는데, 이것은 고려후기에 신흥사대부가 등장하여 중국농

11 鄭杜熙, 「朝鮮前期 支配勢力의 形成과 變遷」, 『韓國社會發展史論』, 일조각, 1992.

법을 받아들이는 가운데 이룩된 중요한 성과로서, 조선 초기 『농사직설農事直說』에까지 연속되는 국면이요, 신흥사대부는 그대로 사림파로 이어졌다고 보았다(『韓國社會史研究』, 지식산업사, 1986). 그러므로 새로운 큰 변화의 기점은 14세기 초로 올라가고 조선 건국이라는 정치적 변동의 의미는 축소된다.

이경식李景植은, 과전법은 문란한 토지분급제土地分給制를 정상적으로 운영되게 한 것으로, 농민은 수조권收租權의 지배에서 어느 정도 벗어났지만 그 대신 막강한 전주田主로서의 국가에 좀 더 깊숙이 예속되었고, 기본적으로는 수조권 그 자체와 이에 의한 전주전객제田主佃客制의 존속이라는 점에서 종전의 전시과田柴科와 동일한 성격의 것이라고 파악하였다(『朝鮮前期土地制度研究』, 일조각, 1986). 이러한 주장은 곧 조선의 건국을 동질적인 고려사회의 재편성으로 보는 입장을 반영하는 것으로, 왕조 교체의 변동을 한정된 범위 안에서 인정하되, 오히려 고려와 조선의 사회적 등질성等質性을 강조하는 입장을 보여주는 것이다.[12]

이처럼 고려에서 조선으로의 왕조 교체에 대한 시각과 평가가 달라지는 것은 이 방면에 대한 구체적 연구의 진전과 전반적인 한국사학의 경향 변화라는 두 가지 측면에서 이해할 수 있다. 이에 대한 본격적 연구의 출발과 비판적 평가가 실증사학에 의한 근대 한국사학의 성장과 부지불식간에 작용한 당시 정체성 이론의 영향을 나타내는 것이라면, 그 후의 발전적 이해는 연구 성과 축적과 당시 무르익은 한국사학의 주체적 · 전진적 자세의 합작품이라고 할 수 있다. 그러나 실증성의 부족과 과도한 발전의 강조가 극단적인 부정적 평가를 낳았다는 점도 부정할 수 없다. 이 주제를 전환기라는 관점에서 살피

12 연세대학교 국학연구원에서는 '중세사회의 변화와 조선 건국'이라는 주제로 공동연구를 수행하여 그 성과를 같은 제목의 책으로 출간했는데(혜안, 2006), 연구자들은 조선 건국을 중세사회의 연장 또는 재편성으로 보는 데 의견을 함께하였다. 연구에 참여한 사람은 이경식, 남지대, 오종록, 이인재, 박종진, 윤훈표, 채웅석, 도현철, 최재복 등이다.

고, 거시적으로 한국사의 발전과정 속에서 접근하려는 새로운 시도는 주목되는 바이지만, 체계화를 시도하는 과정에서 역사적 사실을 매몰하지 않고, 일방적인 이론과 학설에 얽매이지 않는 독창적 연구의 자세를 지켜야 하는 과제를 안고 있다고 여겨진다.

4. 맺음말

한국사는 오랫동안 많은 과정을 거치며 발전해왔다. 통일신라에 뒤이어 새로이 정통적 통일왕조를 이룩한 고려는 무신집권기의 갈등 · 항쟁을 거쳐 원 간섭기의 시련을 겪은 다음, 공민왕대 이후 약 40년간의 전환기를 경험한 끝에 그 역사적 전통을 조선에게 이어주었다. 조선은 약 20년 가까운 과도기를 지나 다시금 새로운 정통적 왕조 체제를 확립할 수 있었다.

이와 같은 고려에서 조선으로의 왕조 교체는 일찍부터 역사 속에서 관심의 대상이 되었다. 전근대의 역사서들은 왕조 중심의 흥망사관에 입각해서, 특히 조선왕조로서는 스스로의 정통성을 강조한다는 뜻에서, 고려의 쇠망과 조선의 건국을 중요하게 다루었다. 근대의 역사학에서도 실증사학 쪽에서 이상백이 고려에서 조선으로의 왕조 교체를 본격적으로 연구한 이후, 이 주제는 한국사학에서 주요 관심사가 되었다. 그 까닭은 왕조 교체가 뜻하는 정치적 변동도 그 자체로서 흥미롭지만 그것이 함축하는 사회경제적 · 문화사상적 의미를 외면할 수 없기 때문이었다. 그리하여 그것을 둘러싼 여러 가지 검토가 이루어졌다.

그러나 이 문제를 보는 시각과 평가는 한결같지 않았다. 당초 이상백은 조선의 건국을 중요시하여 천착하였으나, 가혹한 정쟁과 전제개혁의 미흡성을 들어 조선 건국의 역사적 의미를 비판적으로 평가하였다. 1960년대 중엽 이후 한국사학에 새로운 기운이 감돌면서 신흥사대부론을 통해 이 왕조 교체는 발전적인 것으로 긍정적 평가를 받게 되었고, 이러한 견해는 이후 한국사학계에 큰 영향을 미쳤다. 그러나 1980년대 후반부터 다양한 논의가 이루어지면서, 왕조 교체를 통한 변혁과 발전을 전적으로 부정하거나, 소극적으로 사회변동을 인정하되 기본적으로는 동질적 사회의 재편성으로 보려는 입장도 나타났던바, 근래에는 후자에 많은 관심이 쏠리고 있다. 이것은 학계의 연구 분위기에 영향을 받은 바도 적지 않지만, 주로 전제개혁의 실상, 조선건국 주도세력의 실체, 위화도 회군 이후 정쟁의 성격, 고려와 조선사회의 동질성 여부에 대한 접근방법 등을 둘러싼 견해 차이에 기인한다고 할 수 있다.

그렇다면, 이상과 같은 시각과 평가의 차이를 고려하면서 객관적 · 중립적 입장에서 왕조 교체의 역사과정을 훑어볼 때 어떤 골격을 제시할 수 있는가.

첫째, 공민왕대의 정세 변화 속에서 새로운 정치세력이 성장하였다. 무장세력과 신진문신세력이 그것인데, 뒷날 개혁세력으로 성장하는 신진문신세력과 신흥사대부와의 연계가 중요한 논점이다.

둘째, 우왕대에 왜구와 대명관계의 악화가 고려에 큰 고민을 안겨주면서 왕권이 추락하고, 무장세력의 대두가 두드러진 가운데 정치가 왜곡되었다. 이와 같은 고려 쇠망의 기운 속에서 동시에 조선 건국의 조짐을 찾아 합리적 이해 체계를 세우는 것이 과제이다.

셋째, 획기적인 위화도 회군 이후 이성계가 실력자로 부상하여 신 · 구세력의 대립구도가 만들어졌고, 신세력이 추진한 전제개혁 운동이 과전법의 성립으로 일단락되었으며, 최종적으로 치열한 정쟁政爭에서 신세력이 승리함으로써 고려왕조가 망하고 조선왕조가 세워졌다. 여기에서는 어떻게 무장 이성계와 신진문신들이 신세력으로 결집했는가, 전제개혁운동의 진정한 목적과 과전법의 정확한 성격은 어떠한 것인가, 이때의 격렬한 정쟁을 어떻게 이해하는 것이 타당한가 등의 문제가 관건이다.

넷째, 조선이 새 왕조로 등장했지만, 고려의 모습에서 탈피하기까지 상당한 기간이 걸렸고, 결국 태종대에 이르러 정치적 재편성이 이루어짐으로써 진정한 새 왕조의 확립을 보게 되었다고 할 수 있는데, 그것은 공민왕대부터 시작된 왕조 교체의 전환기가 약 60년 만에 종결되었음을 뜻한다. 역성혁명의 형식 속에 가려진 왕조교체에 진정한 특성과 의미는 이와 같은 전환기의 중요성뿐만 아니라 관련된 여러 가지 사항에 대한 새로운 성찰을 요구한다고 여겨진다.

다시 문제의 출발점으로 돌아가, 이 글의 서두에서 제기된 의문사항에 대해 각기 그 일면을 간략히 생각해보기로 한다. 고려에서 조선으로의 왕조 교체를 가져온 원인은 무엇인가. 그것은 고려왕조의 쇠망 원인과 역성혁명 형식의 왕조 교체에서 답을 찾아야 하리라 생각된다. 고려의 쇠망은, 공민왕대 이후의 국제정세 변화와 그 속에서 시도된 개혁정치의 실패가 그 출발점을 이루는 것이요, 역성혁명이라는 독특한 형식을 통해 고려의 정치질서 속에서 비교적 용이하게 조선이 건국할 수 있었다고 볼 수 있다.

다음으로, 조선 건국의 주역은 누구인가. 종래 전근대 역사서들이 왕조사의 입장에서 개국의 시조로서 태조 이성계를 내세웠던 데 대한 비판의식과 이 시기의 변혁을 신흥사대부의 대두를 통해 발전적으로 보려는 입장 때문에 공민왕대 이후 대두한 신진문신세력에 중점을 두는 경향이 크다고 여겨진다. 그러나 당시 구국의 영웅으로 떠올랐던 이성계의 군사 활동과 세력을 간과할 수 없고, 그 이면에는 공민왕대 이후 무장세력의 성장이라는 역사적 배경이 깔려 있다는 점에서 태조 이성계의 비중을 결코 낮추 평가할 수 없다고 생각한다.

끝으로, 고려와 조선의 왕조 교체가 지니는 성과와 의미를 어떻게 생각해야 할 것인가. 그 이해의 방향과 관련하여 몇 가지 점만을 제시하고자 한다. 우선, 한국사에서 왕조 교체가 지니는 중요성에 대한 허심탄회한 인식이다. 한국사의 대세에 비추어보아, 특히 정복왕조 같은 것이 들어서지 않았던 상황에서, 대부분 수백 년 이상 지속된 역대 왕조의 성립이 외면상 완만한 정치적 변동으로 비치고, 지배세력의 전면적 교체를 초래하지 않더라도 그것이 함축하는 각 부문에서의 큰 변화를 결코 무시할 수 없을 것이다. 또한, 고려에서 조선으로의 왕조 교체에서 보이는 역성혁명의 형식과 고려 공민왕대부터 조선 태종대에 걸친 전환기의 의미를 중시할 필요가 있다. 역성혁명을 통한 왕조 교체는 내전內戰 같은 무력대결 대신 치열한 정쟁을 낳았으리라는 추정을 가능하게 하고, 왕조 개창 시점을 경계로 삼고 그 전후를 비교하며 발전과 변화 여부를 추적하는 연구방법을 재고하게 하리라 여겨진다. 마지막으로, 한국사 전체를 체계화한다는 입장에서 고려에서 조선으로의 왕조 교체 문제에 접근하는 것이 바람직하지만, 그것이 특정 이론이나 기존 학설에 대한 맹신과 추종에서 출발한 것이라면 그것은 비판의 대상이 된다고 하겠다. 체계화의 결과가 정확한 역사적 사실과 어긋날 경우, 그것은 연구 자체를 크게 후퇴시킬 것이기 때문이다.

고려에서 조선으로의 왕조 교체는 중요하고 흥미로운 문제이다. 그것을 대상으로 크고 작은 수많은 연구가 이루어졌고, 그 성과의 축적을 바탕으로 여러 가지 논의가 이루어졌으며, 다양한 평가도 시도되었다. 그러나 앞으로 더 많은 연구가 나와야 할 것이다. 그 성격과 의미를 충분히 밝혀줄 내용이 크게 부족하기 때문이다. 그러나 고려에서 조선으로의 왕조 교체라는 큰 문제에 성급하게 직접 뛰어들기보다는, 분명한 문제의식 아래 그 해명의 실마리가 될 작은 주제를 대상으로 하나씩 차분하게 연구를 쌓아가는 것이 더 현명하고 빠른 방법이 되리라 여겨진다.

한국사 연구에서 노비제가 던지는 몇 가지 문제

이영훈

1. 문제 제기

한국사의 각 시대에서 노비라는 예속신분의 인구가 전체 인구에서 얼마의 비중을 차지했던가를 간접적이나마 시사하고 있는 크고 작은 데이터나 사료를 모두 모으면, 15~17세기 조선왕조의 시대가 노비제의 전성기였음을 알 수 있다. 같은 기간 노비는 전체 인구의 적어도 3~4할이라는 큰 비중을 점하였다. 조선왕조 이전에는 노비인구가 그리 많지 않았다. 이미 잘 알려진 이야기지만, 이 글에서는 우선 그 점을 다시 한번 확인해두고자 한다.

연후에 그러한 노비인구의 추이가 대변하는 역사적 의의에 관해 생각해보

李榮薰 서울대학교 경제학부 교수.

저서로는 『朝鮮後期社會經濟史』(한길사, 1988), 『近代朝鮮水利組合硏究』(공저, 일조각, 1992), 『조선토지조사사업의 연구』(공저, 민음사, 1997), 『맛질의 농민들』(공저, 일조각, 2001), 『수량경제사로 다시 본 조선후기』(공저, 서울대학교출판부, 2004) 등이 있고 논문으로는 「朝鮮佃戶考」(『歷史學報』 142, 1994), 「韓國史에 있어서 近代로의 移行과 特質」(『經濟史學』 21, 1996), 「茶山 經世論의 經學的 基礎」(『茶山學』 創刊號, 2000) 등이 있다.

고 싶다. 15세기에 이르러 노비제의 대확장을 초래한 역사적 배경은 무엇인가. 대확장 이전의 고려시대는 어떠한 구조의 사회인가. 대확장의 과정에서 직접생산자 농민의 존재형태는 구체적으로 어떻게 바뀌어갔던가. 노비인구의 추이에 대해서는 이러한 질문을 제기할 수밖에 없지만 지금까지 그리 심각하게 그 해답이 모색되지는 않았다고 생각된다. 그 점에서 지금까지의 한국사 연구는 한 사회가 대립하는 신분으로 분열함으로써 보다 고차의 통합기제를 모색하게 되는 문명사의 가장 중대한 국면을 방치해왔는지도 모른다.

또 하나 생각해보고 싶은 점은 노비제의 비교사적 특질에 관해서이다. 노비는 노예인가 농노인가. 제임스 팔레James Palais가 제기하였듯이 고려와 조선은 과연 노예제사회slavery society인가. 국내의 연구자들은 팔레의 주장에 대해 대부분 부정적인 입장을 취하고 있으며, 그 점에서 필자도 마찬가지이다. 그렇다면 그 대안은 무엇인가. 팔레의 노예제사회설은 한국사의 개성적 전개과정에서 분출된 인간예속의 문제를 넓은 비교사의 시각에서 추구하도록 촉구하는 성찰의 화두로서 유익한 것 같다. 마지막으로 그에 관해 지금까지의 생각을 펼쳐보고 싶다.

2. 노비인구의 역사적 추이

소개할 최초의 사료는 695년의 촌락문서이다. 통일신라 서원경西原京 주변의 4개 촌을 대상으로 한 이 문서에서 총 460명의 인구 가운데 28명, 6.1%가 노비신분이었다. 노비들의 남녀 성비를 보면 노가 10명, 비가 18명으로 심한 불균형을 보이고 있다. 이로부터 이들 노비가 끌려온 자들임을 짐작할 수 있다. 다시 말해 이 최초의 데이터에서 노비들은 죄인의 가솔로서 국가의 형벌제도에 따라 노비로 적몰籍沒당한 자들이었다고 짐작된다.

다음은 무려 600년 이상을 뛰어서 1319년, 고려 충숙왕 6년의 기록이다. 그해에 지방의 유력자를 사심관事審官으로 임명했던 제도를 폐지하면서 사심관의 집에 끌려 들어가거나 도망쳐 숨은 사람들을 조사하였는데, 민호民戶가 2,360호, 노비가 137명이었다. 민호의 호당 인구를 어떻게 잡을지, 그 속에 가내노비가 얼마나 있었는지가 문제이다. 예컨대 호당 인구를 10명으로 잡고 가내노비가 없었다고 가정하면, 노비의 인구비중은 0.6%에 불과하다. 어쨌든 이 기록을 보면 고려 농촌사회에서 노비의 존재가 그리 많지 않았음을 짐작할 수 있다.

뒤이어 소개할 것은 고려왕조의 마지막 해인 1391년에 작성된 (국보)호적이다. 이 호적은 회군공신 이성계에게 지급된 식실봉食實封으로서 몇 개의 군현에서 선정된 25호의 인구구성을 보여주고 있다. 25호의 신분은 대체로 양인 상층이며, 일부 무반 동정직을 통해 양반으로 상승 중인 자도 관찰된다. 25호의 인구는 총 162명, 그 가운데 노비는 7명으로 4.3%에 불과하다. 이로부터도 고려 농촌에서 노비의 비중이 그리 크지 않았음을 짐작할 수 있다.

다음부터는 15세기 이후 조선시대의 기록들이다. 1467년, 세조 13년에 전국의 공사노비에 대한 일대 조사가 이루어졌다. 당시의 조사 결과는 유감스럽게 전하지 않는다. 다만 조사를 담당한 한명회韓明澮가 공사노비로서 도망 중인 자가 100만 명이라고 언급한 기록이 실록에 전한다. 이후 1484년에 한명회는 공노비 총 45만 명 가운데 10만 명이 도망 중이라는 또 하나의 언급을 남겼다. 이 두 언급에 근거해 다음과 같은 추론이 가능하다. 공노비와 사노비의 도망률이 10/45로 동일하다면, 도망 중인 공사노비가 100만이므로 전국의 공사노비 총수는 450만 명이 된다. 도망 중인 100만 명을 제하면 실존하는 노비 총수는 350만 명이 된다. 당시의 총인구는 대략 900만 명으로 이야기되고 있다. 그렇다면 1460년대 노비의 인구비중은 39%, 대략 4할로 계산된다.

동시대 1478년 심원深源은 "지금 제민齊民 중에 사천私賤이 8, 9나 되고 양민은 겨우 1, 2에 불과하다"라고 하였다. 그렇지만 이는 지나친 과장이다. 동시대 성현成俔은 "우리나라 인물 가운데 노비가 반이나 된다"라고 하였는데, 이편이 사실에 더 가까울 것이다. 어쨌든 15세기 후반이면 전체 인구의 대략 4할이 노비였다고 이야기할 수 있다. 그만큼 노비인구는 15세기에 크게 팽창하였다.

노비인구가 크게 팽창한 것은 주로 한반도의 남부지방에서였다. 북부지방의 노비 비중은 그리 크지 않았다. 1596년에 만들어진 평안도 귀성·의주진관의 편오책編伍册의 표지 배접지에서 분리된 행심行審 자료는 농민 총 91명 가운데 14명, 15.4%가 노비였음을 보여주고 있다. 반면에 평안도에서는 고공雇工 신분이 발달하였다. 몇 편의 기술 자료는 평안도에서 고공이 전체 인구의 1/3 내지 1/2에 달하였음을 이야기하고 있다.

다음은 17세기 초의 경상도 호적들이다. 1606년 단성현 호적에서 노비의 인구비중은 무려 64.4%나 되었다. 1606년 산음현 호적에서 노비인구는 41.7%였는데, 1609년 울산부 호적에서 노비인구는 47%로 이와 비슷하였다. 이들 수치가 실제보다 노비의 비중을 과장하고 있음은 사실이다. 호적의 인구조사는 불완전하며, 특히 군역의 부과대상인 양인신분의 인구가 많이 누락되었다. 이 점을 감안하여 한영국은 1609년 울산부 호적에서 노비의 비중이 실제로는 33.7%였을 것으로 추산하였다.

17세기 호적에 나오는 데이터를 좀더 소개한다. 1663년 한성부 북부의 호적에서 노비호의 비중은 50%를 넘고, 노비인구의 비중은 75%를 넘었다. 반면에 1672년 강원도 금화군 호적에서 노비호의 비중은 10.8%로 낮은 수준이었다. 평안도에서처럼 강원도에서도 노비제는 그리 발달하지 않았다. 일찍이 시가타 히로시四方博가 1690년, 1732년, 1789년, 1858년의 경상도 대구부 호적을 분석한 것을 보면, 노비호의 비중은 1690년 37.1%에서 1858년 1.5%로 감소하였다. 이처럼 호주가 노비신분인 호는 19세기까지 사실상 소멸하였다. 반면 노비인구의 비중은 1690년 43.1%에서 1789년 15.9%로 감소하였다가 1858년까지 31.3%로 오히려 늘었다.

19세기의 노비인구 비중은 지방마다 상이하다. 1858년의 대구부처럼 30% 이상의 높은 비중을 보인 지방은 예외적이다. 예컨대 1825년 진해현 호적에서 노비인구는 겨우 2%에 불과하였으며, 1867년 울산부 호적에서 노비인구의 비중은 14.4%였다. 어쨌든 노비인구가 17세기 말을 정점으로 서서히 감소한 것은 부정할 수 없는 사실이다. 18세기 이후 노비제는 지방별로 다양한 차별을 보이면서 해체되어갔다. 1801년, 순조 원년에 왕실과 중앙 각사各司에 속한 노비들이 해방되었다. 이윽고 1894년 갑오경장에 이르러 노비제는 공식적으로 폐지되었다.

이상이 한국사의 각 시대에서 노비의 인구비중을 전하는 크고 작은 데이터의 망라이다. 14세기 말 고려시대까지의 세 데이터는 엉성하기 짝이 없지만, 그때까지 노비의 인구비중이 그리 크지 않았음을 공통으로 이야기하고 있다. 『고려사』는 노비 집단을 가리켜 자주 관사노비官寺奴婢라고 했다. 다시 말해 고려시대에 노비의 소유주체는 주로 왕실 · 관청과 사원으로 한정되었다. 사적 개인이 소유한 노비는 별로 많지 않았다. 그나마 사적 개인이라 해도 개경에 집주한 관료와 중앙군으로 이른바 국인國人이 대부분이었다. 고려 농촌사회의 유력 계층으로 노비를 대량으로 소유한 자들의 존재를 알리는 사료는 알려진 한에서 거의 없는 실정이다.

노비인구가 크게 팽창한 것은 아무래도 조선왕조 이후부터이다. 팽창의 주요 경로는 양천교혼良賤交婚이었다. 고려시대까지만 해도 노비와 양인의 결혼은 불법이었다. 그 때문에 고려시대에 노비인구의 확장에는 한계가 있었다. 빗장이 풀린 것은 1405년, 조선왕조 태조 5년의 일이다. 그해에 약 20조條에 달하는 노비법이 제정되었는데, 거기에 양천교혼을 금지하는 법은 포함되지 않았다. 다시 말해 양천교혼이 사실상 공인되었다. 그때부터 노비인구는 전체 인구의 4할까지 기하급수적으로 증가하기 시작했다.

실은 노비인구가 서서히 증가하기 시작한 것은 그보다 이른 13세기 후반의 고려 충렬왕대부터라고 보인다. 충렬왕은 비부와 노처를 주인의 소유로 간주하는 법을 제정하였다. 다시 말해 양천교혼을 사실상 공인한 것은 충렬왕이 처음이었다. 이후 일곱 차례나 강행된 고려왕조의 노비 변정정책에서 양천교혼은 다시 금지되었지만, 노비인구가 증가하는 추세를 막을 수는 없었다. 1405년, 조선왕조에 들어 양천교혼이 공인된 것은 그 연장선상의 일이었다.

이상과 같은 노비인구의 역사적 추이는 노비를 재산으로 상속하는 분재기分財記의 전래 상황과도 대강 일치하고 있다. 지금까지 전하는 고려시대의 분재기는 고작 2종에 불과하다. 가장 오랜 것은 해남 윤씨가의 고문서로 1354년 직장直長 윤광전이 비 1명을 자식에게 별급別給하는 문서이다. 다음은 현물이 아니라 후대에 전사傳寫된 형태로 전하는 분재기인데, 1382년 백성百姓 복장이 비 1명을 손자에게 허여하는 문서이다.

반면에 15세기 이후가 되면 전래 분재기의 수가 부쩍 증가한다. 1981년 이수건 교수가 『경북지방고문서집성』에 수록한 노비 분재기만도 36종에 달하고 있다. 그에 따르면 노비주가 중앙관인일 경우 노비재산의 규모는 보통 200명을 넘었다. 경상도 북부지방으로 내려와 정착한 그들의 후손이 보유한 노비재산도 보통 60~80명의 적지 않은 규모를 유지하였다. 1980년대 이후 공개되기 시작한 양반가의 분재기는 그때까지 역사학자들이 일반적으로 상상해왔던 것 이상으로 양반가의 노비재산이 큰 규모임을 보여주었다. 그런데 18세기 이후가 되면 노비의 분재기는 슬슬 줄어들어 19세기가 되면 아예 발견되지 않는다. 노비제가 해체됨에 따라 노비를 상속하는 문서의 작성도 더불어 중단되었다. 이 역시 분재기의 시대적 분포가 노비인구의 역사적 추이와 밀접히 조응하는 한 국면이라고 하겠다.[1]

3. 노비제 대확장의 배경과 경로

노비가 전체 인구의 3~4할로 대확장하기 이전의 시대는 어떠한 구조의 사회구성social formation일까. 따지고 보면 이러한 질문은 결코 새로운 것이 아니다. 별도로 토지제도사 연구에서 오래전부터 비슷한 문제가 제기되어 왔기 때문이다. 예컨대 고려 토지제도의 연구로 평생을 일관한 강진철은 무신들이 집권하기 이전의 고려왕조 전기까지의 사회를 토지가 친족집단의 공동체적 소유로 존재했던 고대적 사회로 간주하였다. 강진철에 따르면 농장의 형태로 토지의 사적 지배관계가 성립하고 발전한 것은 15세기 이후 조선왕조 시대부터이며, 그때부터가 한국사에서 중세사회이다. 강진철은 고려에서 조선으로의 이행의 성격을 이렇게 규정한 다음, 조선시대의 노비들을 가리켜 양반 농장주의 중세적 토지지배에 포섭된 농노 농민이라 하였다.[2] 다시 말해 강진철은 노비가 전체 인구의 3~4할로 대확장하는 과정 자체를 문제 삼지는 않았지만, 토지제도사의 관점에서 사실상 그 문제를 다루면서 그것을 중세 농노의 성립과정으로 간주하였던 것이다.

---

1 이상의 노비인구의 역사적 추이에 관해 더 자세한 논의를 알고 싶다면 필자의 다음 논문들을 참조할 수 있다.
이영훈, 「한국사에 있어서 奴婢制의 추이와 성격」, 역사학회 편, 『노비 · 농노 · 노예—隷屬民의 比較史』, 일조각, 1998.
______, 「18~19세기 奴婢 世襲原理의 변화—江原道 原州牧 權氏 兩班家의 事例分析」, 『李樹健敎授停年紀念 韓國中世史論叢』, 논총간행위원회, 2000.

2 姜晋哲, 『改訂 高麗土地制度史硏究』, 일조각, 1991.

그렇지만 조선왕조부터가 중세사회라는 강진철의 주장은 연구자들 사이에 그리 일반적으로 받아들여지지는 않았다. 학계의 주류적 입장은, 이미 고려시대부터, 아니 그보다 훨씬 오래된 삼국시대 내지 통일신라시대부터 토지의 사적 소유관계에 기반을 둔 계급사회였다는 것이다. 이 같은 입장에서는 노비가 전체 인구의 3~4할로 대확장하는 고려 말 내지 조선 초 이후의 사태가 합리적으로 설명될 여지가 별로 없었다. 왜냐하면 이 입장에서 노비 농민은 이미 오래전부터 피지배계급의 주요 부분으로 상정되어 있었기 때문이다. 그러한 연유에서 조선왕조에 들어와 노비인구가 대확장하였다는 사실이 1980년대 이래 점차 명확해져왔음에도 불구하고, 그것이 함축하는 역사적 의의에 관한 공개적 토론이 좀처럼 조직되기 어려웠던 것이다.

필자가 보기에 고려시대가 이미 사적 토지소유에 기반을 둔 계급사회였다는 주장은 여러 면에서 불확실하거나 불충분한 논증에 기초하고 있다. 예컨대 『고려사』 형법 금령 가운데 토지를 함부로 팔거나 함부로 경작해서는 안 된다는 고려왕조 초기에 제정된 것으로 보이는 두 법령이 있다. 필자는 지난 1960년대 이래 고려시대에 이미 사적 토지소유가 성립했다고 주장하기 시작한 연구자들이 지금까지 이 두 규정에 대한 언급을 회피해온 이유를 잘 납득할 수 없다. 거기에다 치명적인 실수는 『고려사』 식화 조세에 실린 1108~1011년의 세 법령에서 언급된 전호佃戶에 대한 해석에서 빚어졌다. 세 법령의 내용에서 그리고 세 법령을 둘러싼 『고려사』의 전후 문맥에서 전호의 실체는 의심의 여지 없이 고려왕조로부터 토지를 분급받아 자경하고 있는 일반 농민을 가리켰다. 그럼에도 불구하고 대부분의 연구자들은, 전호를 사적 지주제하의 소작농이란 뜻으로 읽었으며, 그렇게 잘못 읽힌 전호의 존재를 고려시대에 이미 사적 지주제가 성립했음을 알리는 가장 확실한 증거로 채택하였다. 당시 전호가 소작농인 것은 12세기 초 중국 송宋의 사정이었다. 고려왕조의 지배자들은 그러한 중국 말을 수입하여 고려왕조와 일반 백성의 관계를 규정하는 법률 용어로 사용하였다. 여기에서 12세기 초에 건재한 고려의 국가적 토지지배, 그 이데올로기적 표현으로서 왕토주의를 읽을 수 있다.

요컨대 고려시대는 토지제도의 면에서 사적 계급관계로 전면 분화된 사회가 아니었다. 계급적 분화가 아주 없었던 것은 아니다. 농촌사회에 들어가면 정호丁戶와 백정白丁 간에 품을 팔고 현물이나 경지를 보수로 지급하는 용작傭作 관계가 성립해 있었다. 이 외에 군현 공동체의 농민들은 군현의 지방행정을 세습적으로 장악해온 호장층에 대해 전통적으로 여러 형태의 부담을 졌다고 생각된다. 그렇지만 강진철의 주장대로 한국사에서 계급사회의 본격적인 성립은 조선왕조 이후부터이다. 한국사에서 토지 매매의 금령이 풀린 것은 15세기의 일이며, 토지가 국가의 구속을 벗어나 자유롭게 매매되기 시작한 것은 16세기의 일이다. 앞서 노비를 대상으로 한 분재기의 전래 상황을 소개하였는데, 같은 이야기를 토지를 대상으로 한 분재기에서도 할 수 있다. 지금까지 전하는 분재기 중 토지를 상속재산으로 기재한 가장 오래된 분재기는 1447년 세종 연간에 작성된 것이다. 이즈음에 농촌에서는 품관品官으로 불리는 재지사족在地士族들의 농장 건설이 한창이었다. 드디어 농촌사회에 노비와 토지를 대규모로 소유한 지배신분이 성립하기 시작하였다.[3]

노비제의 대확장을 초래한 역사적 배경을 이상과 같이 이해한다면, 이어서 제기되는 어려운 문제는 다음과 같다. 요컨대 그들은 어디에서 왔는가. 노비를 대량으로 분출한 사회계층은 무엇이며 그 역사적 기원은 어디에 있는가. 앞에서 15~17세기 노비인구의 대확장을 유도한 사회적 경로는 양천교혼이

---

3 이상과 같은 한국 토지제도사에 관해 보다 자세하게는 필자의 다음 논문을 참조할 수 있다.
이영훈, 「高麗佃戶考」, 『歷史學報』 161, 1999.
_____, 「韓國史에 있어서 土地制度의 發展過程—土地制度史 연구의 前進을 위하여」, 『古文書硏究』 15, 1999.

라고 하였다. 그렇다면 14세기까지 얼마 되지 않던 노비와 결혼함으로써 노비인구를 팽창시킨 양인은 구체적으로 어떠한 존재들이었나. 이렇게까지 파고들면 우리는 기왕에 알려진 사료의 범위에서는 만족할 만한 해답을 찾을 수 없다는 심각한 한계에 봉착하게 된다.

그 점을 전제하면서 1528년의 경상도 안동부 주촌의 납장 호적에서 구할 수 있는 두 가지 정보를 소개한다. 이 호적상의 인구는 모두 28명인데, 그 가운데 9명이 신백정新白丁이다. 신백정이라 함은 원래 고려시대의 재인才人·화척禾尺 집단으로서 조선초기 세종 연간에 각 촌에 분속되어 농민으로 정착한 자들을 말한다. 그런데 9명의 신백정 가운데 이미 3명이 노비의 배우자가 되어 있었다. 말하자면 조선초기 노비인구가 대확장하는 과정에서 노비의 주요 결혼대상은 고려시대의 재인·화척에 기원을 둔 신백정이었다.

이 1528년의 호적에서 구할 수 있는 또 하나의 정보는 노와 결혼한 양인 여자의 부父와 조祖 가운데 다수가 백성百姓이었다는 사실이다. 16세기 전반에 백성이란 역 또는 신분이 무엇을 의미하는지, 고려시대의 백성과는 어떠한 관련이 있는지에 관해서는 아직 소개할 만한 연구성과가 없다. 동일한 정보는 1606년 경상도 산음현의 호적대장에서도 마찬가지로 확인되고 있다. 예컨대 산음현 월음동 호적에서 처음부터 순서대로 뽑은 46명의 노비 가운데 부가 백성인 경우는 12명에나 달하고 있다.

다른 한편 고려시대의 농민이나 피지배 계층의 존재형태와 관련해서는 정호丁戶, 백정白丁, 노비, 재인·화척 등을 이야기할 수 있다. 정호는 일정 구획의 토지와 결합된 몇 세대世帶의 공동체적 결합으로서 농촌사회의 상층부를 점하였다. 그들은 국가로부터 토지를 부여받은 대신 특정의 직역을 권리와 의무로 수행하였다. 백정의 존재형태와 관련해서는 알려진 것이 거의 없는 실정이다. 정호에 속하였다는 설과 정호와 별도로 존재한 하층민이었다는 설이 있는데, 필자가 보기엔 정호에 속했던 것 같다.[4] 그 상태에서 백정은 전술한 대로 정호와 용작관계를 맺었다고 보인다. 재인 · 화척은 유기柳器 · 도살屠殺 · 피물皮物을 생계의 수단으로 삼은 유목 기원의 이동성이 강한 집단이며, 원래 국가의 호적에 등록되지 않아 이류異類로 취급당한 자들이었다. 원래 그 수가 적지 않았는지 이후 조선왕조에 의해 강제로 정착당하였을 때 지방에 따라 그 인구비중이 1/4~1/3에 달하기도 하였다.

이러한 고려시대의 여러 부류의 인간들이 고려 말과 조선 초에 걸쳐 각기 어떠한 경로로 변천했는지, 그 하층이 과도기적으로 신백정 또는 백성이란 신분으로 전환하면서 결국 전 인구의 3~4할에 달하는 노비로 전락하는 과정은 구체적으로 어떠하였는지, 반면에 6~7할의 다수가 양인신분으로 정착하는 가운데 1할 정도의 상층부가 양반이란 지배신분으로 구별되어갔던 과정은 구체적으로 어떠하였는지 등에 관해서는 아직 자세히 알지 못하며 모두 장래의 연구과제이다.

그와 관련하여 특별히 중요한 연구과제 한 가지를 추가한다면 조선왕조의 호구정책이다. 조선왕조는 한국사에서 최초로 호戶의 구성원 범위를 법제로 한정하고 그에 준하여 단위 세대로서 호를 창출하였다. 1467년, 세조 연간에 강행된 호구조사가 그 대표적인 개혁이다. 새롭게 창출된 호는 고려시대의 정호와 달리 토지와의 구조적 결합에 기초하지 않았다. 조선왕조는 그러한 호를 대상으로 군역과 요역과 공물을 부과하기 시작하였다. 고려왕조까지 농촌사회에 존재한 여러 부류의 인간집단이 조선왕조에 들어 노비제의 대확장으로 귀결되는 큰 변화를 맞게 된 데는 다른 무엇보다 이 같이 전혀 새로운 방식의 국가지배의 작용이 컸다고 생각된다.

4 이영훈, 「韓國經濟史 時代區分 試論—戶의 歷史的 發展過程의 觀點에서」, 『韓國史의 時代區分에 관한 研究』, 韓國精神文化研究院, 1995.

4. 노비제의 비교사

앞서 잠시 소개하였듯이 한국사에서 노비제가 그 모습을 확실히 드러낸 것은 7세기 말의 일이다. 그 후 19세기까지 장기 존속한 노비제의 비교사적 성격은 어떻게 규정되어야 좋은가. 그들은 노예인가 아니면 농노인가. 이는 한국사 연구에서 가장 흥미롭고도 어려운 문제의 하나이다. 노비의 일부가 노예인 점을 부정하기는 어렵다. 특히 주인의 집 안팎 가까운 곳에 거주하며 주인의 수족으로서 온갖 형태의 가사노동에 종사한 노비들이 그러하였다. 그들은 세계 노예제의 역사에서 가장 원초적이면서 가장 최후까지 존속한 가내노예의 범주에 속하였다.

대개 고려시대까지의 노비들이 그러한 가내노예였다. 986년, 고려왕조 초기에 노비의 가격이 법으로 결정되었는데, 15~60세 노의 가격은 포 100필, 15~50세 비의 가격은 포 120필이었다. 노보다 비의 가격이 더 높은 것은 노비노동의 중심이 농경노동보다 가사노동에 있었음을 반영한다. 농장에서 노동하는 노의 존재에 관한 몇 사례가 홍승기에 의해 소개된 적이 있지만, 대개 개경을 둘러싼 근기近畿 지역에 한정된다.[5] 전국적 범위에서 노비들이 농경노동의 중심을 이루었음을 간접적으로나마 시사하는 사료는 없는 편이다. 농촌에도 노비가 거주하였지만 대개 관이나 사원에 속한 노비들이었으며, 앞서 제시한 대로 그 인구비중도 불과 몇 퍼센트에 불과하였다.

그 점에서 필자는 고려왕조의 12세기 이후를 노예제사회로 평가한 제임스 팔레의 주장에 찬성하기 어렵다.[6] 팔레는 무신집권기 이후 노비가 전체 인구의 3할에 달할 정도로 많아졌다고 보지만, 어디까지나 근거가 뒷받침되지 않

5 洪承基, 『高麗貴族社會와 奴婢』, 일조각, 1983, 제4장 참조.

은 추론일 뿐이다. 노비가 전체 인구의 3~4할의 비중을 차지한 것으로 확인되는 것은 전술한 대로 1460년대경의 일이다. 그리고 그렇게 되는 데는 2~3세대 간의 급격한 변화만으로도 충분하다고 필자는 생각하고 있다.

그렇다면 인구의 3~4할이 노비였던 15~17세기 조선왕조 시대는 팔레의 주장대로 과연 노예제사회인가. 팔레는 한 인간이 다른 인간의 재물로서 매매 · 증여 · 상속의 대상이 될 경우 그 인간은 노예이며, 조선의 노비들이 바로 그러한 처지에 있었고, 그들의 인구비중이 전형적인 노예제사회였던 그리스 · 로마나 18~19세기 미국 남부에서처럼 3할에 달했다는 이유로 조선시대를 노예제사회로 규정하였다. 조선의 노비들이 주인의 재물로서 매매 · 증여 · 상속의 대상이었음은 부정하기 힘들다. 양반 노비주들이 남긴 상속문서를 보면, 그들이 노비의 재산으로서의 가치에 얼마나 세심한 주의를 기울였는지를 쉽게 알 수 있다. 나아가 노비들은 법적으로 무권리 상태였다. 15세기 초 세종 연간에 노비는 그 주인의 불법을 고소할 수 없다는 법이 제정되었다. 이후 주인의 자의적인 형벌로 목숨을 잃는 노비의 예는 결코 드물지 않았다. 짐작컨대 팔레는 조선왕조의 시대에 벌어진 노비를 둘러싼 인간잔혹사로부터 18~19세기 미국 남부의 흑인노예제를 어렵지 않게 떠올렸을 것이다.

팔레의 주장은 조선사회의 구성적 특질을 이해하는 데 경청할 만한 몇 가지 논점을 포함하고 있다. 그렇지만 필자는 그의 노예제사회설에 다음과 같은 몇 가지 이유로 찬성하기 힘들다. 우선 대확장기를 거치는 가운데 노비들의 존재양태가 노예로 단순화될 수 없을 만큼 다양해졌음에 유의할 필요가 있다. 노비 가운데는 주인의 집과 멀리 떨어진 다른 군현이나 도에 거주하면

---

6 제임스 팔레의 노예제사회설에 관해서는 다음의 논문을 참조할 수 있다.
James B. Palais, *Confucian Statecraft and Korean Institutions*, Seattle: University of Washington Press, 1996, pp.208-270.
____________, *Slave Society*, manuscript, 1997, 2003.

서 연간 정액의 공물을 상납하는 납공노비納貢奴婢의 범주가 있었다. 납공노비는 고려말기에 팽창한 사원노비가 조선왕조에 의해 공노비로 몰수되어 양반관료에 분배되었던 데서 기원한다. 왕족과 양반관료가 소유한 수천 수백에 달한 대규모 노비는 거의 대부분 납공노비들이었다. 그들은 농촌에서 자신의 토지와 가족노동으로 독자적인 경리를 보유한 농민으로 존재하였으며, 그 점에서 주변의 양인신분의 농민들과 조금도 다르지 않은 존재였다. 비교사적 범주에서 그들은 농노였다. 전체 노비에서 납공노비가 어느 정도의 비중을 차지했는지는 확실히 알 수 없으나 분재기나 호적 자료가 허락하는 범위에서 추론하자면 적어도 절반 정도는 되었다고 보인다. 팔레와 같은 미국의 한국사 연구자들은 이 납공노비의 범주를 잘 몰랐던 것 같다. 납공노비의 존재는 1980년대 이후 양반가의 분재기가 대량 발굴되면서 비로소 명확해졌는데, 미국의 한국사 연구자들이 한국에서의 최근 연구성과를 자세히 알기는 힘들었던 것이다. 이 납공노비의 범주를 공제한다면 인구의 3할을 채울 만큼 노예적 범주의 노비들은 많지 않았다.

납공노비를 제외한 나머지 노비를 가리켜 입역노비立役奴婢라 한다. 주인의 집에서 가까운 곳에 거주하면서 주인집의 가사노동이나 농경노동에 동원되는, 곧 입역하는 노비라는 뜻이다. 그러면 입역노비는 도리 없이 노예제의 범주에 들어가는가. 그 점에 대해서 필자는 판단을 보류하는 의미의 꼬리표를 달고 싶다. 노예란 무엇인가. 역사학의 상식에 따라 경제적으로 비자립적 상태에 있으면서 법률적으로 주인의 재산인 인간을 노예라고 친다면, 입역노비의 대다수를 노예라고 규정하는 데 별다른 어려움이 없어 보인다. 그렇지만 이 같은 노예 규정은 세계 노예제의 역사에서 실로 다양하게 존재한 노예의 모든 경우를 다 설명하지 못한다. 경제적으로 부유한 노예도 있었고, 노예가 아니면서 재산으로 사고 팔리는 예속민도 존재하였다.

세계 노예제의 역사를 저술한 올란도 패터슨Orlando Patterson은 노예의 상태를 '사회적 죽음Social Death'으로 정의하였다.[7] 결국 노예는 공동체로부터 추방되거나 다른 지역에서 끌려온 자로서 자신의 공동체를 보유하지 못한 자였다. 이 같은 사회적 내지 문화적 관점의 노예 정의를 조선의 노비에 적용하면 어떻게 될까. 전술한 대로 15~17세기 전성기의 노비들은 신백정 또는 백성이란 양인신분과 결혼하였다. 그렇게 노비와 하층 자유인 사이에는 양자를 명확히 구분하는 경계선이 없었다. 반면에 발달된 노예제사회에서 자유인과 노예 사이에 성적 교섭은 가능하였지만 결혼은 법적으로 불가능하였다. 자유인과 노예 사이에는 결코 넘을 수 없는 깊은 심연의 경계가 가로놓여 있었다. 바로 이 점이 조선의 노비와 미국 남부의 흑인노예의 결정적 차이이다. 조선의 노비들은 주변의 가난한 양인들과 자유롭게 결혼하였지만, 미국의 흑인노예들은 주변의 가난한 백인과 결혼할 수 없었다.

또한 발달된 노예제사회에서는 이름이나 의복·두발 등의 복식에서 노예만의 고유한 상징이 강요되었다. 그 노예상징을 통해 노예들은 자유인과 쉽게 구별되고 또 차별되었다. 그렇지만 조선의 노비들에게는 그러한 노예상징이 강요되지 않았다. 노비의 복식은 일반 상민의 그것과 거의 다르지 않았다. 조선왕조는 신분에 따라 복식을 차별하면서 양반만이 비단옷을 입거나 가죽신을 신을 수 있다고 규정하였지, 노비들은 반드시 무슨 옷과 무슨 신발을 신어야 한다고 규정하지는 않았다. 신분을 차별하는 여러 법령에서 노비와 상민은 동격이었다. 예컨대 1554년의 한 법령은 서인庶人과 천구賤口가 사족士族을 구타하였을 때 동일한 처벌을 받도록 규정하였다. 이후 1746년의 『속대전續大典』은 상천常賤이 사족을 욕한 경우 동일하게 장杖 60에 처한다고

7 Orlando Patterson, *Slavery and Social Death: A Comparative Study*, Cambridge: Harvard University Press, 1982.

규정하였다. 이처럼 상민과 노비는 사족과의 신분차별에 관한 한 동격으로 취급되었다. 요컨대 조선의 노비들로부터 그들이 자유인의 공동체로부터 절망적으로 분리되었다는 노예상징을 찾기는 어려운 실정이다.

필자는 한국사의 노비를 18~19세기 미국 남부의 흑인노예, 11~16세기 일본 중세의 게닌下人과 비교하는 연구를 수행한 적이 있다. 형식적인 법제의 면에서 이들 예속신분의 공통점을 찾아내기는 별로 어려운 일이 아니다. 그렇지만 사회적 신분을 성립시키고 특징짓는 정치제도나 경제구조나 문화환경의 면까지 비교를 진행시키면 이들은 결코 동일한 존재가 아니었다. 조선의 노비들은 미국의 흑인노예나 일본의 게닌에 비해 예속의 정도도 훨씬 약하였다. 그 점에서 조선의 노비들은 노예라기보다 농노에 가까웠다. 그렇다고 조선의 정치나 경제나 사회가 비교된 다른 나라보다 역사적으로 더 높은 수준이었다는 말은 성립하지 않는다. 농노제사회가 노예제사회보다 발전단계가 높다는 등식은 애당초 성립하지도 않을뿐더러, 순수한 형태의 노예제사회는 인류의 역사에서 극히 예외적으로 존재했을 뿐이다. 이즈음에서 필요한 것은 역사적 상상력의 해방이 아닐까 싶다. 전근대 인간예속의 유형을 서유럽 중심의 잣대를 가지고 노예인가 농노인가의 양자택일 방식으로 묻는 것으로부터 연구자 스스로가 자유로워질 필요가 있다. 한국사의 노비는 어디까지나 노비 그 자체일 뿐이다.[8]

---

8 이 글에서 펼쳐진 노비제의 비교사 연구에 관해 보다 자세하게 알려면 필자의 다음 논문을 참조할 수 있다.

이영훈,「朝鮮의 奴婢制－奴隷인가 農奴인가」, 조선시대사학회 편,『東洋 三國의 王權과 官僚制』, 國學資料院, 1998.

_____,「朝鮮 奴婢制와 美國 黑人奴隸制: 比較史的 考察」(梁東烋와 共著),『經濟論集』37-2·3, 서울大學校 經濟研究所, 1998.

_____,「11~16세기 韓國의 奴婢와 日本의 게닌(下人)」,『경제사학』36, 2004.

성리학은 조선사회를 어떻게 변화시켰는가

지두환

1. 서론

조선은 성리학을 국시로 하여 건국하였다. 그래서 성리학에서 이상사회로 설정한 요순삼대의 사회를 이루려고 하였다. 이러한 이상사회를 중화中華라고 하는데, 우리나라의 이상사회, 즉 중화인 기자조선을 이어받는다 하여 국호도 조선이라 하였다. 따라서 조선왕조는 정치 · 경제 · 사회 · 문화 전반에 걸쳐 성리학 이념에 따른 변화를 추구하였다.

그러나 식민지사관은 그동안 나라가 망한 책임을 조선왕조에 돌리면서, 당

池斗煥 국민대학교 국사학과 교수.

저서로 『朝鮮前期 儀禮硏究』(서울대학교출판부, 1994), 『조선시대 사상사의 재조명』(역사문화, 1998), 『한국사상사』(2판)(역사문화, 2002), 『세계문화유산 종묘이야기』(집문당, 2005)가 있고, 논문으로 「朝鮮後期 實學硏究의 問題點과 方向」(『泰東古典硏究』 3, 1987), 「朝鮮後期 禮訟硏究」(『釜大史學』 11, 1987), 「朝鮮後期 經筵科目의 變遷」(『韓國學論叢』 18, 1996), 「尤庵 宋時烈의 生涯와 思想」(『한국사상과 문화』 12, 2001) 등이 있다.

쟁론 · 사대주의론에 입각한 유교망국론 · 조선부정론을 만들어 조선사회를 설명하였다. 광복 후에는 봉건사회론에 입각하여 조선사회를 봉건지배층이 민중을 농노처럼 지배하던 사회로 설명하였고, 성리학을 봉건지배층의 지배 이데올로기, 즉 봉건사상으로 상정하여 부정적으로 이해하였다. 그리고 이를 부정하면서 나온 개혁사상을 근대사상의 맹아라 하여 실학사상으로 설정하였다. 이것은 식민지사관에서 설정했던 유교망국론과 조선부정론을 더욱 심화시켰다.

그러나 1980년대 이후 붕당정치론에 입각한 성리학 긍정론과 조선긍정론이 대두하면서 화이론에 입각한 사대주의론은 조선중화론에 입각한 조선제일주의로 바뀌었다. 이러한 조선제일주의에 입각하여 조선후기에는 조선 고유문화가 만발하였던 영 · 정조 문예부흥기가 성립하였으며, 영 · 정조 문예부흥은 실학사상이 아니라 조선성리학에 기반을 두고 발달한 것이라는 주장이 나왔다.

결국 조선부정론 · 유교망국론은 조선긍정론 · 유교긍정론으로 전환되어 조선사회가 새롭게 인식되기 시작하였다. 그래서 당쟁의 핵심으로 인식되던 예송禮訟은 당시 헌법과 같았던 종법을 둘러싼 이념 논쟁이자 사회구성체 논쟁으로 생각되어 붕당정치의 핵심으로 파악되었다. 또한 조선후기를 이끌었던 사상이 중국보다 300년 늦은 주자학으로 이해되던 시각에서 조선전기는 주자성리학, 조선후기는 심학화된 조선성리학으로 변화되었다고 새롭게 인식되었다.

따라서 이 글에서는 조선시대를 보는 시각의 변화가 조선부정론에서 조선긍정론으로 바뀌면서 일어나는 커다란 쟁점들을 조선긍정론 · 성리학긍정론의 시각에서 전체적으로 재정리해보려 한다.

2. 정치와 경제

(1) 정치세력—사림

성리학은 조선사회를 이끌어가는 정치세력을 성리학을 전공한 사림士林들로 바꿔놓았다. 태종은 정몽주鄭夢周(1337~1392)를 영의정으로 추증하면서 이행李行 등 역성혁명에 절의를 지킨 이른바 두문동 72현 세력들과 그 후손들을 정계에 등장시켰다. 세종은 집현전을 세워 집현전 학자들에게 성리학을 연구하게 하여 성리학 이념에 입각한 문물제도를 정비하고, 정몽주를 충신으로 『삼강행실도』에 올리면서 성리학을 전공하는 사림들을 길러냈다. 그래서 세조찬탈이 일어나자 이에 반대하는 사육신死六臣과 생육신生六臣이 나온 것이다.

성종대에는 세조찬탈을 부정하는 소릉 복위 상소를 올리며 사림파로 등장한 남효온南孝溫(1454~1492) 등이 한명회韓明澮 등 찬탈세력과 대립하였다. 이들이 소학계를 조직하며 김굉필金宏弼(1454~1504)·정여창鄭汝昌(1450~1504) 등 영남사림파라고 불린 세력으로 등장하게 되었는데, 연산군대에 김일손金馹孫(1464~1498)의 소릉 복위 상소·조의제문 사건으로 무오·갑자사화를 당하였다.

중종반정이 일어나며 기호사림파가 등장하여 소릉을 복위시키고 정몽주를 문묘종사文廟從祀하였다. 성리학 이념에 입각한 이상사회 건설을 꿈꾸던 기호사림파는 조광조趙光祖(1482~1519)·김식金湜(1482~1520) 등으로 대표되는 기묘명현己卯名賢을 배출하였다. 비록 중종 14년 기묘사화己卯士禍로 좌절되지만 중종대 후반에는 김안국金安國·백인걸白仁傑·이언적李彦迪 등 사림들이 대거 등장하였고, 백운동서원白雲洞書院을 건립하며 사림세력의 기반을 다져갔다.

인종이 즉위한 지 7개월 만에 승하하고 명종이 즉위하면서 을사사화乙巳士禍가 일어나자, 사림들은 심성논쟁心性論爭을 일으켜 성리학 이해를 심화시켰고 서원을 건립하며 세력을 확장해갔다. 마침내 선조宣祖를 옹립하면서 사림파가 주도하는 사림정치가 행해져 동서분당이 될 정도였다. 사림들은 임진왜란이 일어나자 조헌趙憲·김천일金千鎰·고경명高敬命 등이 의병을 일으켰고, 광해군대에는 삼강三綱에 어그러지는 폐모론廢母論이 일어나자 인조반정仁祖反正을 하여 삼강을 바로 세웠다. 이때 폐모론을 주도한 북인北人은 정계에 더 이상 등장하지 못하게 되었다.

인조반정으로 대동법大同法을 주장하며 새로이 성리학 이념에 입각한 이상사회를 건설하려던 사림세력들은 병자호란 때 삼전도 굴욕을 당하면서 심각한 내부 갈등을 겪게 된다. 이런 혼란 속에서도 김상헌金尙憲(1570~1652) 등의 척화파가 등장하여 복수설치復讐雪恥를 외치며 효종대에 북벌론을 주도해갔다.

현종대에는 예송禮訟을 하며 성리학 이념을 사회 전반에서 심화시켰고, 숙종대에는 장희빈이 아들을 낳자마자 그 아들이 바로 세자로 책봉되었고 첩인 장희빈이 인현왕후仁顯王后를 내쫓고 왕비가 되자, 서인西人들이 삼강에 어긋난다며 이를 반대하다가 기사사화己巳士禍를 당하였다. 하지만 인현왕후가 복위하면서 성리학 명분이 회복되자 장희빈을 옹립했던 기호남인이 실각하고 성리학 명분을 지켰던 서인이 정치를 주도하게 되었다.

서인은 척화·주화문제로 노론과 소론으로 갈라지는데, 이것은 병자호란 당시 강화도가 함락될 때 윤선거尹宣擧(1610~1669)가 강화도에서 순절하지 않고 살아서 도망 나온 문제를 둘러싸고 나타났다. 이 문제로 윤선거의 아들인 윤증尹拯(1629~1714)과 송시열宋時烈(1607~1689)이 갈라지면서 회니시비懷尼是非가 일어났다. 경종대에는 신임사화辛壬士禍가 일어나 김창협金昌協·

이이명李頤命·이건명李健命·조태채趙泰采 등 이른바 노론사대신老論四大臣이 죽으며 사화가 벌어졌지만 영조가 즉위하면서 척화파였던 노론이 정계를 주도하였다. 이에 영조는 탕평책을 시행하여 인재를 골고루 등용하였지만 영조 32년에는 송시열과 송준길宋浚吉을 문묘종사하고 이이·김장생金長生·송시열로 이어지는 율곡학파의 학통을 확립하며 영조대 문예부흥을 율곡성리학栗谷性理學으로 이루어갔다. 이처럼 조선사회에서는 성리학 이념을 충실히 지켰던 사림들이 정치를 주도해가는 정치세력이 되었다.

1980년대 이전까지는 일제에게 조선이 망한 책임을 주자학과 주자학자에 돌리면서 유교망국론·조선부정론에 입각하여 당쟁론으로 조선정치사를 서술해왔다. 성리학은 공리공담이나 하고, 성리학 이념에 어긋나는 행동을 한 세조찬탈 세력과 광해군대 폐모론을 주도한 세력, 숙종대 장희빈 옹립세력들이 개혁을 주도해나갔다고 연구되어왔다. 그러나 1980년대 이후 성리학 긍정론·조선긍정론에 입각하여 붕당정치론이 나오면서 이러한 시각을 극복해갔다. 즉 성리학은 중국이 화약·나침반·인쇄술 등 선진과학을 가지고 세계를 주도하던 이념이었기에, 우리나라도 중화가 되기 위해서는 성리학을 받아들여 사회를 개혁해나가야 했다. 따라서 성리학 이념을 충실히 지킨 사림이 정치를 주도할 수밖에 없었고, 성리학 이념의 핵심인 삼강오륜에 어긋나는 행동을 한 세력은 밀려나고 이를 충실히 따른 성리학자들이 잠시 사화를 겪기도 하지만 정치를 주도해나갔다. 그래서 숙종대 단종을 복위하고 사육신을 충신으로 받들면서 성리학 이념에 입각한 이상사회를 영·정조 문예부흥기로 이루었던 것이다. 그래서 지금까지도 우리는 나라에 충성하고, 나라가 망하면 자결하는 선비들을 존경하고, 부모에게 효도하고 적처를 중시하는 관습을 유지하고 있다.

(2) 정치제도 — 경연정치

성리학은 정치제도의 변화를 주도하였다. 고려시대에는 신유학新儒學이 발달하면서 임금이 이상사회를 만들기 위해 성인聖人처럼 정치를 해야 하는데 이를 벗어나면 바로잡아주는 대간臺諫이 발달하였다. 고려시대에는 간쟁을 담당하는 낭사가 중서문하성 밑에 있어서 독립적이지 못한 데 반해, 조선시대에는 사간원으로 독립하여 사헌부와 더불어 대간으로서 임금을 바로잡아주는 역할을 하였다. 세종대에는 여기서 한 걸음 더 나아가 임금에게 요순삼대의 이상사회를 만들 수 있는 성인지학聖人之學, 즉 성학聖學을 가르치기 위해 경연經筵을 전담하는 기관을 만들었는데, 이것이 바로 집현전이다. 집현전은 세조찬탈로 혁파되었다가 성종대에 사림파가 등장하여 홍문관이 세워지면서 대체되었다. 홍문관은 경연을 전담하였고, 대간과 더불어 간쟁을 담당하는 삼사三司로 자리 잡았다. 대과인 문과시험에 급제한 사람 중에서 홍문관의 경연을 담당할 사람을 선발하면서, 홍문관을 거쳐 당상관으로 빨리 승진할 수 있는 청요직을 차지하는 관리와 기한이 차면 승진하는 일반관리가 구분되기 시작하였고, 결국 대과인 문과시험의 의미가 이전과는 달라지게 되었다.

게다가 문과급제를 해야만 경연관이 될 수 있었던 조선전기의 제도에서 한 걸음 더 나아가, 조선후기에는 경연관으로 김장생이나 송시열 같은 산림山林을 초빙하는 제도가 생기면서 산림이 세도世道를 담당하는 붕당정치가 발달하였다.

조선시대 정치제도의 핵심인 홍문관과 산림제도는 임금을 성인으로 만들어 성리학적인 이상사회를 건설하려는 경연정치에서 비롯되었으며, 이는 성리학이 조선사회를 변화시킨 핵심 중의 하나였다.

(3) 경제제도—정전제

성리학은 요순삼대의 이상사회를 만들기 위해 정전제井田制를 시행하는 것을 목표로 삼았다. 정전제는 주자에 의해 10분의 1세로 인식되었지만, 토지를 정자井字로 나누어 공전公田 · 사전私田으로 나누어주는 주대周代의 정전제를 그대로 시행하기는 어려웠으므로, 우선 전체 토지를 똑같이 분배하고 10분의 1세를 거두는 균전론均田論이 제시되었다.

조선전기에는 정전제를 10분의 1세로 인식하여 세금을 거두는 정전제를 시행하였는데 그중에서도 조법助法에 해당하는 손실답험법을 행하였다. 그러다가 세종대에 손실답험법이 조사자의 농간이 작용한다고 하여 공법貢法을 시행하였다. 공법은 원래 토지를 나누어주고 풍흉에 관계없이 일정한 세금을 거두는 법으로, 해마다 소출을 조사하는 조사자의 농간은 방지할 수 있지만 풍년에는 유리하고 흉년에는 불리한 제도였다. 세종은 우선 토지의 비옥도에 따라 토지 등급을 6등급으로 나누는 전분육등법을 시행하여 1결을 정하고, 1결당 일정한 세액을 정해놓고 거두어 조사자의 농간을 방지하였다. 그리고 흉년에 불리한 공법의 단점을 보완하기 위해 연분구등법을 첨가하였다. 이러한 공법은 성종대에 미비한 점이 보강되어 전국적으로 시행되었다.

16세기에 들어서 공납貢納 · 요역徭役 · 군역軍役 등에서 대납代納 대립代立이라는 모순이 생기면서 부익부 빈익빈 현상이 심해졌다. 이에 중종반정을 실현하며 성리학적인 이상사회를 건설하려는 사림파가 등장하여 공납 · 요역 · 군역의 불평등까지 해결하는 개혁론이 제시되었다.

15세기에 정전제의 이상을 이루기 위하여 공법을 실시하여 전세에서 10분의 1세를 이루었지만, 호戶에 부과되던 공물貢物과 요역 등에서 대납代納 · 방납防納 등으로 모순이 나타나면서 불평등이 심화되자, 16세기의 사림들은 주대周代 정전제의 이상을, 전세는 물론 공납·요역까지 포함하는 10분의 1세를 시행하는 것을 통하여 실현하려 했다.

이를 위해 우선 전세는 공법에서 가장 적은 양인 4~6두를 내는 영정법永定法을 시행하는 방향으로, 그리고 공납까지 포함하여 10분의 1세를 실현하려면 공물 수를 줄여야 하므로, 우선 필요 없는 공물 수를 줄이는 공안貢案 개정을 시도하였다. 또한 공납 요역을 호戶 단위로 걷던 것을 토지에서 1결당 12두로 환산하여 거두는 대동법 실시를 추진하였다. 이는 토지를 많이 가진 사람은 많이 내고, 적게 가진 사람은 적게 내고, 안 가진 사람은 부담을 없앰으로써 정전제의 이상理想을 천리天理에 따라 순조롭게 실현하려는 정책이었다.

군역은 대립의 폐단을 시정하기 위하여 국가에 납포를 하는 납포제를 시행하였다. 그러나 납포제에는 군역의 어렵고 쉬움에 따라 3필, 2필, 1필을 내는 불평등이 있어, 이를 해소하기 위해 납포량을 1필로 통일시키는 균역법을 시행해 부족한 재정을 양반이나 궁방에 부과하여 대동사회를 이루려고 하였다. 그래서 호를 단위로 양반에게도 군포를 부과하자는 양반 호포론이 제시되었다.

이처럼 사림들은 대동사회를 이루기 위해 전세·공납·요역·군역을 합하여 10분의 1세를 거두는 것을 목표로 하는 대동법과 균역법을 시행해서 조선사회를 변화시켜갔다.

그런데 지금까지는 전국의 토지를 국유화하여 농민들에게 똑같이 나누어 주고 10분의 1세를 거두는 급진적인 균전론을 제시한 북인식 정전제 시행방법론만을 실학자의 개혁론으로 잘못 인식하여, 성리학자들은 정전제 시행을 반대한다고 생각하였다. 그러나 성리학자들은 인위적인 힘에 의지하여 억지로 하는 패도에 의한 개혁론이 아니라 순리를 따르는 왕도에 의한 개혁론으로 대동법을 통한 정전제를 실현해나갔다.

전세 · 공물 · 요역 · 군역을 합하여 10분의 1세를 이루는 정전제는 숙종대에 대동법이 전국적으로 실시되고 영조대에 균역법이 시행됨으로써 조선후기 사회에 알맞은 성리학 이념에 입각한 형태로 완성되었다. 토지가 많고 노동력이 모자란 주나라에서 시행된 정전제는 인구가 많아지고 토지가 부족한 송 · 원 · 명대나 고려 · 조선에는 맞지 않았다. 게다가 장시가 발달하고 이앙법이 보급되어 농업생산력이 증가하던 조선후기에는, 전세만을 10분의 1세로 하는 조선전기 사회에 알맞은 정전제보다는 전세 · 공물 · 군역까지 합쳐서 10분의 1세로 하는 정전제가 시행되어야 했다.

3. 사회제도

(1) 종법과 신분제도

성리학은 농업공동체를 기반으로 하는 이상사회를 실현하기 위해 농업공동체를 이끌어가는 종법宗法을 시행할 것을 권장하였다. 이를 위해 조선이 건국되자 우선 고려시대에 부인을 두세 명씩 두고 노비를 첩으로 두던 제도를 개혁하여, 부인은 적처嫡妻 1명을 두고 양인 또는 천인 출신의 첩을 두는 제도로 바꾸었다. 그래서 고려시대에 시행되던 노비 첩이 낳은 자식은 노비가 되는 천자수모법賤子隨母法이 폐지되고, 종부법從父法에 따라 양반의 첩이 되어 낳은 자식은 아버지를 따라 양인이 되었다. 그래서 적처인 적자와 구별하기 위하여 서얼차대법을 행하였던 것이다. 서얼차대법은 서얼을 적자와 차대하는 법이지만, 고려시대에는 노비였던 서얼이 조선시대에는 양인이나 중인으로 상승하게 되는 발전적인 제도였다.

이후 15세기에 금지되던 양인과 노비의 결혼이 16세기에 일반화되면서,

조선후기에는 아버지가 노비라도 어머니가 양인이면 그 자식들은 양인이 되는 종모종량법이 시행되었다. 이 법은 이이李珥(1536~1584)가 선조대에 처음 제창하여 현종대에 송시열이 처음으로 법제화하였다. 그러나 보수적인 남인들이 정권을 잡으면 폐지되고 서인들이 정권을 잡으면 다시 제정되기를 반복하다가, 율곡학파인 노론이 집권한 영조대에 법으로 확립되었다.

(2) 종법과 의례

혼례 풍습도 남자가 처가로 들어가서 자식을 낳아 길러서 남자 집으로 오던 풍습에서, 여자가 시가로 시집을 가서 자식을 낳아 기르는 풍습으로 바뀌었다. 이를 위해 친영례親迎禮를 행하였고, 조선후기에는 사당에 신부가 인사하는 묘현례廟見禮가 행해졌다. 왕실에서는 여자가 종묘에 가는 것이 금지되었다가, 숙종대에 처음으로 인현왕후가 묘현례를 위하여 종묘에 들어간 이후 세자빈이나 왕비가 되면 종묘에 가서 묘현례를 행하였다.

성리학 이념이 정착되면서 『주자가례朱子家禮』에 따라 가묘에 4대조를 모시고 적장자가 제사를 주관하게 되자, 제사를 받들기 위해 만들어진 문중재산을 적장자가 종손이 되어 상속받아 문중을 이끌어가는 종법宗法에 따른 종갓집체제가 만들어졌다. 이를 위해 대대로 조상을 모시는 선산이 마련되었고 조상에게 제사 지내는 비용을 마련하기 위해 문중계를 만들어 문중재산을 형성하였다. 그러면서 대종가大宗家와 소종가小宗家가 분리되어 나타났다.

종갓집은 종법을 따라야 했는데, 만약 적장자에게 자손이 없으면 양자養子를 들여서 장자가 대를 이었다. 이를 위해 항렬을 아는 것이 중요해지면서 대동보大同譜가 만들어졌다. 이렇게 종법이 헌법처럼 사회 일반에 시행되면서 적장자가 대를 이어가는 정통론과 양자를 들여 부자관계를 지키는 의리명분론이 집안에서부터 발달하여 정착되었다.

종법에 따른 사회제도를 관습으로 규정하는 제도가 『주자가례』의 시행이었다. 이를 위해 우선 상례喪禮에서는 화장을 하고 백일재百日齋를 지내던 고려시대의 풍습을 타파하고, 부모가 돌아가시면 장사를 지내고 육신은 땅에 묻으며 영령은 신주를 만들어 모시고, 부모가 3년 동안 품안에서 길러준 은혜를 보답하기 위해서 삼년상을 지내는 상례가 정착되었다. 상례는 슬픈 마음과 감정이 시간이 지남에 따라 자연스럽게 표현할 수 있도록 만들어졌다. 부모가 돌아가시면 북받쳐 오르는 슬픔을 참지 못해 수시로 곡을 하지만, 장사를 지내고 나면 북받쳐 오르는 슬픔은 가시므로 신주에 옮겨진 영령을 편안하게 하는 우제虞祭를 지내고 나서, 곡을 그치는 졸곡제卒哭祭를 지낸다. 1년 뒤에 소상小祥인 연제練祭를, 2년 뒤에 대상大祥인 상제祥祭를 지내고 그리고 마지막으로 담제禫祭를 지내면서, 담긴 슬픔을 표현하는 상복을 평상복인 길복으로 바꿔 입는다. 15세기에는 장사와 졸곡제를 지내고 나면 탈상을 한 것처럼 비록 백의는 입지만 흑립을 썼다. 16세기에는 졸곡 후에 백립白笠을 쓰는가 흑립을 쓰는가, 백사모白紗帽를 쓰는가 흑사모를 쓰는가 하는 문제가 논의되어 백립과 백사모를 쓰는 것으로 결정되면서 실질적인 삼년상제를 확립해갔다. 삼년상이 실질적으로 시행되어가면서, 인간이면 신분에 차별 없이 모두 삼년상을 행해야 한다는 천하동례 의식이 확산되었다. 그래서 군역을 치르는 양인이나 천역을 담당하는 노비에게도 삼년상을 행하도록 하고, 자기 부모만 제사하게 하던 양인에게도 4대조를 제사하게 하는 등 상례·제례의 변화가 나타났다. 이러한 변화는 종법이 상례·제례를 통하여 일반 서민들에게까지 확대된 것이기에, 종갓집을 중심으로 형성되는 농업공동체에 벼슬을 하지 못한 서민들까지 편입되어 신분제를 완화해갔다.

조선시대에는 복제 논의가 진행되어 정통론에 입각한 의리명분론이 확립되어갔다. 조선전기에는 아버지가 계신데 어머니가 먼저 돌아가시면 어머니에 대해 몇 년 상을 할 것인가가 논의되었다. 그 결과 원칙적으로는 삼년상을 해야 하지만 아버지를 모셔야 하므로, 부재위모기父在爲母朞 제도에 따라 일년상을 하되 마음으로는 삼년상을 지내는 심상삼년心喪三年을 하도록 정해지면서 부모에 대한 삼년상 제도가 확립되었다. 비록 심상삼년이지만 아들이 어머니의 삼년상을 지내는 동안 아버지는 새장가를 가지 않았다. 그래서 중종이 장경왕후章敬王后가 죽은 후 아들인 인종이 삼년상을 끝낸 뒤에야 문정왕후를 맞아들인 것이다.

또한 세조비 정희왕후와 중종비 문정왕후가 수렴청정을 하여 공덕이 있으므로 삼년상을 해야 한다는 의견이 나와 논쟁이 벌어졌다. 결국 정희왕후에 대해서는 한명회 등의 주장에 따라 삼년상을 하였지만, 명종대에 문정왕후에 대해서는 수렴청정을 한 공이 있지만 왕비는 일년상을 한다는 원칙을 따라 이후 임금에 대해서만 삼년상을 한다는 원칙이 확립되었다.

조선후기에는 임금이 나라를 물려받듯이 집안을 이어받는, 즉 승중을 하는 장자長子가 사망하였을 때 부모가 삼년상을 하는 제도가 논의되었다. 그리고 현종대에는 예송이 벌어져 천하동례天下同禮파인 서인과 왕자례부동사서王者禮不同士庶파인 기호 남인으로 나누어 대논쟁을 벌였다. 임금이 차자次子라면 대통을 이어받았더라도 장자가 될 수 없으니 부모가 일년상을 해야 한다는 서인의 주장과, 대통을 이어받으면 장자로 보아 부모가 삼년상을 해야 한다는 남인의 주장이 대립되었다. 이러한 논쟁의 핵심은, 종법은 천리天理로 헌법과 같으므로 임금도 지켜야 한다는 입장과 임금은 특별하므로 지키지 않아도 된다는 것이었다. 이러한 논쟁과정에서 승중을 하는 장자가 사망하였을 때 부모가 삼년상을 하는 제도가 확립되었고 종법에 대한 이해가 심화되었다. 이에 따라 조선후기에는 종법을 정착시키는 상례에 대한 저술이 많아졌다.

제례祭禮에서는 영정을 모시고 제사를 지내던 불교식 제도를 타파하고 가

묘를 만들어 신주를 모시고 제사를 지내는 가묘제家廟祭가 시행되었다. 전기에는 신분에 따라 제후諸侯는 4대봉사를 대부大夫는 3대를, 사士는 2대를 서인庶人은 1대를 지냈다. 그러나 후기에는 모두 4대봉사를 하는 제도로 바뀌어갔다.

이러한 예에 대한 연구로 국가에서 조선전기에는 『국조오례의國朝五禮儀』, 조선후기에는 『국조속오례의國朝續五禮儀』, 『국조상례보편國朝喪禮補編』 등의 저술을 편찬하였다. 정구鄭逑(1543 ~1620)가 『오선생예설분류五先生禮說分類』를, 조호익曺好益(1545~1609)이 『가례고증家禮考證』을 지었고, 정구 · 조호익과 거의 동시대인이며 역시 퇴계의 문인인 신식申湜(1551~1623)이 『주자가례』의 완벽한 번역서인 『가례언해家禮諺解』를 완성하였다. 『주자가례』가 우리말로 완역되었다는 것은 그 이해 수준이 완숙한 정도에 도달하였음을 의미한다. 서인西人 중에서는 김장생金長生(1548~1631)이 『가례집람家禮輯覽』을, 이재李縡(1680~1746)가 『사례편람四禮便覽』을 내면서, 주자성리학에 입각한 중국식 예학인 『주자가례』에서, 조선성리학에 입각한 조선식 예학인 조선예학이 발달하였다.

4. 사상과 문화

(1) 문화

성리학이 조선사회를 변화시킨 것 중에 중요한 것이 문묘文廟와 서원書院 제도이다. 문묘에 정몽주, 김굉필, 정여창, 조광조, 이언적, 이황, 이이, 성혼, 김장생, 송시열 등 동방 18현을 배향하여 조선의 교육 방향을 성리학 위주로 결정하였다. 이에 따라 전국에 문묘를 본받아 향교가 설치되었고, 서원도 설치되었다.

성리학은 조선사회에 삼강오륜이라는 유교윤리를 전국적으로 확립하였다. 국가는 이순신李舜臣(1545~1598)·임경업林慶業(1594~1646) 장군 같은 충신들에게는 사당을 세워주고, 사육신에게는 사당과 사육신묘를 만들어주었으며, 효자孝子와 열녀烈女에게 국가에서 정려문을 내려주어 삼강윤리를 전국에 확립하였다. 신도비를 세우고 비문을 지어 이러한 충절을 기렸고, 비문에 쓰이는 서체書體가 발달하면서 석봉체石峯體·양송체兩宋體·동국진체東國眞體라는 우리나라의 독자적인 서체가 만들어졌다.

문학 분야에서도 성리학에 기반한 작품들이 주류를 이루었다. 김만중金萬重(1637~1692)의 『구운몽九雲夢』과 『사씨남정기謝氏南征記』는 성리철학에 입각하여 성리학의 적첩문제를 다룬 대표적인 문학작품이다. 이 외에도 『김시습전』·『임경업전』·『삼학사전三學士傳』 등 충절을 그린 여러 전傳이 나왔고, 『심청전』과 『춘향전』 등 효를 중시하고 정절을 숭상하는 내용을 담은 판소리와 정철鄭澈(1536~1593)의 「사미인곡思美人曲」과 「속미인곡續美人曲」으로 대표되는 가사문학도 성리학에 입각한 문학을 확립하는 데 기여하였다.

(2) 역사인식

조선시대 문화 중 성리학이 가장 큰 영향을 미친 곳은 역사인식 부분이다. 성리학은 이상사회를 요순삼대의 중화로 설정하고 있기 때문에 우리나라도 중화의 정통이 내려와 중화가 되어야 했다. 이를 위해 역사적으로 우리나라에 중화를 설정하고 이를 계승한 역사를 확립해야 했다. 조선전기에는 구월산 신으로 받들었던 단군을 전조선 시조로, 기자箕子를 후조선 시조로 모시고 정통을 확립해가면서 기자를 요임금처럼 숭배하였다.

그러나 16세기부터는 기자를 공자 같은 성인으로 추앙하기 시작하였다. 그래서 주나라 무왕에게 홍범洪範을 전해주고 기자의 정전제인 기전제箕田制

를 시행한 기자조선을 중화로 설정하고, 이를 계승한 마한을 비롯한 삼한정통론을 확립하고, 이를 계승한 삼국과 신라, 고려, 조선을 정통국가로 확립하여 역사를 서술하였다. 이를 위해 윤두수尹斗壽(1533~1601)가 『기자지箕子志』를, 이이가 『기자실기箕子實記』를 저술하여 기자를 공자 같은 성인으로 추대하고 단군을 요임금 같은 성인으로 받들었다. 이에 따라 단군조선은 요순시대에, 기자조선은 주나라에, 삼한은 한나라에 대비하여, 조선을 중국과 대등한 중화국가로 만들어갔다.

이후 『동국통감제강東國通鑑提綱』·『동사회강東史會綱』·『동사강목東史綱目』 같은 강목체綱目體 사서史書가 나오면서 단군부터 기자조선-삼한-삼국-신라-고려-조선까지 이어지는 정통론이 확립되었다. 그러면서 중화를 계승한 명나라가 오랑캐인 여진족에게 망한 상황에서 조선만이 중화라는 조선제일주의를 주장하였고, 대보단과 만동묘를 설치하여 중국과 조선의 중화를 모두 조선이 계승한다는 의식을 확립하였다.

주자는 『자치통감강목資治通鑑綱目』에서 조조를 정통으로 만들었던 사마광司馬光의 정통론을 비판하면서 유비를 정통으로 만들었는데, 조선후기에 성리학 이념에 따른 이러한 정통론이 확립됨에 따라 삼국지의 유비·관우·제갈량을 숭배하는 경향이 일어났고, 이들을 모시는 동묘東廟가 만들어지기도 하였다.

조선중화론朝鮮中華論에 입각한 조선제일주의는 우리 문화가 진짜 중화문화라고 생각하고 발전시켜나갔다. 그래서 정선鄭敾(1676~1759), 조영석趙榮祏(1686~1761)의 그림, 석봉체·양송체·동국진체 등의 글씨 같은 고유한 문화가 세계 최고수준으로 발달하였다. 이와 더불어 국악, 한정식, 한의학, 한복, 판소리, 탈춤 등 우리 고유문화를 조선성리학에 기반을 두면서 발전시켜나갔다.

(3) 성리학과 서적

조선 출판문화에서도 성리학서가 중심이 되었다. 사서삼경은 물론이고 『소학小學』·『근사록近思錄』·『성리대전性理大全』 등 중국 성리학서를 널리 발간하여 서원·향교 등에 배포하였고, 심성논쟁心性論爭이 일어나 심학화心學化된 조선성리학朝鮮性理學이 확립되자 조선후기에는 조선성리학에 입각한 여러 가지 저술이 나왔다. 이이가 『소학』을 대신하여 만든 『격몽요결擊蒙要訣』과 『대학연의大學衍義』를 대신하여 만든 『성학집요聖學輯要』를, 송시열이 『주자대전朱子大全』을 편집한 『절작통편節酌通編』과 명나라 정민정程敏政이 진덕수眞德秀의 『심경心經』에 주를 붙인 『심경부주心經附註』에 다시 주석을 붙인 『심경석의心經釋疑』 등을 저술하였다.

철학 분야에서는 충렬왕 때 안향安珦이 도입한 주자성리학이 백이정·이제현·이색·정몽주·권근으로 이어져 내려오다 세종대에 집현전에서 본격적으로 연구되기 시작하였다. 주자성리학에 대한 이해의 심도가 깊어지면서 우선 송宋나라 제도를 기준으로 한漢·당唐 고제古制를 참작하여 주자성리학 이념에 가장 가깝다고 생각되는 선으로 문물제도를 정비하여 갔다. 이를 위해 세종은 주자성리학의 기본 지침서인 『대학연의』를 경연에서 두 번씩이나 강론하고, 『대학연의』의 이해를 돕기 위해 사서오경四書五經 같은 경서와 『근사록』·『성리대전』 같은 철학서와 『자치통감』·『자치통감강목』 같은 성리학에 입각한 역사서를 강론하였으며, 『사정전자치통감훈의思政殿資治通鑑訓義』·『사정전자치통감강목훈의思政殿資治通鑑綱目訓義』를 편찬하게 하였다. 그리고 이를 기반으로 『고려사高麗史』를 비롯하여 『국조오례의國朝五禮儀』·『경국대전經國大典』·『세종실록지리지世宗實錄地理志』 등 문물제도를 정비하였다.

집현전을 중심으로 성리학에 대한 이해가 심화되자 사육신과 생육신 같은 성리학자가 배출되었고, 성종대에는 성리학을 전공하는 소학계를 중심으로 사림파가 등장하였다.

이처럼 성리학이 발달하게 된 것은, 명나라에서 영락제永樂帝가 태종 2년에 조카를 죽이고 왕위를 찬탈한 후 성리학이 제대로 발달하지 못한 데 비해, 조선에서는 태종 · 세종 · 문종으로 이어지는 50여 년 동안 성리학 이해를 심화시켜 놓았기 때문이다. 이렇게 기반을 확립한 뒤에 세조가 조카를 죽이고 왕위를 찬탈하니 사육신과 생육신이 나오면서 오히려 성리학 발달에 자극을 주어 성종대에 주자성리학에 입각한 문물제도의 완성을 보았다.

세종대와 성종대를 지나면서 쌓였던 기반에 16세기에 정민정이 『심경부주』를 저술하면서 발달한 심학心學이 받아들여져 조광조, 서경덕, 백인걸, 성수침, 이언적, 조식, 이황, 기대승, 김인후, 이이, 성혼 같은 성리학자들이 나오게 되었다.

이러한 과정에서 시대를 이끌어가는 능력을 상실하고 이기이원론理氣二元論으로 보수화된 주자성리학을 비판하는 급진적인 기일원론氣一元論이 등장하였다. 기일원론을 주도한 이들은 서경덕과 조식으로 이어지는 유기론자들과, 유기론을 기반으로 양명학을 받아들인 남언경南彦經 등이다. 이에 대해 이언적, 이황으로 이어지며 주자성리학을 충실히 고수하던 이기이원론자들은 도덕적인 이理와 경敬을 강조하며 유기론과 양명학을 반박하였다.

그래서 이황李滉(1501~1570)은 『심경후론心經後論』을 지어 『심경』 이해에 바탕을 마련하여 성리학의 심학화心學化를 진행하고, 『주자서절요朱子書節要』를 지어 주자성리학에 대한 이해를 바탕으로 자가학설自家學說을 피력하였다. 이는 『성학십도聖學十圖』 같은 저술로도 나타났다. 이황은 사단四端은 이발기수지理發氣隨之하고 칠정七情은 기발이승지氣發理乘之한다는 이기이원론理氣二元論을 주장하여, 만물생성원리인 이理와 원인인 기氣가 호발互發한다하여 이理 자체를 가변적인 것으로 파악하였는데, 이는 심학과 주자학의 표면적인 이해로서는 거의 완벽한 단계에 이른 것이라 할 수 있다.

이후 많은 후배 학자들이 배출되면서 성리학에 대한 연구가 더욱 활발해져, 이이에 이르러서는 이발기수지理發氣隨之를 부정하고 기발이승지氣發理乘之를 주장하여, 이理는 불변적인 것으로 기氣의 변화에 편승하는 것일 뿐이라는 이기일원론理氣一元論을 발전시켜, 주자가 뜻했으되 미처 정리하지 못한 단계까지 심화시킨다. 이로써 조선후기를 이끌어갈 조선성리학이라는 새로운 철학 사상이 확립되어 조선의 사상으로 토착화된다.

이렇게 성립된 조선성리학은 김장생과 송시열로 이어져 이들이 조선후기 철학계를 주도하였고, 이에 반발한 윤휴와 박세당 등과 성리학 논쟁을 벌이며 이해를 심화시켰다. 이러한 발달은 양명학 수용에서도 유기론에 입각한 중국양명학을 그대로 수용하지 않고, 장유, 정제두로 이어지며 이기일원론에 입각한 조선양명학이 성립되는 데 영향을 주었다.

영조대에는 율곡학파가 인물성동부동人物性同不同·성범심동부동聖凡心同不同 등의 호락논쟁湖洛論爭을 벌이며 호파와 낙파를 형성하였다. 이 논쟁은 숙종 34년(1708) 『맹자孟子』와 『중용中庸』에 있는 주자주朱子註의 해석이 발단이 되어, 권상하權尙夏(1641~1721) 문하의 한원진韓元震과 이간李柬 사이에 벌어진 것으로, 호서지방의 권상하 계통 학자들과 경낙간京洛間(서울 주변)의 김창협金昌協·김창흡金昌翕계 학자들 사이의 논쟁으로 확대되었다.

호론은 성인과 범인의 심체心體가 동일할 수 없다고 주장하였으므로 성인이 되기 위해서는 기질 변화의 후천적 노력을 강조하였다. 이에 반해 낙론에서는 성인과 범인의 심체心體에 근본적인 차이가 없고 누구나 성인이 될 수 있다고 하는 가능성을 강조하였다. 또 인물성동부동人物性同不同' 논쟁에서는, 호론은 인의예지신仁義禮智信이라는 오상五常을 모두 갖춘 인성과 그렇지 못한 물성은 근본적으로 다를 수밖에 없다고 주장하였고, 낙론은 인 · 물에 모두 오상이 갖추어져 있다고 하여 근본적 차별성을 부정하였다.

이렇게 조선성리학은 청나라에 당한 치욕을 복수하기 위하여 북벌론北伐論을 주장하고 경세제민經世濟民하는 방책을 논의하는 동시에 이를 철학적으로 뒷받침하는 호락논쟁을 벌여가며 영 · 정조대의 문예부흥기를 이루어가고 있었다. 이는 중국이 청나라에 정복당한 후에 문자지옥文字之獄이라고 할 수 있는 고증학考證學에 빠져 경세제민하는 방책을 논의하지 않고 청나라의 지배에 안주하고 있다가 서세동점이 시작되는 19세기에 가서야 한족 부흥을 했던 것에 비하면 커다란 발전이었다.

5. 결론

지금까지 조선시대를 보는 시각을 긍정적인 시각에서 정리해보았다. 조선 전기에는 안향, 백이정, 이제현 이래 외래사상으로 들어온 주자성리학이 세종대에 집현전을 중심으로 본격적으로 연구되면서 조선을 세계 최고 선진국으로 만들었다. 그래서 명나라의 이이제이 정책에 휘말리지 않고 오히려 여진 땅이던 천리장성 이북 땅을 끌어들여 사군 육진을 개척하고 압록강과 두만강을 국경으로 만들었다.

조선후기에는 율곡의 조선성리학이 집대성되면서 임진왜란이 일어나자 의병투쟁을 전개하여 나라를 지켰고, 병자호란에 대처해서는 북벌론을 외치며 자주성을 지켰다. 그래서 명나라가 망하고 중국은 고증학에 빠져 여진족에게 200여 년을 지배당하였지만, 조선은 자주성을 지키며 조선성리학에 입각한 영 · 정조 문예부흥기를 이루어냈다. 조선의 고유문화 대부분이 영 · 정조 문예부흥기에 나왔다는 사실이 이를 뒷받침한다.

이렇게 성리학은 조선사회 전반을 긍정적으로 변화시키고 있었다는 사실을 다시 한번 재인식해보아야 할 것이다.

영 · 정조시대(18세기)는 한국사의 르네상스였는가

김성윤

1. 문제의 소재

르네상스Renaissance란 13세기 후반 이탈리아에서 시작되어 16세기까지 유럽에서 일어난 전 사회적인 전환을 가리키는 것으로, 중세에서 근대로 넘어가는 시기에 나타난 과도적인 현상이다. 새로운 변화는 미술 · 음악 등 예술 부문뿐만 아니라 정치 · 종교 · 경제 · 사회 · 철학 · 과학 등 사회의 전 분야에 걸쳐 일어났다. 이탈리아 르네상스가 상대적으로 심미적인 경향을 보

金成潤 경북대학교 인문대학 사학과 강사.

저서로 『조선후기 탕평정치 연구』(지식산업사, 1997)가 있다. 논문으로는 조선후기 정치사 관련 논문 이외에 『서경』 「홍범」에 관한 다수의 경학 관련 논문이 있고, 「조선시대 대동사회론의 수용과 전개」(『조선시대사학보』 30, 2004), 「강증산의 이상사회론과 '천지공사'」(『지역과 역사』 7, 2000), 「영남의 유교문화권과 지역학파의 전개」(『조선시대사학보』 37, 2006), 「『홍범연의』의 토지개혁론과 상업론—갈암 이현일의 경제사상과 그 성격」(『퇴계학보』 119, 2006), 「『홍범연의』의 정치론과 군제개혁론—갈암 이현일을 중심으로 한 조선후기 영남남인의 실학적 경세론—」(『대구사학』 83, 2006) 등이 있다.

인 반면, 알프스 이북의 북방 르네상스는 종교개혁과 맞물려 진행되면서 사회개혁적인 양상을 강하게 드러내었다. 그러므로 르네상스는 단순히 예술과 문예의 부흥에만 그친 것이 아니라 중세 말기부터 진행되어온 근대로의 전환 과정 속에서 근대 유럽사회의 기반을 마련한 개혁운동이라 할 수 있다.

흔히 '문화의 황금기'를 수사적으로 표현할 때 르네상스라는 용어를 사용한다. 그러나 엄밀히 따지면 르네상스는 유럽 근세사에서 나타난 일련의 정치 · 사회 · 문화적 흐름을 지칭하는 것이다. 그러므로 '18세기는 한국사의 르네상스였는가?'라는 질문에는 '18세기는 조선 문화의 황금기였는가?'라는 의미를 넘어서 '18세기에 조선에서 서구의 르네상스에 비견할 만한 근대사회로의 전환이 이루어졌는가?'라는 질문으로 이어지게 된다. 이 질문에 긍정적으로 답하는 여러 논의들을 '자생적 근대화론' 혹은 '(근대사회로의) 내재적 발전론'이라고 부른다.

내재적 발전론은 우리 역사학계에서 수십 년간 논의되어온 주제이다. 이는 일제 식민사학이 우리의 근세 역사가 생산력 면에서 정체停滯되어 근대화를 이룰 만한 자생적 계기가 없었다는 '정체성론'을 주장한 것에 반대하여 나타난 이론이다. 내재적 발전론에 입각한 연구를 통해 조선후기에 이미 경제적으로 자본주의 맹아萌芽가 발생하고 있었다는 것이 실증되었고, 이러한 경제적 변화에 상응하여 사상 · 문화적으로도 근대사회에 대한 지향이 나타나고 있던 것이 실학 연구 등에서 활발히 논의되어 현재는 학계의 통설로 자리를 잡았다.

그간 내재적 발전론을 비판하고 조선후기에 실학이 실제 존재하지 않았으므로 실학이라는 이해틀을 해체하기를 주장한 견해도 있었다. 이러한 비판의 주된 기류는 조선후기에 나타난 것으로 파악되는 근대적 혹은 근대 지향적 요소가 과장되었다는 것이다. 즉 '자본주의 맹아'나 실학 등이 하나의 주변적인 흐름으로만 존재했을 뿐 정작 정치나 국가체제의 변화에는 별다른 영향을 끼치지 못했으리라고 여긴 것이다. 그러나 당시 정치의 발전 방향을 보면 이는 오해라고 할 수 있다. 실학을 위시하여 조선후기의 사회경제적 변화나 문학 · 예술 등에서의 새로운 움직임은 실제로 기존의 정치적 판도를 급격하게 변화시켰기 때문이다. 그러므로 내재적 발전론에 대한 그간의 부정적 인식을 시정하고 조선후기의 총체적 변화를 더 체계적으로 설명하기 위해서는 이 시기의 정치와 정치사상의 변화를 근대로 나아가는 일련의 과정으로 보고 사회변동과 정합적으로 해명하는 것이 필요하다. 이 글에서는 그간 별로 알려지지 않았던 조선후기 정치 영역에서의 변화를 중시하여 이를 내재적 근대화론의 맥락에서 정리하여 소개할 것이다.

유럽의 국가형태는 대체로 전통적인 조공수취제국→봉건제국가(9세기 중엽~13세기)→신분제국가(14~16세기)→절대주의국가(17~18세기)→국민국가(19세기~현재)의 형태로 발전해왔다.[1] 르네상스 시대는 위의 국가발전 단계에서 '신분제국가' 단계와 시기적으로 겹쳐 있다. 그러므로 이 글에서는 문예부흥 부분에만 한정하지 않고 서구 르네상스 시기의 역사상을 종합적으로 먼저 소개한 다음, 위의 국가발전 단계를 염두에 두면서 조선후기 역사의 흐름을 정리하여 본 주제에 대한 답변을 도출해보고자 한다.

2. 유럽 르네상스의 역사적 위치

르네상스의 발생 배경과 그것이 서구 역사에서 차지하는 위상을 이해하기 위해서는 중세 말기 유럽사회의 변화를 먼저 이해할 필요가 있다.

십자군 운동이 끝난 13세기 후반부터 유럽은 중세 특유의 사회적 특성들

1 최갑수, 「'리바이어던'의 등장 : 절대주의국가에서 국민국가로의 이행」, 『서양사론』 82, 74쪽.

이 본격적으로 변화하기 시작했다. 오랜 기간 동안 지속된 교속분쟁敎俗紛爭에서 아비뇽 유수와 그 직후의 대분열 시대를 거치면서 교황권과 교회의 보편주의(세계주의)는 결정적으로 추락했다. 이에 상응하여 군주를 중심으로 한 영역국가領域國家가 형성되면서 중앙집권적인 통치기구들이 창설되었다. 이 영역국가는 군주국가 · 등족국가等族國家 · 왕령국가王領國家 · 민족국가 등으로도 불린다. 근래에는 신분제국가 · 신분제정체 · 신분정치제도 등으로 많이 불리고 있다.

이미 11세기 이래 상업이 부활되어 도시에서 시장 활동이 활발해졌고, 화폐가 유통됨에 따라 농촌의 자급자족적인 장원경제도 무너지기 시작했다. 르네상스가 진행되던 14~15세기에 이르러서는 농촌의 변화와 도시경제의 발달이 한층 더 분명해졌다. 영주 직영지의 소멸과 함께 병행된 지대의 금납화金納化는 영주와 농민 간의 전통적인 인신적 예속관계를 토지의 임차관계로 변화시킴으로써 농민의 예속도를 낮추었다. 이에 따라 농노는 15세기 말경에 거의 사라졌다. 이 과정에서 토지귀족의 힘이 약화되었고, 총과 대포의 사용이 보병의 전술적 중요성을 높여 상삽기병의 공격과 성곽에 의한 방어라는 종래의 전술을 바꾸어 전투를 전문으로 하는 기사계급의 몰락을 재촉했다. 14세기 후반부터 일어난 광범위한 농민반란은 이러한 구체제의 붕괴에 따른 농민의 불안을 반영한 것이다.

한편 상업과 공업의 발달은 도시민의 역사적 역할을 중요하게 만들었다. 도시민들이 자본을 축적하여 이윤을 증대하기 위한 사업에 재투자하면서 해상 통상의 규모가 커지고 금융산업도 발전했다. 이들의 상공업 발전을 지원한 것은 군주국가(영역국가)였다. 이는 과거와는 다른 성향을 지닌 새로운 유형의 군주들('신군주'라고도 한다)이 권력을 강화하는 데 상공업을 주업으로 하는 시민계급을 이용했기 때문이다. 이를 계기로 중산층 시민계급은 점차 적극적으로 정치에 참여하고자 했고, 새로운 문화를 형성하는 데 중심세력이 되어갔다.

르네상스는 바로 이러한 도시의 활기 발랄한 분위기 속에서 나왔다. 르네상스의 정신은 인문주의人文主義, Humanism였다. 인문주의는 중세의 종교적 세계관에서 탈피하여 세속적인 것의 가치를 재발견했다. 교회적 보편주의(세계주의)가 무너지고 이를 대신해 세속적 쾌락과 자연적 인간성, 자유인으로서의 개인이 각성되고, 진리의 기준을 교회의 권위적 · 공식적 해석과의 일치가 아니라 사실 자체에서 발견하려고 했다. 즉 근대적 정신인 이성주의와 합리주의, 실증주의와 과학정신 등은 이러한 르네상스의 세속적 · 인간중심적 · 현실주의적 태도로부터 출발했다. 이탈리아의 미술이나 북유럽의 종교개혁을 관통하는 정신적 맥락이 여기에 있었다. 그것은 한마디로 중세 교회적 보편주의로부터의 이탈이었다. 르네상스 시기에는 정치나 예술 · 학문 등이 기존의 신학(종교)으로부터 분리되어갔다.

르네상스라는 말은 재생再生을 뜻하는 프랑스어에서 유래한다. 르네상스 시기의 인문주의자들은 중세를 암흑기로 이해하고, 이로부터 해방된 자신들의 새로운 문화의 기준을 고대 그리스 · 로마문화에서 찾았다. 미술 방면에서는 종교색이 탈색된 고대 미술의 자연적 인간미가 새로운 조형원리로 각광을 받았고, 정치이론에서는 고대 아리스토텔레스의 실증적 · 현실주의적 · 유명론적唯名論的 철학이 부활하여 마키아벨리(1469~1527)를 거치면서 종교와 신학의 예속으로부터 정치사상의 독립을 결정적으로 촉발시켰다. 종교개혁을 중심으로 진행된 북유럽의 르네상스에서도 고대, 즉 원시 그리스도교로의 회귀가 주요 목표로 제창되었다.

르네상스 시기의 새로운 국가공동체와 군주권은 민족의식에 의해 지지되었다. 국내정치적으로는 신분제국가가 형성된 반면, 국제정치적으로는 민족국가가 모습을 드러낸 것이다. 일반적으로 유럽의 민족주의는 르네상스기에 기독교적 보편세계로부터 해방되어 각 지역에서 영역국가가 수립되면서부터 나타나기 시작하여 프랑스혁명 이후인 18세기 후반에 국민주의와 결합된 근대적 형태로 발전했다고 이해되고 있다. 르네상스 시기의 '신군주권'은 당시 연구 붐이 일었던 고대 로마법과 아리스토텔레스의 정치이론으로부터 이론적 근거를 마련했다. 종교개혁은 초지역적인 중세적 교회권을 부정함으로써 신군주가 담당하는 영역국가의 정치적 통일을 가로막는 장애를 제거하는 역할을 했다.

결국 르네상스는 중세 말기의 경제변화에 의해 봉건적 지배질서가 무너지고 시민의 활발한 자본축적과 정치참여 속에 신군주에 의한 반봉건투쟁이 성공을 거두면서 영역국가의 중앙집권체제가 강화되고, 국민(내지 민족)이라는 새로운 공동체의식이 싹트는 시기에 중세를 지탱한 교황권 이데올로기를 결정적으로 붕괴시켜 근대의 정치·학문·예술을 탄생시킨 유럽의 근대 변혁운동이었다.

3. 조선후기의 새로운 변화

(1) 농업생산력과 상업의 발달에 따른 사회변동

조선은 17세기 후반 이후 사회 전 부분에서 새로운 변화에 직면했다. 그 변화가 탈중세적脫中世的 성격을 가지고 있었으므로 이 시기는 일반적으로 한국 '중세사회 해체기'로 이해되고 있다.

조선후기의 제반 변화는 농업생산력의 증대와 상품화폐경제의 발달에 따라 일어났다. 이앙법移秧法과 윤작輪作체제가 발달하여 농업생산력이 증대되었고, 이것이 유통경제와 연결되면서 상업적 농업이 발달하고 농지에 대한 사적 소유권도 성장했다. 이에 따라 토지겸병이 확대되어 농민층의 분화도 나타났다. 일부 가난한 농민은 토지에서 유리되어 도시로 모여들어 상업과 수공업에 종사하거나 광업에 임노동자로 고용되었다. 반면 상품경제의 발달에 편승한 일부 농민층은 서민지주나 부농富農으로 성장하여 점차 신분구조의 질곡으로부터 벗어나 새로운 사회세력으로 성장했다. 이들이 향촌사회의 주도권을 놓고 양반층과 대립하게 되면서 각 고을마다 향전鄕戰이 나타나지 않는 곳이 드물었다. 사회적으로 양반층을 중심으로 한 지배구조가 점차 도전을 받기 시작했던 것이다. 여기에다 노비층의 도망과 일부 양반층의 몰락 등이 겹치면서 신분제는 동요하기 시작했다.

상품화되는 농작물과 수공업 제품이 늘어남에 따라 전국 각지에서 장시場市가 발달하여 5일장체제가 구축되었고, 교통의 요지나 포구에는 상업적 거점들이 생겨났다. 각 지역을 잇는 상품유통로와 상권商圈이 형성되어 서울을 중심으로 한 전국적인 시장권이 구축되었다. 이런 과정에서 일부 중인과 평민 계층은 부를 축적했고, 서울을 중심으로 몇몇 도시에서 인구가 증가하고 노동시장이 형성됨으로써 도시의 성격이 점차 상공업적인 형태로 변모해갔다. 상업자본의 성장과 함께 상인화한 평민 · 중인 · 서얼들은 양반층의 통제에서 벗어나 무시할 수 없는 사회세력으로 성장했다. 이들은 서서히 자신들의 집단적 이익을 자각하면서 정치에 대한 비판의식과 참여의식을 높여나가 일부는 정변에 깊숙이 참여하기도 했고, 일부는 새로운 문화세력으로 각종 예술활동에 참여하거나 후원자가 되기도 했다.

(2) 문화의 새 조류와 국학의 발달

조선후기에는 각 문화 영역에서 중국의 것을 모방하던 이전의 경향에서 벗어나 조선 고유의 특색이 농후하게 나타났다. 또한 도덕적 규범에서 벗어나 자연스러운 인간성을 발견하고, 모방보다는 경험과 체득을 중요하게 여기게 되면서 현실을 있는 그대로 반영하려는 사실주의적 경향도 발전했다. 또 대체로 각 영역에서 고법古法이 새로운 창작원리로 중시되었다.

문학에서는 조선의 속어俗語를 시어詩語로 사용할 것이 주장되는가 하면 '조선지풍朝鮮之風'의 가치가 강조되었다. 이러한 추이 속에서 조선시 · 조선풍이 발달했는데, 해동악부체海東樂府體가 영조 · 정조 연간에 이르러 우리의 역사를 적극적으로 시 속에 담는 양식으로 확립된 것은 그 대표적인 예이다. 또한 민중의 정서와 감수성을 반영하는 것이 새로운 사조를 형성하면서 근체시近體詩에 대한 비판이 광범위하게 일어났고, 서민생활에 대하여 깊은 관심을 갖게 되어 민요와 시조의 가치를 재인식하고 이를 한역漢譯하는 데까지 이어졌다. 창작태도에서도 도덕으로부터 해방되어 인간의 감정과 행동을 적극적으로 평가하면서 인간 주체의 모습을 문학적으로 형상화하는 경향이 주류를 이루었다.

회화 분야에서도 전 시대와 확연히 구별되는 새 경향들이 숙종 연간(1674~1720) 무렵부터 본격적으로 전개되었다. 회화 애호풍조가 문사文士 · 관료뿐만 아니라 중서층中庶層과 시정市井에까지 퍼져나가고, 표현기법에서도 남종화법南宗畫法을 본격적으로 활용하여 기존의 화풍을 쇄신하였다. 묘사 대상의 실물감을 증진하기 위해 서양화법을 부분적으로 수용하기도 했다. 무엇보다 천기론天機論이 새롭게 부각되면서 대상물과의 직접적인 교감과 체득에 바탕을 두는 자득적自得的인 창작태도가 중시되었고, 이 같은 맥락에서 실물경관을 직접 관찰하고 그리는 진경산수화가 발흥하여 확고한 새 경향을 수립했다. 풍속화의 발전도 주목되는 경향이었다. '동국풍속東國風俗', 즉 서민을 포함하는 우리 고유의 풍속을 일상적 장면들로 담아내고, 시대적인 세태 또는 인정人情이나 사물의 양태를 사실적으로 묘사하면서 민족적 각성,

사실성 중시와 함께 성장하는 중서층의 자아 확인이라는 시대적 조류를 반영했다.

음악 분야에서도 18세기에는 이전 시기에 비해 궁중음악보다는 민간의 풍류음악이 더욱 발전했고, 전문예술인에 의한 공연예술도 활발해졌다. 상공업이 발달함에 따라 도시화가 촉진되면서 유흥공간에서 벌어지는 전문음악인에 의한 음악 곡목이 크게 늘어났다. 조선후기의 음악은 대부분 악곡이 빨라지고 음역이 고음화되는 경향이 나타났는데, 이러한 변화의 원인은 민간의 음악이 조선 음악문화를 주도하면서 개인의 감정을 중시하기 시작한 당시 사회적 분위기를 반영한 데서 찾을 수 있다.

민족적 자아의 각성과 현실 중시의 풍조는 국학 가운데서도 특히 역사학 분야에서 분명하게 나타났다. 민족적 주체성의 자각은 중세의 종족적 · 지리적 화이관華夷觀을 극복하여 이를 문화적 화이관으로 전환하거나, 아예 화이관 자체를 거부하는 것으로 드러났다. 이에 따라 조선은 단군을 시조로 하는 '동이東夷'로서 고유한 역사를 향유한 주체임이 각성되었다. 우리 역사를 체계화하기 위한 노력이 다각도로 시도되었고, 강역疆域의식의 강화와 함께 역사지리학 연구도 활발했다. 역사학 연구방법과 역사이론에서는 근대적인 요소가 팽배하여 문헌고증학과 논리적 추론이 발전하면서 역사적 성패가 통치자의 개인적 선악善惡보다는 객관적으로 움직이는 사회적 힘인 시세에 따라 결정된다는 시세론時勢論이나 성패론成敗論이 제기되어 역사를 도덕과 분리시키기 시작했다.

18세기가 '실학의 시대'라 불릴 정도로 조선의 중세적 통치체제 전반을 재정립하려는 움직임이 발흥한 시기였다는 점은 잘 알려져 있다. 중화문명의 주변부에 위치했던 조선은 오히려 중국보다도 더 빨리 실학이 개화하면서 중세사회의 문제점을 날카롭게 비판하며 근대로의 여명을 열어갔다. 또한 이 시기에는 국어학 · 언어학 · 지리학 · 백과전서학 · 과학 등 국학이 다양하게 발달했고, 인쇄문화가 발달하는 속에서 고전의 정리 및 편찬사업도 활발히 이루어졌다. 특히 영 · 정조대에는 국가 차원에서 활자의 주조와 서적의 수집 · 편찬을 주도하였다.

이상에서 간추린 경향만으로도 18세기에 조선에서 서구의 르네상스와 흡사한 문화적 흐름이 나타났음을 쉽게 확인할 수 있다. 이러한 문화적 조류는 여러모로 당시 발흥하던 상품화폐경제와 연결되어 있었고, 조선사회가 제반 중세적 질곡들로부터 벗어나게 하는 원동력이 되었다. 이처럼 근대사회로 나아가는 제반 움직임에는 사회 · 경제나 사상적 변동이 기반이 되었다. 그러나 이것들을 하나의 움직임으로 모아내면서 최종적으로 중세사회의 모습을 일변시켰던 것은 정치 영역이었다. 이제 18세기의 정치와 정치사상이 당대의 시대조류와 어떻게 보조를 맞추면서 변화해갔는지를 살펴보자.

(3) 군주권 강화 및 공리적 정치사상의 발전

조선후기는 정치적으로도 격동과 변화의 시대였다. 숙종 연간인 17세기 후반~18세기 초반경에는 붕당 간의 알력이 극단으로 치달았다. 이에 상호 공존과 견제로 균형을 이루면서 정파 간의 정책경쟁에 가까운 정치발전을 이루던 조선중기의 붕당정치체제가 점차 무너지고, 정치의 불안정과 비효율성이 노정되었다. 이러한 붕당정치체제의 균열은 '지주귀족'으로서 그 기반을 공유하던 사림士林 정치세력이 상업의 발달로 인해 경제적 격차가 심화되면서 정치적 공존의 기반을 상실했기 때문에 발생했다. 조선후기의 사회변동은 기존 정치체제를 불안정하게 만들었고, 사회경제적 변동을 정치 내로 수렴하려는 노력 속에서 정치세력 간의 입장 차이를 더욱 노정시켰던 것이다. 이제 붕당체제와 그 이념적 지주인 주자학으로는 조선사회의 변동에 대응하기가 어려워졌다. 실학자를 중심으로 조선 국가체제의 재정립을 위한 학문적 노력들이 다양하게 나오기 시작한 것도 이 때문이었다.

명나라가 멸망하고 청나라가 중원의 주인이 되기 전까지 동아시아의 정치적 권위는 주자학적 가치체계—중화질서의 중심으로서 중국(명) 및 황제권—각국의 군주권으로 3분되어 있었는데, 이것은 유럽 중세의 교황권(교회권)—신성로마황제권—군주권에 비견될 만했다. 이러한 정치권위의 3분체제 속에서 대외적으로 명이 멸망하여 국제정치의 환경이 변하고, 대내적으로 명분론적 사회질서에 변동이 일기 시작하자 이에 대응하면서 붕당 간의 노선차이가 정쟁의 배경이 되기 시작했던 것이다.

조선후기 정치사상 및 세력의 분기는 크게 보아 북벌론이 제기되고 그 실현방법을 두고 대립하면서부터 표면화되었다. 이후 예송禮訟에 이르기까지 정치세력 간의 주된 대립축은 중화질서라는 명분론적 가치관(주자학의 중세적 보편주의 · 세계주의)에 대한 긍정과 부정에 있었는데, 이를 둘러싼 논란은 특히 군주권의 위상을 중심에 놓고 진행되었다. 붕당의 이념적 분기가 상업적 부의 불균등을 기초로 하면서도 군주권의 위상에 대한 논란을 중심으로 진행된 것에서 사회경제적 변동에 따른 국가사회의 통합 역할을 사림 자체의 공조보다는 국왕에게 요구하는 인식이 높아져갔음을 엿볼 수 있다. 즉 17세기 후반 이후의 군주는 이전의 성리학적 군주와는 다른 '신군주'의 역할을 요구받고 있었던 것이다. 이런 추이 속에서 예송의 발생은 거의 필연적이었다고 볼 수 있다.

예송은 조선의 군주권이 보편적 명분체계 내부에 위치해야 하는 것인지, 아니면 그러한 명분체계와는 별도로 존립 의의를 가지는지를 놓고 정치세력들이 사활을 걸고 벌인 이론 · 정치투쟁이다. 이는 주자학적 보편주의와 왕권의 특수성의 우위논쟁으로, 유럽에서 중세말기 이후 오랫동안 진행된 교권과 세속권과의 이론적 투쟁과 매우 유사하다. 그러므로 예송논쟁은 '전형적인 정치형태로서의 전례 논쟁'임을 넘어서 군주권의 위상을 중심으로 중세적 정치사상 전반을 두고 벌어진 '반봉건투쟁'으로서의 의미도 내포한 것이었으며, 유럽의 종교개혁과도 상통할 수 있는 역사적 위치를 점하고 있다고 볼 수 있다.

북벌과 예송에서 단초가 드러난 조선후기 정치노선의 두 가지 흐름은 시간이 지날수록 그 대립각이 예리해졌다. 서인 가운데서 노론세력은 교황절대론과 유사한 주자학절대주의를 내세우면서 학문적 권위의 사실상의 쇠퇴에 반비례하여 그것을 극단적인 형태로 강조했다. 반면 존왕론尊王論을 견지했던 일부 남인과 소론세력은 점차 정치의 개념에서 우주론·윤리론적 맥락을 해체하고, 정치 주체로서 국왕의 위상을 강조하는 등 현실주의적·공리적 정치관을 발전시켜나갔다. 시간이 지날수록 서울 부근에서 생활하던 노론세력들 중에서도 이러한 새로운 정치이론에 공감하는 사람이 늘어났는데, 호락논쟁湖洛論爭은 이러한 노론 내부의 정치적 사유의 분리를 반영했다. 새로운 정치이론적 조류를 적극적으로 수용한 영조가 지은 정치서 『상훈常訓』에서 기존에 강조해 사용되던 '존주尊周'라는 용어를 '존왕尊王'으로 바꾼 것은 이러한 정치사상적 변화 추이를 극명하게 대변해준다.

조선후기에 일어난 새로운 정치사상은 정치의 세속화를 이론화하는 데 주력했다. 그리하여 주자학의 도덕주의에 반하는 현실주의와 공리주의가 발흥했다. 그런데 실학자를 위시한 공리적 정치이론가들은 유럽 르네상스의 인문주의자들처럼 새로운 국가체제의 모델을 고대에서 찾았다. 르네상스 시기에 로마법과 아리스토텔레스가 부활했던 것처럼 조선에서는 맹자와 『주례周禮』가 새로운 정치사상과 국가체제의 근거로 재발견되면서 고대정치사상이 부활했다. 조선후기의 새로운 정치이론에 맹자가 미친 영향은 네 가지이다.

첫째 물질적 조건(항산恒産)이 정치 및 교화(항심恒心)의 선결조건이라고 보는 현실주의적 정치관(이를 보통 '선부후교론先富後敎論'이라 부른다), 둘째 정전제井田制로 대변되는 평균주의, 셋째 제도制度에 관한 강조, 넷째 신분과 가문을 대신하여 덕행·관작官爵·연령을 새로운 계서적階序的 사회윤리로 제시한 점이다. 이 가운데 '선부후교론'은 이후 왕도와 패도를 상호보완적으로 활용하려는 왕패병용론王覇竝用論으로 이어지고, 평균주의는 토지개혁을 비롯하여 부세의 균등을 위한 제반 개혁안으로 계승되었다. 제도에 대한 강조는 도道(원리)와 기器(제도)가 분리되어서는 안 된다는 인식을 거쳐 인치人治보다는 법치法治를 강조하는 근대적 정치사유로 발전해갔다.

이러한 점들은 한대漢代 이후 공리서功利書로 부정적인 평가를 받던 『맹자』가 갖는 현실주의적 측면들을 긍정적으로 재평가한 것이었다. 그러나 맹자의 군주관은 오히려 성리학의 의리론적 경세經世의식에 부합했다. 왕도와 패도를 엄격히 구별하고, 군주에 대한 신하의 계도啓導와 군신 간의 의합義合을 강조하고, 나아가 군주가 민의를 저버릴 때에는 혁명까지도 긍정할 정도로 군주의 전제專制를 철저히 부정했다. 송유宋儒들이 『맹자』를 사서四書의 지위로 올린 것도 이 때문이었다. 반면 영조는 맹자가 신하의 지위에서 사도師道를 자임한 것을 매우 못마땅하게 여겼고, 전제군주였던 명나라 태조가 맹자를 문묘文廟에서 축출한 조처를 극히 칭찬했다.

맹자를 디딤돌로 출발했던 조선후기의 새로운 정치사상은 다음 단계에서 『주례』의 재발견을 통해 맹자의 정치이론이 갖는 이 같은 한계를 월등히 보완했다. 대다수의 실학자와 개혁론자들은 정통 주자학자들이 경원시하던 『주례』를 적극적으로 활용하면서 토지소유의 균등, 신분적 차별을 대신한 사민四民평등, 국왕 중심의 일원적 지배체제 구축 및 사족士族을 비롯한 중간층의 사적 지배 배제, 능력에 따른 인재 등용, 부세 및 병역의 균일한 부담, 병농

일치兵農一致 등을 주장했다. 요컨대 『주례』를 국가체제의 이념형으로 한 조선후기 정치개혁론의 핵심 내용은 국왕으로부터 관료를 거쳐 말단의 백성에 이르는 일원적이고 통일된 통치체제를 수립하는 것이었다. 이러한 『주례』체제로의 복귀 지향은 분명 붕당정치기에 확립되었던 군신공치君臣共治의 이념을 부정하고 통일권력을 추구해가는 '신군주'의 정당성을 뒷받침하는 것으로, 영역국가(혹은 절대주의) 단계의 정치이론적 요구를 반영한 것이었다.

유럽 근세사에서 신군주가 중심이 되는 영역국가 단계에서 대외적으로는 민족주의가, 대내적으로는 국가주의가 발생했다. 조선의 경우 18세기에 제반 문화영역에서 민족주의가 개화했던 것은 앞서 본 바와 같다. 국가주의도 비슷한 시기에 대두했다. 실학자들의 『주례』 지향적 국가 재정비 주장은 거의 다 국가주의적 색채를 띠고 있었다. 그러므로 조선후기의 민족주의는 국가주의와 결합된 형태였고, 국민주의와 결합된 근대적 민족주의는 아직 분명히 드러나지 않고 있었다.

4. 남은 과제

이상에서 본 바와 같이 조선은 후기에 들어 문예 · 사상 영역뿐만 아니라 정치와 사회경제적 변동 등에서도 유럽 르네상스 시기의 영역국가와 유사한 상황에 도달해 있었다. 그러므로 조선후기를 르네상스라 지칭하는 것은 역사적으로 타당한 근거를 찾을 수 있다.

문제는 오히려 18세기의 탕평정치를 르네상스의 영역국가에서 한 걸음 더 나아간 절대주의국가 단계로 볼 수 있는 여지가 있다는 점이다. 영조와 정조는 일관되게 왕권을 정점으로 하는 통일된 통치체제의 수립을 추진했고, 상당한 성공을 거두었다. 이들은 관료제 개혁과 통일법전의 편찬을 위시해 향촌사회의 권력구조를 개편하면서 기존의 지배층을 약화시켰고, 다른 한편으로는 성 밖으로 나가 일반 민民들과 직접적인 소통을 추구하면서 그들의 요구를 정치에 반영하기 위해 부단히 노력했다. 그 결과 민의 권리는 이전 시기에 비해 월등히 신장되었다. 국왕의 비非양반계층에 대한 이러한 관심과 배려는 '군민일체君民一體'라는 논리로 정당화되었다. 국왕은 이제 양반층의 대표자 역할을 요구받던 것에서 벗어나 서민을 포함하는 국가구성원 전체의 대표자가 되어갔던 것이다. 이들은 '신군주'의 역할을 자발적으로 추구하는 동시에 자신들의 권력이 절대화될 때만이 국가사회의 안정과 번영이 가능하다고 확신했다.

일관되게 왕권강화를 추진한 끝에 정조 말년에 이르면 그의 통치는 절대군주와 같이 상당히 전제적인 양태를 띠었다. 신하들의 문제 제기는 정조가 금령禁令을 발하면 무조건 중지해야 했고, 다시 거론할 때에는 의견의 타당성 여부와 상관없이 금령 위반으로 처벌을 받았다. 화성華城이 완공된 후 반왕파反王派였던 노론 벽파는 더 이상 정상적인 정치수단으로는 정조를 제어하기 어려운 상태가 되었다. 정조가 군사君師(임금이 곧 최고의 스승이라는 것)나 성인聖人을 자처할 정도로 학문적 권위도 명목적으로는 국왕에 귀속되고 있었고, 노비해방이나 부상富商들의 정치참여도 목전에 다다르고 있었다.

바로 이 시기에 정조는 「만천명월주인옹자서萬川明月主人翁自序」라는 글을 지어 자신이 태극이자 조화옹造化翁으로서 천天 또는 상제上帝임을 천명했다.[2] 영국에서 왕권신수설을 군주 자신이 최전면에서 전개했듯이 조선에서 정조는 절대군주론의 최고 대변자였고, 정조 말년에 이르러 그것의 현실화를 두고 국왕이 직접 해명하는 단계에까지 도달한 것이다.

---

2 정조의 절대군주론에 대해서는 李泰鎭, 「正祖—儒學的 계몽 절대군주」, 『한국사시민강좌』 13, 1993 참조.

탕평이 공론을 축소시키는 등 붕당의 존립 근거를 무너뜨려 오히려 조선왕조를 붕괴시키는 결과를 야기했다는 평가[3]는 역사적 맥락을 도외시한 표피적인 관찰에서 나왔거나, 반탕평反蕩平의 입장에 섰던 노론 강경파(벽파)의 시각에 영향을 받은 결과이다. 탕평이 아니었더라도 붕당체제는 붕괴될 수밖에 없었고 세도정치와 같은 문벌(혹은 벌열)정치로 귀결되었을 것이다. 다시 말해서 토지적 귀족정치였던 사림정치(붕당정치)는 상품화폐경제의 발달로 인해 이미 세도정치와 같은 금권적金權的 과두정치寡頭政治 형태로 변질되고 있었다.

탕평에 의해 붕당체제의 여러 측면의 붕괴가 재촉된 것은 오히려 절대왕권에 의해 '국가적 독점기구'가 구축되어가는 과정으로 이해하는 것이 합당하다. 왕권에 의해 군사력 등 물리적 독점이 완결되어가면서 귀족들 간의 폭력적인 경쟁은 종식되었고, 이제 그 경쟁은 비폭력적인 경제력의 수단에 집중되어갔다. 정조 15년에 여섯 개 시전市廛(육의전六矣廛)을 제외한 시전의 특권을 폐지하고 자유상업을 가능케 한 신해통공辛亥通共정책을 실시한 데서 보듯이, '경제 영역'은 자유로운 개인들의 경쟁의 장으로서 정치로부터 자율성을 획득해갔다. 이런 면에서 국가적 독점기구의 구축은 차후 시민사회가 발현할 수 있는 조건을 만들어가고 있었다.

그러나 국왕의 사망으로 절대군주론이 현실적으로 폐기되어버린 것에서 보듯이 탕평정치의 절대왕정은 불안정했다. 그것은 이른바 시민세력의 정치참여가 귀족들의 국가기구 독점을 제지할 만큼 성장하지 못했던 데에 일차적인 원인이 있었다. 세도정치 시기에 귀족세력(세도문벌)의 국가기구 독점은 상업의 발전이나 시민세력의 성장을 왜곡시켰다. 그런 면에서 세도정치는 봉건반동적인 색채가 짙다. 조선후기에 발아되었던 근대사회로의 지향은 여

3 박현모, 『정치가 정조』, 푸른역사, 2001, 10~11쪽, 387~400쪽.

기서 일차적으로 그 진행이 차단되었다.

이제 우리가 더욱 관심을 기울여야 할 과제는 조선후기 역사에서 근대지향적인 면모들을 발굴하는 일보다는 국가체제론이라고 부를 만한 보다 큰 시각에서 이러한 면모들이 국가사회의 전체구조에서 어떤 위치에 있었는지, 또 어떻게 전체구조를 변화시켰는지를 해명하는 것이다. 그것을 위해서는 우선 정조 20년경 구축되었던 것으로 보이는 절대주의가 이후 지속되지 못하게 된 내재적 원인을 다각도로 분석하고, 그 원인들이 이후의 역사 진행에 끼친 공과를 정확히 진단하는 작업이 필요하다 하겠다.

동학농민운동의 기본 성격

유영익

1. 머리말

지금으로부터 112년 전 1894(갑오)년의 봄과 가을 두 차례에 걸쳐 전라도에서 일어났던 동학농민봉기는 참가 인원의 규모와 운동의 격렬성 면에서 전통시대 민란의 최고봉을 장식하였다. 이 운동은 비록 10개월 만에 실패로 끝났지만 단기적으로는 갑오경장甲午更張과 청일전쟁淸日戰爭의 기폭제가 되고

柳永益 연세대학교 국제학대학원 한국학 석좌교수.

저서로는 『갑오경장 연구』(일조각, 1990), 『한국근현대사론』(일조각, 1992), 『한국인의 대미인식』(공저, 민음사, 1994), 『이승만의 삶과 꿈 : 대통령이 되기까지』(중앙일보사, 1996), 『젊은 날의 이승만 : 한성감옥생활(1899~1904)과 옥중잡기 연구』(연세대학교 출판부, 2002) 등이 있다. 이 글에 직접 관련된 논저로는 『동학농민봉기와 갑오경장』(일조각, 1998) 및 Young Ick Lew, "The Conservative Character of the 1894 Tonghak Peasant Uprising: A Reappraisal with Emphasis on Chŏn Pong-jun's Background and Motivation," *The Journal of Korean Studies* Volume 7 (University of Southern California, 1990), pp.149~180이 있다.

장기적으로는 한국 현대의 각종 개혁–혁명운동과 항일운동–의 정신적 고무제가 됨으로써 하나의 획기적인 사건으로 청사青史에 남게 되었다.

이 민중운동은 해방 전까지는 '동학난東學亂', '동비東匪의 난亂' 혹은 '동학혁명東學革命' 등으로 불렸으나, 1940년대 후반부터는 '동학(농민)혁명' 혹은 '갑오농민전쟁'이라 고쳐 불리는 추세이다.[1] 이 운동을 '혁명'이라고 지칭하는 학자들은 이를 근대적 국민국가 건설을 지향한 반反외세 민족주의 내지 반反봉건 평등주의 민중운동으로 규정하는가 하면, '농민전쟁'이라고 부르는 학자들은 이를 일종의 계급전쟁으로 간주한다.

'동학혁명' 내지 '농민전쟁'론자들은 다같이 이 운동을 16세기 초 독일에서 뮌처Thomas Müntzer(1490년경~1525)가 주도한 '독일농민전쟁Der Deutsche Bauernkrieg'이나 19세기 중엽 중국에서 홍수전洪秀全(1814~1864)이 일으킨 '태평천국太平天國의 난亂'에 비견하면서 조선 민중이 자유, 평등, 민권 등 근대적 이상을 구현하기 위해 일으킨 진보적인 사회혁명이었다고 본다. 따라서 그들은 이 운동을 현대 한국의 민주주의, 사회주의-공산주의 및 민중주의의 원류로 간주하면서 그 역사적 의의를 높이 평가한다.

1894년의 농민봉기에 대한 이러한 긍정적 자리매김은 오늘날 남·북한 학계에 공통적인 현상이다. 그렇다면 이 민중운동을 '동학혁명' 혹은 '농민전쟁'으로 간주하는 학자들은 과연 어떠한 근거에서 이와 같은 주장을 펴는 것일까? '동학혁명'론자들은 이 운동이 우리나라 고유의 민중종교인 동학東學/천도교天道教에서 강조하는 보국안민保(輔)國安民(반외세·애민), 인내천人乃天(평등), 후천개벽後天開闢(사회혁명) 등 일련의 혁신적 종지宗旨에 바탕한 민중

1 종래 국내외 학계에서의 동학농민운동에 관한 성격 규정과 호칭의 변동 상황에 관해서는 오영섭, 「1940년대 후반 唯物史家들의 동학농민운동 인식–소위 농민전쟁설의 원형을 찾아서–」, 『동학학보』 10(2005. 12), 229~281쪽 참조.

운동이기 때문에 혁명적이었다고 본다. 다른 한편, '농민전쟁' 론자들은 이 운동이야말로 한국 역사상 끊임없이 되풀이된 지배계급에 대한 피지배계급의 투쟁이 조선후기에 이르러 한층 고조, 격화되면서 역사발전 법칙상 불가피하게 일어났던 계급전쟁이었다고 본다.

이러한 주장을 펴는 학자들—특히 농민전쟁론자들—은 천도교 내 혁신파의 대변자였던 아마추어 역사 서술가 오지영吳知泳(1868~1950)이 1940년에 출판한 『역사소설歷史小說 동학사東學史』에 실린 '개혁조건 12조'를 자신들의 주장을 뒷받침하는 핵심 사료史料로 원용한다.[2] 그런데 문제는 오지영이 제시한 '개혁조건 12조'가 믿을 수 없는 가공의 자료라는 점에 있다.

결론부터 앞세운다면, 필자는 1894년 봄의 제1차 농민봉기는 농민군이 내건 '보국안민', '제폭구민除暴救民' 등 구호에 나타난 바와 같이 유교적인 충군忠君·애민愛民사상에 입각하여 일어난 의거義擧로서 그 구체적 목적은 1876년 이래 개국·개화정책을 추구했던 민씨閔氏척족정권을 타도하고 그 대신 보수적인 홍선대원군(1820~1898)을 권좌에 복귀시켜 복고적인 개혁정치를 펴도록 하는 데 있었다고 본다. 그리고 1894년 가을에 일어난 제2차 봉기는 청일전쟁을 도발하면서 경복궁을 점령하고 조선을 강점한 일본군을 조

2 최근에 활발해진 오지영 관련 연구에 따르면, 오지영은 사회주의적 성향이 두드러진 동학 남접계 지도자로서 1922년에 '천도교연합회' 창립을 주도했고 1925년부터 1936년까지는 익산益山 지방의 천도교연합회 교인 230여 명을 이끌고 만주의 길림吉林으로 이주하여 그곳에서—'고려혁명당'과 긴밀히 협조하면서—공산주의식 집단농장을 운영한 경력이 있다. 이러한 점으로 미루어 아래의 '개혁조건 12조' 가운데 마지막 조항은 그가 만주에서 실현하려 했던 이상을 문자화한 것일 수 있다. 盧鏞弼, 「(제1편 제1장) 吳知泳의 人物과 著作物」 및 「(제2장) 吳知泳의 生涯와 그의 著述」, 『『東學史』와 執綱所 硏究』(국학자료원, 2001), 13~104쪽; 김태웅, 「1920·30년대 吳知泳의 활동과 『東學史』 간행」, 『역사연구』 2, 1993, 83~115쪽; 조규태, 「1920년대 천도교연합회의 변혁운동—항일정신 및 동학이념의 추구와 관련하여—」, 『천도교의 민족운동 연구』(선인, 2006), 169~219쪽; 조규태, 「(제2절) 문화운동의 전개와 천도교 신파」, 『천도교의 문화운동론과 문화운동』(국학자료원, 2006), 139~163쪽 등 참조.

국 강토에서 구축驅逐할 목적으로 궐기한 한말 최초의 본격적인 항일 의병운동이었다고 본다. 달리 말하자면, 필자는 이 운동을 기존의 군주제를 타도하고 그 대신 근대적인 민주 · 민중주의 정부를 수립하려 한 근대적 정치혁명 또는 양반 중심의 '봉건적' 사회체제를 뒤엎고 평등주의적인 신新사회를 건설하려 한 계급전쟁이었다고 보지 않는다. 이러한 필자의 견해는 1940년에 출판된 '믿을 수 없는' 오지영의 『역사소설 동학사』 대신 신빙도가 높은 1894년 당시의 1차 사료—예컨대 전봉준全琫準의 심문 · 재판기록, 농민군이 발포한 구호와 격문, 그리고 농민군이 정부 측에 제출한 원정原情(폐정개혁 호소문) 내지 소지訴志(호소문) 등—에 입각한 것이다.

이 글에서는 우선 오지영의 『역사소설 동학사』에 실린 '개혁조건 12조'의 허구성을 지적한 다음 동학군의 최고지도자였던 전봉준의 배경을 살피고, 봉기 당시 동학농민군이 내걸었던 구호, 격문, 원정 등의 내용을 분석함으로써 필자의 견해를 피력해보고자 한다.

2. 『역사소설 동학사』에 실린 '개혁조건 12조'의 허구성

1894년 농민봉기의 진보성을 강조하는 학자들이 금과옥조로 인용하는 오지영의 『역사소설 동학사』는 '역사소설'이라는 책 제목의 전치前置 부제副題[3]가 암시하는 바와 같이 일종의 야사野史이다. 따라서 이 책은 동학/천도교 연구자들이 '참고'할 가치는 있지만 그 내용을 글자 그대로 믿어서는 안 되는,

3 대부분의 동학농민운동사 연구자들은 오지영의 『역사소설 동학사』를 원용할 때 '역사소설'이라는 중요한 부제를 생략하고 있다. 근래에 편집 · 출판된 오지영의 『역사소설 동학사』들도 한결같이 『동학사』라는 제목으로 출판되었다. 그러나 1940년 永昌書館에서 출판된 이 책 원본의 제목은 분명히 『역사소설 동학사』이다. 이 사실을 확인하려면 韓國學文獻硏究所 編, 『吳知泳全集』上(아세아문화사, 1992), 43쪽을 보라.

신빙성이 낮은 사료이다. 특히 이 책에 실려 있는—그리고 현행 고등학교 근현대사 교과서 모두에 실려 있는—아래의 집강소執綱所 '개혁조건 12조'(속칭 '농민군의 12개조 폐정개혁안')는 믿을 수 없는 역사자료이다(괄호 안의 번역문은 독자의 이해를 돕기 위한 것이다).

一. 道人과 政府와 사이에는 宿嫌을 蕩滌하고 庶政을 協力할 事
(동학교도와 정부는 오래된 원한을 씻어버리고 협력할 것.)
一. 貪官汚吏는 그 罪目을 査得하여 一一 嚴懲할 事
(탐관오리의 죄목을 일일이 조사하여 엄히 징벌할 것.)
一. 橫暴한 富豪輩는 嚴懲할 事
(횡포한 부호를 엄히 징벌할 것.)
一. 不良한 儒林과 兩斑〔班〕輩는 懲習한 事
(불량한 유림과 양반의 악습을 징계할 것.)
一. 奴婢文書는 燒祛〔却〕할 事
(노비문서를 불태워버릴 것.)
一. 七斑[般]賤人의 待遇는 改善하고 白丁頭上에 平壤〔凉〕笠은 脫去할 事
〔칠반천인의 대우를 개선하고 백정의 머리에 씌운 평량립(패랭이)을 폐지한 것.〕
一. 靑春寡婦는 改嫁를 許할 事
(청춘과부의 개가를 허락할 것.)
一. 無名雜稅는 一幷 勿施할 事
(무명잡세를 모두 폐지할 것.)
一. 官吏採用은 地閥을 打破하고 人材를 登用할 事
(관리를 채용할 때는 지벌을 타파하고 인재를 등용할 것.)
一. (　)과 奸通하는 者는 嚴懲할 事
(〈　〉과 간통하는 자는 엄히 징벌할 것.)
一. 公私債을〔를〕 勿論하고 己〔已〕往의 것은 幷 勿施할 事
(공사채를 막론하고 이왕의 것은 모두 면제할 것.)
一. 土地는 平均으로 分作케 할 事
(토지는 균등하게 나누어서 경작케 할 것.)

위의 '개혁조건 12조'를 믿을 수 없는 이유는 다음과 같다. 첫째, 위 인용문의 〔 〕 안에 필자가 제시한 정자訂字가 보여주듯이 이 문건에는 오자誤字가 허다하기 때문에 역사자료로서의 신빙성이 크게 떨어진다. 둘째, 이 문건은 1894년 당시에 제작 · 살포된 많은 봉기 관련 1차 사료들 가운데 어디에서도 찾아볼 수 없는 자료이다. 셋째, 이 문건은 1894년 봉기 당시 농민군이 제작 · 사용했던 구호, 격문 및 원정 등의 내용과 논리적으로 결이 맞지 않기 때문에 1894년의 농민군이 작성한 자료로 간주할 수 없다. 넷째, 이 문건은 1926년경에 오지영이 집필한 『동학사』 초고본草稿本에 실린 '집강소의 정강 12개조'와도 내용이 다르기 때문에 오지영이 편의적으로 조작한 문건이라는 의심을 자아내기에 충분하다.[4] 이 같은 여러 가지 문제점들을 종합해볼 때 『역사소설 동학사』에 실린 '개혁조건 12조'는 믿을 수 없는 가공의 사료라고 단정할 수밖에 없다. 따라서 이 자료를 동학농민기의 성격을 파악하는 데 핵심 사료로 원용하는 것은 금물이다.

3. 전봉준의 보수적 성향

1894년 농민봉기의 성격을 구명하기 위해서 우리가 맨 먼저 따져보아야 할 대목은 이 운동의 최고 지도자였던 '동도대장東徒大將' 전봉준(1853~1895)의 신상 배경과 사상이다. 전봉준에 관해서는 여러 가지 전기傳記와 체포된 후 심문 · 재판 과정에서 채록된 공술供述기록이 많이 남아 있다. 이 자료들을 살펴보면 전봉준의 위인爲人과 그의 봉기 동기를 비교적 정확히 파악할 수 있다.

4 '초고본 『동학사』'와 '간행본 『동학사』' 간의 비교 및 양자 간에 차이가 발생한 원인 분석에 관해서는 노용필, 「(제1편 제1장) 오지영의 인물과 저작물」, 앞의 책, 35~79쪽 참조.

전봉준은 전라도 고부古阜에 있는 향교鄕校의 장의掌議였던 전창혁全彰爀의 아들로서 1894년 이전에 '공맹孔孟의 학學'—즉 유학儒學—을 배우고 가르치는 것을 전업專業으로 삼았던 서당 훈장이었다. 1920년대에 발간된 전기들에 따르면, 전봉준은 고부 군수 조병갑趙秉甲에게 억울하게 장살杖殺당한 아버지의 원수를 갚기 위해 거사했으며 제1차 봉기 당시 그는 흰색의 상복喪服을 입고 농민군을 지휘했다고 한다. 이러한 사실은 그가 모범적인 유교적 선비士로서 유교의 최고 덕목인 효孝를 충실히 실천했던 인물임을 보여준다.

전봉준은 1894년 말 일본 헌병에 체포된 다음 심문을 받는 과정에서 자기가 거느린 농민군을 '충의지사忠義之士' 혹은 '의려義旅(의병)'라 칭하였다. 그리고 그가 제작·살포한 것으로 추정되는 격문과 원정 등에서 농민군의 거사를 '의거'라고 칭하였다. 그리고 그는 농민군이 '충군애국지심忠君愛國之心'에서 거병했을 뿐 기존의 왕조를 전복 내지 타도할 의도가 전혀 없었음을 분명히 했다.

그렇다면 전봉준과 동학 내지 동학교단과의 관계는 어떠했는가? 그는 1891년경, 즉 농민봉기 약 3년 전에 동학에 입도하여 제2대 동학교주인 최시형崔時亨(1829~1899)에 의해 고부 지역의 접주接主로 임명되었다. 그런데 전봉준은 심문과정에서 자신이 동학에 입도한 것은 동학에서 강조하는 '보국안민', '수심정기守心正氣' 등의 (보수적) 사상을 '극히 좋아〔酷好〕'했기 때문이라고 말하였다. 즉 그는 동학의 종지인 '인내천'과 '후천개벽' 등 혁명적 사상에 매료되었다는 말을 하지 않았다. 뿐만 아니라 그는 봉기 과정에서 한 번도 동학 교단의 이익을 대변하는 발언을 하지 않았다. 그리고 그는 동학의 주문呪文과 의식儀式 따위에는 관심이 없다고 말하였고 동학을 믿으면 병을 고칠 수 있다는 미신에 대해서도 냉소적이었다.

이상의 여러 가지 증거로 미루어 전봉준은 동학의 접주 직을 임명받기는 하였지만 근본적으로는 유교적 합리주의자로서 동학의 일부 교리에 비판적인 입장을 취했던 사이비似而非 동학도東學徒였다고 말할 수 있다. 그러므로 전봉준이 이끈 농민봉기를 동학의 혁명적 사상에 입각한 '동학혁명'이라고 보는 것은 무리이다.

4. 동학농민군의 요구사항

1894년의 농민봉기의 성격을 파악하기 위해서는 전봉준 등 동학농민군 지도부가 제작 · 살포한 구호, 격문 및 폐정개혁안(원정) 등을 살펴보는 것이 필수적이다. 이 문건들 중에 가장 대표적인 것은 「사대명의四大名義」, 「무장포고문茂長布告文」, 그리고 「전봉준판결선고서全琫準判決宣告書」에 실린 14개조 개혁요구사항이다. 우선 동학농민군이 (음력) 3월 21일(양력 4월 26일)에 백산白山에서 봉기했을 때 발포한 「사대명의」의 내용을 소개하면 아래와 같다.

> 一曰. 사람을 죽이지 말고 남의 물건을 축내지 말라〔不殺人 不殺物〕.
> 二曰. 충과 효를 함께 다하여 세상을 구하고 백성을 편안케 하라〔忠孝雙全 濟世安民〕.
> 三曰. 일본 오랑캐를 축멸하고 성인〔공자孔子〕의 도를 맑고 깨끗하게 하라〔逐滅倭夷 澄淸聖道〕.
> 四曰. 군대를 몰고 서울로 들어가 권세 있고 지체가 높은 자들을 진멸하고 기강을 크게 떨쳐 명분을 확고히 세워 이로써 성인〔공자〕의 가르침을 따르라〔驅兵入京 盡滅權貴 大振紀綱 立定名分 以從聖訓〕.

위 인용문에 분명히 나타나듯이, 전봉준 등 농민군 지도부는 충忠과 효孝를 실천하고 '세상을 구하고 백성을 편안히' 만드는 데 주력하되, 밖으로는 '일본 오랑캐'를 몰아내고 안으로는 서울의 '권세 있고 지체가 높은' 집권자들을 '진멸' 함으로써 (유교적) 기강을 바로잡고 무너져가는 (봉건적) 사회신분 질서(명분)를 복구하여 궁극적으로 공자의 도와 가르침(성도聖道, 성훈聖訓)에 충실할 것을 다짐하고 있었음을 알 수 있다.

다음으로 전봉준이 3월 22일에 전라도 무장에서 발포한 이른바 「무장포고문」을 음미해보자. 이 포고문은 동학농민군의 제1차 봉기 목적을 가장 잘 대변하는 문건이기 때문에 그 내용을 철저히 검토할 필요가 있다. 한문으로 작성된 「무장포고문」을 현대어로 바꾸어 소개하면 다음과 같다.

> 사람이 세상에서 가장 존귀하다 함은 오로지 인륜人倫이 있기 때문이다. 그중에서도 임금과 신하, 아비와 자식의 의리는 인륜 중의 자못 큰 것이다. 임금이 어질고 신하가 곧으며 아비가 자식을 사랑하고 자식이 아비에게 효도한 연후에 비로소 집과 나라를 이루어 무한한 복락을 누리게 되는 것이다.
>
> 지금 우리 성상聖上께서는 어질고 효성스럽고 백성에게 자애로우시며 총명하고 지혜가 있으시니 만약 아래에 현량하고 정직한 신하가 있어 힘을 더하여 그 총명을 돕는다면 요堯·순舜의 덕화德化와 〔한漢나라〕 문제文帝·경제景帝의 치세를 가히 해를 보듯이 바랄 수 있을 것이다.
>
> 그런데도 오늘의 신하된 자들은 나라에 보답할 일은 생각지 아니하고 부질없이 봉록과 지위만을 도둑질해 차지하고 성상의 총명을 가리고 온갖 아부와 아양만을 일삼으며, 충성스럽게 옳은 말로 간諫하는 선비를 가리켜 요망한 말을 한다고 이를 물리치며, 착하고 정직한 사람을 오히려 비도匪徒로 몰아세운다.
>
> 안으로는 나라 일을 보살필 재목이 없고 밖으로는 백성을 괴롭히는 벼슬아치가 많아서 온 백성의 마음이 날로 흐트러져 집에 들어서면 생업을 즐길 마음이 내키지 않고 밖에 나가도 한 몸을 지탱할 계책이 없다.
>
> 포학한 정치는 날로 더해가고 원망하는 소리는 그치지 아니하니 군신君臣의 의리와 부자父子의 윤리와 상하上下의 분별이 드디어 모두 무너지고 말았도다. 〔일찍이〕 관자管子가 말하기를 "4유四維(예禮·의義·염廉·치恥)가 바로 서지 못하면 나라는 멸망하고 만다"고 하였는데 지금의 형세는 오히려 옛날보다도 더욱 심하다 하겠다.

공경公卿 이하 방백方伯 · 수령守令에 이르기까지 국가의 위태로움은 생각지 아니하고 오직 일신의 비대와 가문의 윤택만을 꾀할 뿐, 벼슬아치를 뽑고 움직이는 일을 돈벌이 하는 수단으로 생각하여 과거장科擧場이 마치 물건을 사고파는 저자로 변하고 말았다. 백성에게 걷은 세금과 물건이 국고에 들어가지 않고 도리어 세도가勢道家의 사복만 채우고 있으며, 나라에는 빚이 쌓여 있는데도 갚을 생각은 하지 않고, 교만과 사치와 음란한 생활만을 일삼으면서 조금도 두려워하거나 꺼릴 줄을 모른다. 이에 이르니 온 나라가 짓밟힐 대로 짓밟혀 결딴이 나고 만민은 도탄에 빠져 허덕이고 있다.

벼슬아치들의 탐학이 이러하니 어찌 백성이 궁하고 곤하지 아니하랴. 백성은 나라의 근본인데 근본이 쇠잔하면 나라는 반드시 멸망하고 말 것이다. 이러한 이치인데도 국가를 보전하고 백성을 편안케 할 방책은 생각지 아니하고, 밖으로 향제鄕第를 꾸며 놓고 오직 일신의 온전만을 도모하며 헛되이 국록과 지위를 도적질하고 있으니, 어찌 이것이 옳은 일이라 하겠는가?

우리들은 비록 초야草野에 버려진 백성이지만 임금의 땅에서 나는 곡식을 먹고 옷을 얻어 입고 사는 터, 어찌 앉아서 나라가 멸망하는 꼴을 보고만 있겠는가. 온 나라가 마음을 같이하고 억조창생億兆蒼生이 뜻을 모아 이제 의기義旗를 들어 나라를 보전하고 백성을 편안케〔輔國安民〕 하고자 생사生死를 같이하기로 맹세하고 일어섰다. 오늘의 광경이 비록 놀라운 일이기는 하겠으나 결코 두려워하거나 흔들리지 말고 각자의 생업에 충실할지며, 함께 태평성세를 빌어 성상聖上의 덕화를 고루 입게 되었으면 천만다행이겠노라.

이 글은 명문인데 그 내용을 음미해보면, 농민군 지도부는 공자의 정명正名 사상과 맹자孟子의 민본주의, 그리고 관자管子의 사유론四維論 등을 들먹이면서 자신들의 봉기를 정당화하되 성상聖上(고종高宗)을 둘러싼 당시의 집권층—즉 민씨閔氏 척족과 그들을 에워싼 '간신'들—이 임금의 총명을 가리고 국익을 외면한 채 '일신의 비대와 가문의 윤택〔肥己潤家〕'을 도모한 결과 학정이 날로 심해져 백성들 사이에 원성이 가득하며, 동시에 사회적 신분질서가 붕괴되고, 과거제도가 문란해지며, 국채國債가 누적되고, 사치 · 방탕의 풍조가 만연하는 등 위기상황을 초래하였다고 지탄하였다. 그들은 특히 조선왕조와 국왕에 대해 절대적인 충성을 다짐하면서 '이기적이고 부패 · 타락한' 민씨 척족을 권좌에서 몰아내고 점점 더 악화되고 있는 민생고를 해결하며, 무너져가는 '봉건적' 신분질서를 보수保守할 의지를 분명히 표출하고 있었다.

이 같은 「무장포고문」의 내용 분석을 통해 우리는 1894년 봄 제1차 농민봉기의 궁극적 목적이 국정을 담당하고 있던 민씨 척족정권을 타도함으로써 개항 후 붕괴되어가고 있는 조선의 유교적 기본질서를 개항 이전 상태로 복구하여 결과적으로 쇠퇴일로에 접어든 조선왕조를 구출하는 데 있었음을 간파할 수 있다.

다음으로 「전봉준판결선고서」에 실린 14개조 폐정개혁요구 조항을 검토해보자. 내용의 원활한 이해를 돕기 위해 원문에 나타난 폐정개혁요구 조항들의 순서를 편의상 바꾸어 나열해보면 아래와 같다(괄호 안의 숫자는 원문 순서).

– 임금의 총명을 가리고 매관매작賣官賣爵하며 국권을 농간하는 자들을 모두 몰아낼 것.(8)
– 탐관오리貪官汚吏는 모두 몰아낼 것.(7)
– 관장자官長者가 자기 경내境內에 입장入葬하거나 남의 밭을 사지 못하게 할 것.(9)
– 각 고을의 원이 내려와 민간인(民人)의 산지山地에 늑표勒標하고 투장偸葬하지 못하게 할 것.(14)
– 보부상인褓負商人의 작폐作弊를 금할 것.(3)
– 전세田稅는 전례前例를 따를 것.(10)
– 국결國結을 〔추〕가하지 말 것.(2)
– 보세洑稅와 궁답세宮畓稅는 실시하지 말 것.(13)
– 동포전洞布錢을 매호每戶 춘추春秋에 2냥二兩으로 정전定錢할 것.(6)

— 도내道內 환전還錢을 구舊감사가 이미 거두어 갔으면 민간에 다시 징수하지 말 것.(4)
— 연호烟戶의 잡역雜役을 감생減省할 것.(11)
— 대동미大同米를 상납하기 전에 각 포구浦口에서 잠상潛商이 무미貿米하는 것을 금단할 것.(5)
— 포구浦口의 어염세漁鹽稅를 혁파할 것.(12)
— 전운소轉運所를 혁파할 것.(1)

이 14개조 개혁요구 조항을 살펴보면, 농민군이 중앙정부에서 임금의 총명을 가리고 매관매작 행위를 일삼는 자들—즉 민씨 척족과 그 지지세력—과 지방의 탐관오리들을 모두 몰아낼 것, 지방관들이 권력을 남용하여 치부하거나 남의 산지에 함부로 조상의 묘를 쓰는 행위를 막아줄 것, 그리고 보부상의 행패를 통제해줄 것 등 일련의 '정치적' 요구를 제기함과 동시에 이른바 3정三政(진정田政, 군정軍政, 환곡還穀)의 문란에 기인한 농민들의 경제적 부담을 줄여줄 것을 요구하였음을 알 수 있다. 특히 그들은 민씨 척족정권하에서 불어난 농민들의 조세 및 부역의 부담을 민씨 척족정권 집권 이전의 수준에 맞추어 감액해줄 것을 요구하였다. 그들은 또 세미稅米 운반을 원활하게 한다는 명목으로 1886년에 민씨 척족의 정부가 설립한 전운사轉運司를 철폐할 것을 요구하였다. 이것은 아마도 전운사에서 농민들에게 부과한 선박 운임이—보세와 궁답세의 경우에서와 마찬가지로—농민들에게는 새로 추가된 부담으로 받아들여졌고 또 전운사는 민씨가 운영하는 기선회사였기 때문으로 여겨진다.

이상의 고찰에서 우리가 확인할 수 있는 중요한 사실은 1894년 농민봉기에 관련된 1차 사료 어디에도 오지영의 『역사소설 동학사』에 실린 '개혁조건 12조' 혹은 그와 유사한 개혁요구 조항을 찾아볼 수 없다는 것이다. 즉 농민군이 1894년에 발포한 여러 가지 구호, 격문 및 원정에는 반봉건적, 평등주의적 내지 사회주의적 내용의 개혁요구 조항은 없다. 농민군의 요구는—전통시대 대부분의 민란에서 그러했듯이—탐관오리의 징치와 농민에 대한 경제적 수탈의 최소화 등에 초점이 놓여 있었다. 달리 말하자면, 1894년 전봉준이 이끈 농민군의 개혁요구 조항에는 자유, 민권, 평등 등 근대적 가치의 실현에 필요한 비전이나 이상이 결여되어 있었다.

5. 동학농민군의 홍선대원군 추대

1894년 동학농민봉기의 성격을 올바로 파악하기 위해서는 봉기의 정치적 동기가 무엇이었는지를 파악하는 것이 무엇보다도 중요하다. 그런데 종래의 '동학혁명' 내지 '농민전쟁'론자들은 이 문제에 대한 답을 철저히 추궁하지 않았다. 필자의 견해로는 전봉준이 이끈 농민군의 정치적 목적은 1894년 이전 오랫동안 민씨 척족과 구적仇敵관계에 놓여 있던 홍선대원군—세칭 국태공國太公—을 권좌에 복귀시키고 그로 하여금 복고적인 개혁을 추진토록 하는 데 있었다. 아래에서 필자의 주장을 뒷받침할 만한 봉기 당시의 사료를 소개하겠다.

동학농민군 지도부는 농민군이 (음)4월 16일 함평咸平에 도착했을 때 '호남유생湖南儒生' 등의 명의로 양호초토사兩湖招討使 홍계훈洪啓薰에게 아래와 같은 정문呈文을 바쳤다.

> 억조億兆가 마음을 같이하고 온 나라가 의논을 모아 위로 국태공을 모시고 부자 사이의 윤리와 군신 사이의 의리를 온전히 하여 아래로 여민을 편안케 하고 위로 종묘사직宗廟社稷을 보전하는 것이 우리의 지극한 소원입니다. 장차 죽음으로써 맹세하고 변치 않을 것이오니, 엎드려 비옵건대 굽어 살피옵소서.

다음으로 농민군이 4월 18일 나주羅州에 도착했을 때 농민군 지도부는 그곳 관아의 3공형三公兄(호장戶長, 이방吏房, 수형리首刑吏)에게 아래와 같은 내용의 통문을 바쳤다.

> 우리들의 오늘날 의거는 위로 국가에 보답하고 아래로 여민黎民을 편안케 하기 위한 것으로서 지나는 고을마다 탐관을 징계하고 청렴한 관리에게 상을 주며 아전들의 폐단과 백성들의 병통을 바로잡고 전운轉運의 폐단을 영원히 없앤 다음에, 전하(고종)께 아뢰어 국태공을 모셔다가 나랏일을 돌보게 함으로써 난신적자亂臣賊子와 아첨하고 비루한 자들을 모조리 파면시켜 내쫓으려 하는 것이니, 우리의 본의本意는 여기서 그칠 뿐입니다.

그 후 농민군이 장성長城에 도착했을 때(4월 23일) 농민군 지도부는 전라감사 김학진金鶴鎭에게 14개조의 원정을 제출하였는데, 그 제14조에서 "국태공을 국정에 간예시키는 것은 민심이 모두 바라는 바입니다"라고 하여 그들의 소원이 홍선대원군을 국정에 참여시키는 것임을 뚜렷이 밝혔다.

마지막으로, 전봉준은 전주全州에서 관군과 화약和約 협상을 벌일 때(5월 4일) 홍계훈에게 "국태공을 받들어 나라를 맡기자는 것은 너무나 당연한 일이거늘 어찌 우리를 불궤죄不軌罪로 몰아 죽이려 합니까?"라는 내용을 담은 소지訴志를 바쳤다.

이상으로써 전봉준이 이끈 농민군의 제1차 봉기 목적은 홍선대원군을 권좌에 복귀시키는 것이었음을 확인할 수 있다. 농민군의 제2차 봉기의 경우 전봉준은 자기의 처 7촌이며 동학군 전주대도소全州大都所의 도집강都執綱이었던 송희옥宋熹玉을 통해 홍선대원군의 밀지密旨를 받고 나서 의병을 규합·동원했다. 이 점에 대해서는 이상백李相佰이 「동학당東學黨과 대원군大院君」이라는 제목의 논문을 통해 1962년에 이미 논증한 바 있다.[5]

6. 맺음말

이상과 같이 1894년 농민봉기에 관련된 '믿을 수 있는' 1차 사료들을 두루 살펴보건대 전봉준과 그 휘하의 농민군이 기존의 조선왕조를 전복하고 새로운 형태의 국가를 건설한다든가, 양반 중심의 '봉건적' 사회체제를 붕괴시키고 만민평등의 근대적 사회를 구축한다든가, 사회주의 내지 공산주의적인 토지개혁을 실시하려 했다든가 하는 증거를 전혀 찾아볼 수 없다. 오히려 반대로 이들 사료는 1876년 이래 개국 · 개화정책을 추구하면서 백성들에게 각종 경제적 부담을 추가로 부담시키고 동시에 전통적인 사회질서를 흐트러뜨린 민씨 척족정권을 타도하고 그 대신 쇄국주의와 왕조 중심 민족주의의 화신으로 이름난 홍선대원군을 권좌에 복귀시켜 그로 하여금 개국 · 개화정책에 종지부를 찍고 조선의 여러 상황을 개항 이전의 상황으로 복고시킬 것을 기도했음을 보여주고 있다. 따라서 필자는 1894년의 '동학' 농민봉기는 근본적으로 유교의 충군 · 애민사상에 바탕하여 일어난 보수적인 애국운동으로서 1880년대 초의 위정척사衛正斥邪운동 및 임오군란壬午軍亂의 맥을 이은 역逆시대적 무장개혁운동armed reform movement[6]이었다고 본다.

필자는 1894년의 농민봉기를 진보적 성격의 민주혁명 내지 계급전쟁으로 규정하는 학계의 통설은 이 운동에서의 동학의 역할을 과대평가하거나 외래의 역사이론—특히 마르크스Karl Marx(1818~1883)의 역사발전단계론 및 계급투

---

5 이상백의 논문은 『역사학보』 제27 · 28합집(1962. 6)에 실려 있다. 노용필은 이 사실을 좀더 깊이 천착 · 구명하였다. 노용필, 「(제2편 제3장) 都執綱 宋熹玉의 활동과 全琫準 · 大院君 관계」, 앞의 책, 211~229쪽 참조.

6 영국 왕립지리학회의 비숍 여사는 동학농민군을 '반도叛徒, rebels' 가 아닌 '무장 개혁가들 armed reformers' 로 간주하고 그들의 운동을 '무장개혁운동' 이라 규정하였다. Isabella Bird Bishop, *Korea and Her Neighbours*, London: John Murray, 1905(1st ed., 1897), p. 208.

쟁론과 엥겔스Friedrich Engels(1820~1895)의 독일농민전쟁론—을 한국역사에 도식적으로 적용한 데서 비롯한 오설誤說이라고 생각한다. 달리 말하자면, '동학혁명' 내지 '농민전쟁' 론자들은 1894년 당시의 봉기 관련 1차 사료들을 허심탄회하게 검토 · 활용하지 않고 자신들이 갖고 있는 사관이나 이념에 맞추어 사료를 취사선택한 다음 이를 견강부회식으로 입론立論함으로써 그릇된 주장을 펴게 된 것이라고 판단한다.

일찍이 전석담全錫淡과 박헌영朴憲永은 해방 공간에 각기 발표한 「갑오동학난의 재검토」와 「동학난과 그 교훈」이라는 논문에서 전봉준 등 '동학농민란' 지도자들에 대해 근대적인 정치적 자유를 요구하지 않고 또 토지혁명의 구호를 내걸지 못한 '군권주의자君權主義者' 라고 이구동성으로 비판했다.[7] 필자는 이들의 비판에 공감한다. 그러면서 전석담과 박헌영의 비판 내용에 몇 가지 조목을 추가하고 싶다. 즉, 1894년 동학농민군 지도부가 정부에 제출한 폐정개혁안에는 임오군란 이후 강화된 청국의 내정간섭에 대항하는 주권 수호 의식, 선거와 정당제도 등에 입각한 민주주의 정부 수립 의지, 외교 · 통상 확대 및 상공업 육성을 통한 국부 증대의 이상, 군사제도 재정립을 통한 국방력 강화의 구상, 교육제도 혁신을 통한 민력民力 배양의 의지, 양반제도 타파와 여성 해방 등을 통한 평등주의적 사회 구현의 의지 등 '근대적' 이상을 찾아볼 수 없다고.

7 전석담의 「갑오동학난의 재검토」는 원래 『科學戰線』 1(1946. 4)에 발표되었던 논문인데 나중에 『朝鮮經濟史』, 박문출판사, 1949, 204~206쪽에 수록되었다. 박헌영의 「동학난과 그 교훈」은 원래 1947년 4월 22일에 발표된 글인데 김남식 · 심지연 편저, 『박헌영노선비판』 세계, 1986, 65~66쪽에 실려 있다. 최근 임영태의 연구로 박헌영의 논문은 전석담이 대필한 것으로 밝혀졌다(오영섭, 앞의 글, 251쪽 각주 42 참조). 그런데도 그 논문이 박헌영의 이름으로 발표되었다는 사실은 그것이 '동학난' 에 관한 해방 후 남로당南勞黨의 입장을 대변했음을 의미하는 것이기에 연구자들의 주목을 요한다.

대한제국의 빛과 그림자

—일제의 침략에 맞선 황제전제체제의 평가 문제—

서영희

1. '대한제국 논쟁'의 핵심

올해 2007년은 대한제국 탄생 110주년을 맞는 해이다. 일제에 의해 식민지로 전락한 망국의 한을 품은 대한제국은 우리에게 어떤 존재로 다가오는가. 한때는 망국의 책임을 뒤집어쓴 채 생각하기도 싫은 '구한말舊韓末'의 역사였고, 또 언제부턴가는 일제의 국권침탈에 맞서 저항하다가 강제로 병합당한 연민의 이미지로 다가온다. 학계에서는 1970년대 '광무개혁 논쟁' 이후 간헐적으로 대한제국 연구가 이어지다가, 최근 몇 차례 학술 논쟁을 거치면

徐榮姬 한국산업기술대학교 교양학과 교수.

저서로 『대한제국정치사』(서울대학교출판부, 2003), 『대한제국은 근대국가인가』(공저, 푸른역사, 2006) 등이 있고, 논문으로 「1894~1904년의 정치체제 변동과 궁내부」(『韓國史論』 23, 1990), 「명성왕후연구」(『역사비평』 57, 2001), 「한청통상조약 이후 韓中외교의 실제와 상호인식」(『동북아역사논총』 13, 2006) 등이 있다.

서 갑자기 논란의 핵심으로 떠오르게 되었다.

대한제국의 공과功過를 둘러싼 논쟁은 사실 대한제국 100주년이었던 1997년에도 학술 심포지엄과 좌담 등에서 이루어진 바 있다. 하지만 그때는 한국사학계 내 대한제국 전공 연구자들 간의 논쟁이었고 구체적인 역사적 사실 여하에 대한 이해가 쟁점이었다. 반면 2004년 『교수신문』 지면을 통해 이루어진 치열한 논전은 한국사학계의 이태진 교수가 내재적 발전론을 대변하는 것처럼 비쳐지고, 대한제국을 부정적으로 평가하는 경제사학자들이 식민지 근대화론의 입장을 분명히 하면서 관련 연구자들의 열렬한 관심을 끌게 되었다.[1]

이처럼 '대한제국 논쟁'은 애초에 광무양전지계사업光武量田地契事業이라는 개별 주제를 놓고 근대 개혁성 여부를 따지던 '광무개혁 논쟁'에서 논란이 거듭되면서 한국 근대사에서 대한제국이 차지하는 역사적 위상에 대한 평가 문제로 확대되었고, 식민지시대 인식을 포함하여 한국 근대사 전반을 이해하는 관점의 문제로까지 논의의 영역이 확장되었다. 이러한 와중에 2005년에는 한림대 주관으로 열린 학술 심포지엄에서 대한제국의 근대국가로서의 면모를 여러 각도에서 진단해보는 기회를 가졌지만, 기존에 제기되었던 쟁점들이 모두 해소된 것은 아니었다.[2] 사실상 대한제국에 대한 역사적 평가는 앞으로 본격적인 논쟁과 연구를 기다리고 있다고 보아야 할 것이다.

그러면 학술 논쟁이 흔치 않은 우리 학계에서 이처럼 유례없는 논란이 계속되고 있는 이유는 무엇인가. 그것은 한국 근대사의 아픈 상처인 식민지시대의 극복 문제가 아직도 우리 사회에서 현재진행형이고 그 책임 추궁이라는 현재적 관점이 대한제국 연구에 강하게 투영되어 있기 때문이라고 생각된

1 이태진 · 김재호 외 9인, 『고종황제 역사청문회』(푸른역사, 2005) 참조.

2 한영우 외 5인, 『대한제국은 근대국가인가』(푸른역사, 2006) 참조.

다. 즉 '교수신문 논쟁'에서도 확인되었듯이 대한제국에 대한 역사적 평가는 식민지화의 원인을 우리 내부에서, 즉 대한제국 황제정의 실패에서 찾을 것인지 아니면 국권을 강탈한 일본 제국주의라는 외압에서 찾을 것인지의 문제와 연동되어 있다.

특히 대한제국 황제 고종은 그중에서도 망국책임론의 한가운데에 서 있는 존재로서, 개명군주론을 둘러싼 논란에서 알 수 있듯이 고종에 대한 평가는 실로 양 극단을 달리고 있다고 해도 과언이 아니다. 이태진 교수가 고종을 개명군주로서 자리매김하고 대한제국기 각종 부국강병책의 성과가 '황제전제주의'의 '역사적 정당성'을 보여준다고 주장한 반면, 일제시대 이래의 부패무능한 봉건군주론을 고수하고 있는 식민지 근대화론자들은 "정말 누구에게 책임을 물어야만 한다면 「대한국국제大韓國國制」에서 규정하고 있는 유일한 주권자인 고종 황제에게 물어야 한다"[3]라고 팽팽히 맞서고 있다. 절박한 국권의 위기상황이었던 대한제국기에 황제권 강화로 전권을 틀어쥐고도 정작 일제의 국권 침탈에 대해서는 속수무책으로 당한 책임을 지라는 주장이다.

그렇다면 과연 대한제국은 황제전제체제 때문에 망했던 것인가. 근래의 정치외교사 연구들은 을미사변 이후 아관파천, 대한제국 선포로 이어지는 일련의 정치과정에서 고종 황제가 국권수호라는 대의명분을 장악하였고, 실제로도 을사조약 이후 의병항쟁을 유도하는 밀지를 내리거나, 국제열강을 향한 밀사 파견 외교 등을 통해 일제의 국권침탈에 맞서 저항의 구심점 역할을 한 것으로 평가한다. 황제가 중심이 되어 추진한 근대화 개혁의 성공 여부에 대해서는 많은 논자들이 긍정적 평가를 유보하지만, 국가재정을 좀먹고 낭비한 데 불과했으며 의미 있는 경제성장은 일제시대에 가서야 가능했다는 일부 경제사학자들의 주장에는 동의하지 않는 것으로 보인다.

---

3 김재호, 『고종황제 역사청문회』, 40쪽.

그런데 이 대목에서 우리가 주의해야 할 점은 개명군주로서 고종이 추진한 근대화 정책을 인정한다고 해서 고종을 선양하거나 무조건 복권시키자는 것은 아니라는 점이다. 단지 극심한 외압하에서 민권운동세력의 미숙으로 봉건권력의 중추였던 전제군주가 다시 근대화의 주체로 등장해야만 했던 한국 근대사의 특수성을 직시해야 한다는 주장일 뿐이다. 한말의 역사가 고종 한 사람의 각성으로 달라질 수 있었다고 믿는다면 그것은 영웅사관이요, 망국의 책임을 개인적으로 묻거나 매관매직, 부패·사치 등 도덕성의 문제로 고종을 평가하는 것은 중세적 포폄 위주 역사학을 극복하지 못한 태도라고 생각한다. 고종의 황제권은 구래의 양반관료, 재야유생층, 독립협회로 대표되는 민권운동세력, 민중세력 등 여타의 사회세력과의 길항관계 속에서 해석되어야 하며, 고종과 대한제국의 실패만을 강조하는 것은 일제의 국권 침탈에 면죄부를 주는 행위일 뿐이라고 생각된다.

또한 고종에 대한 논의는 그의 성장배경과 가족사, 심성적 특성을 두루 망라한 퍼스낼리티 연구와 500년 전래의 왕정을 계승한 황제로서의 제도적 권력에 대한 분석이 동시에 이루어져야 한다고 생각한다. 자연인 고종에 대한 평가와 제도로서 황제정의 위상에 대한 의미 부여가 병행될 때 대한제국에서 병합으로 이어지는 정치사에서 고종 황제정이 차지하는 역할을 적확하게 평가할 수 있을 것이다.

이 글에서는 먼저 대한제국 황제정이 수립되는 과정을 살펴봄으로써 고종의 정치적 리더십 형성과정을 추적해보고, 황제정이 대한제국기의 역사적 당면 과제였던 국권수호와 근대화 정책 수행에 얼마나 효과적으로 대응할 수 있는 체제였는지, 황제전제체제의 공과는 무엇인지 평가해보고자 한다.

2. 대한제국기 황제권 강화의 배경과 실상

대한제국 선포 이후에 고종이 황제전제체제를 수립해가는 과정은 곧 제국주의 열강의 침탈이라는 위기상황 속에서 국권 수호를 명분으로 여러 정치적 경쟁세력들의 도전을 제압하고 권력을 독점해가는 과정이라고 할 수 있다. 그 결과 갑오 개화정권에 의해 몰락의 위기에 처했던 전제군주제는 유교적 왕도정치 이념의 규제를 받던 조선왕조시대의 왕권보다 더 강력한 절대군주적 황제정으로 화려하게 부활하였다.

사실 고종은 즉위 당시에는 별로 정통성이 없는 왕이었다. 아무런 준비 없이 12세의 어린 나이에 조대비(신정왕후 : 순조의 아들인 효명세자의 빈. 효명세자는 나중에 익종으로 추존됨)에게 입적되어 익종의 대통을 잇는 형식으로 즉위하였지만, 즉위 후 10년간은 대원군의 섭정으로 인해 정치적 리더십을 기를 기회조차 없었다. 하지만 1873년 친정을 선언한 이후에는 위정척사세력의 거센 반대에도 불구하고 개항을 추진하였고, 왕권을 근대적으로 보강할 목적에서 적극적으로 개화정책을 추진하였다. 이 과정에서 자신과 형식상 모자지간인 조대비의 친정인 풍양조씨 세력을 모두 숙청하였고 10년 철권통치를 휘두른 대원군도 권좌에서 끌어내렸다. 척사세력이 주모한 쿠데타 사건을 빌미로 자신의 이복형인 이재선에게 사약을 내렸으며, 임오군란 당시 청으로 납치된 대원군의 귀국을 막으려고 형 이재면을 파견하기도 하였다. 이러한 모든 과정을 명성황후와 대원군 간의 권력 다툼으로 보는 시각도 있으나, 명성황후는 어디까지나 고종의 친정의지를 실현하는 도구적 역할을 했을 뿐이다. 고종은 민씨척족을 친위세력으로 삼기 위해 의도적으로 등용하였을 뿐 그들은 안동김씨 세도나 대원군 집정처럼 왕권을 압도하는 세력이 아니었다.[4] 고종의 정

4 서영희, 「명성왕후 연구」, 『역사비평』 57, 2001 참조.

치적 리더십은 대원군이나 명성황후에게 가려 주목받지 못했으나 40년이 넘는 재위기간 동안 점차 정치력을 강화해간 것으로 보인다.

그러나 1880년대 고종이 추진한 개화정책은 개화파와의 주도권 갈등, 여전히 편만한 척사세력의 반대, 청의 간섭 등으로 실패로 돌아갔고, 결국 1894년 동학농민군의 봉기와 일본군에 의한 경복궁 쿠데타로 파국을 맞게 되었다. 갑오 개화정권의 수립은 고종의 왕권에 최대의 위기였으며 일본과 개화파가 추진한 내각제 실시로 한때 정무에 관한 권한을 완전히 상실할 위기에 처하기도 하였다.

이어서 을미사변, 아관파천 등 일련의 사태들은 그 자체로 심각하게 왕권의 추락을 가져왔지만, 동시에 왕권의 위기는 곧 국권의 위기라는 인식을 일반적으로 각인시키는 계기가 되기도 하였다. 요컨대 대원군과 명성황후가 사라진 정치무대에서 고종은 국권 수호의 구심점이라는 이미지 획득에 성공하였다. 이러한 여세를 몰아 고종은 직접 칭제를 추진하여 1897년 대한제국을 선포하였는데, 칭제의 논리는 '만국공법 체제하에서 스스로 제호帝號를 칭할 수 있으며, 칭제로써 국가의 위의威儀를 높이고 자주 · 자강할 수 있다'는 것이었다. 대한제국 선포로 고종은 일단 왕권 회복의 계기를 마련한 셈이었다.

하지만 이후에도 황제권에 대한 도전은 계속되었다. 독립협회의 중추원 개편운동은 한계는 있지만 의회 개설을 요구한 것이었고, 안경수의 쿠데타 계획('대한청년애국회' 사건), 박영효, 유길준 등 일본에 망명한 개화정객들이 관련된 여러 차례의 정변 시도 등은 황제정이 아직은 정치적으로 불안한 상태에 있다는 것을 의미하였다. 따라서 황제전제체제는 이러한 정치적 도전 세력들을 모두 무력화한 1899년 이후에야 확립되었으며, 그 결과가 「대한국국제」의 반포로 나타났다.

「대한국국제」에서 황제는 '5백년 전래 만세불변萬世不變 무한군권無限君

權'의 소유자로서 신민臣民의 군권 침손侵損 행위는 용납하지 않겠다고 선언하였다. '주권재민'의 이념은 선언적으로라도 언급되지 않았고 삼권분립에 관한 조항도 없었다. 갑오개혁으로 신분제가 폐지되어 등질적 국민 형성의 기초를 갖추었고, 근대적 재판제도 실시 및 『형법대전』의 반포 등으로 근대적 법치주의의 기반은 마련되었으나 '인민주권'의 선포가 없는 한 대한제국은 근대 국민국가는 아니었다. 대신에 황제의 권한은 육·해군 통솔과 편제, 법률의 제정·반포·개정, 사면·복권의 명령, 행정 각부의 관할, 관리의 임면, 외국과의 조약·선전포고·강화·사신 파견 등으로 구체적으로 명문화되었다. 막연히 '전제專制'로 표현되어온 황제권의 내용이 『공법회통』 등 국제법을 참고하여 근대적인 언어로 표현된 것이다. 생래적으로 주어진 것으로 아무런 명문화된 규정조차 필요 없던 왕조시대의 왕권과 달리 황제권은 명시적으로 선언되고 각종 상징 조작과 충군애국주의 이데올로기에 의해 보강되어야 했지만, 그 권력의 크기에서는 왕조시대의 왕권을 능가하였다.

실제로 대한제국기 모든 국정운영에서 황제는 의정부회의 결과에 상관없이 재가할 수 있는 권리를 행사함으로써 절대군주권을 확립하였다. 왕도정치론에 입각한 유교정치이념과 양반관료체제의 견제를 받았던 조선왕조의 왕권과 비교한다면 황제권은 양자로부터도 자유롭다는 점에서 '절대'군권이었다.

이러한 권력구조가 성립될 수 있었던 것은 갑오개혁을 거치면서 왕조시대 지배엘리트였던 양반관료층이 집단적으로 세력을 상실한 데에 근본 원인이 있었다. 과거제 폐지는 물론, 지방제도와 조세수취체계 개혁으로 향촌사회 내에서 양반층의 영향력도 현격히 쇠퇴하였다. 특히 1895년 11월의 '향회조규' 및 '향약판무규정'은 향회의 신분적 성격을 배제함으로써 기존의 양반층이 누리던 특권을 박탈하고 신흥세력이 진출할 수 있는 기회를 열어놓았다.

대한제국기 정국 운영에서 구래의 양반관료들은 철저히 소외되었고, 재야 유생층의 향약 실시 요구, 과거제 부활 요구 등도 받아들여지지 않았다. 고종은 칭제나 독립협회 해산 등 여론의 지지가 필요할 때는 유생층의 상소를 동원하면서도, 그들이 주장하는 구제舊制 복귀 요구는 수용하지 않았다. 1899년 4월의 '유교를 종교로 한다'는 조칙은 신분제적 사회질서로의 회귀나 유교정치이념의 부활을 의미하는 것이 아니라 유교와 정치가 분리되었음을 공식적으로 선언한 것으로 볼 수 있다. 그렇게 되면 이제 유교는 기독교와 동일하게 하나의 종교일 뿐이고 황제정을 뒷받침하는 통치이데올로기로서의 위상을 갖지 못하게 되는 것이다. 고종은 이미 전통적인 유교정치이념으로부터 상당히 벗어나 있었으므로 유생층들은 고종이 "부강정책에 예의주시하여 경장에 급급했으며 외국을 동경하여 선조의 제도를 변경했다"라고 비판하였다.[5]

그런 의미에서 고종은 유교적인 '소국과민小國寡民'보다는 '부국강병富國强兵'을 추구한 개명군주로서 결코 유교사회로의 복귀를 지향한 도학군주가 아니었다. 칭제에서 보이듯이 이미 중국 중심의 세계관을 극복했기에 중국과 대등한 입장에서 1899년 한청통상조약을 체결하였고, 간도 영토 분쟁에도 공세적으로 대응하였다. 따라서 전통적인 동아시아 조공 질서가 아닌 만국공법 체제에의 편입을 도모한 고종의 황제정은 일단 근대국가적 지향을 표출하고 있었다고 평가해도 무리가 없을 것이다.

3. 황제정은 국권수호에 효과적인 체제였나?

그러면 이상과 같은 과정을 거쳐 형성된 황제전제체제는 국권수호와 자주

5 황현, 『매천야록』.

독립국가 건설에 어떠한 효과를 발휘했는가. 일부 연구자들은 고종이 각 열강에 골고루 이권을 양여하고 열강 간 상호 견제에 따른 세력균형정책을 추구함으로써 이권 침탈을 가속화했다고 비판하는데, 이는 결코 사실이 아니다. 이러한 논리는 한국 침탈에 가장 책임이 컸던 일본을 각 열강 중 한 나라에 불과한 것으로 인식하게 함으로써 일본 측 책임을 최소화할 우려가 있으며, 특히 일본 측이 이렇게 주장할 때는 고종이 스스로 열강을 끌어들여 한반도를 각축장으로 만드는 바람에 국제적 분쟁의 소지가 있어서 일본이 개입할 수밖에 없었다는 논리를 전제하고 있음을 간과해서는 안 된다.

대한제국 외교정책의 최고 목표는 일본의 국권 침탈을 저지하는 데 있었으며, 이를 위해 러시아 의존책을 택하거나 혹은 때에 따라 한반도 중립화 노선을 추구하였다. 사실 러시아조차도 1898년 만주집중책 선택 이후 한반도 문제 개입에 소극적이었으며, 고종이 기대했던 미국도 경제적 이권 외에 정치·군사적 문제에는 관심이 없었다. 오로지 일본만이 한반도 문제에 사활이 걸린 이해관계를 가지고 있었고 그에 대한 대책이 대한제국 대외정책의 핵심이었다고 보는 것이 옳을 것이다. 고종은 일본의 국권 침탈에 저항하기 위한 방편으로 러시아를 끌어들였지만 러시아의 이권 침탈에는 저항하였다. 미국, 영국, 프랑스 등에 대한 이권 양여는 열강들이 상호 기회 균등을 주장하며 요구한 것이거나 고종이 한반도 문제에 대한 개입을 기대하며 반대급부로 제시한 것이었다.

하지만 근본적으로 대외 자주가 곧 자신의 주권 수호와 연동되어 있었으므로 고종은 1898년 1월 철도와 광산에 외국인 합동合同을 금지한다는 규칙을 제정한 이래 광산경영에 외국인 자본의 침투를 방지한다는 명분으로 6월에는 전국 43개 군의 광산을 모두 황실 직속의 궁내부로 이속하였다. 또한 11월에는 독립협회의 반정부운동이 외국공사들의 은밀한 지원으로 이루어진다는 판단하에 「의뢰외국치손국체자처단례依賴外國致損國體者處斷例」라는 법률까지 제정하여 '외국에 의뢰하여 국체를 손상시키고 국권을 상실케 하는 자, 외국정부에 본국 보호를 청하다가 탄로 난 자, 본국의 비밀을 외국인에게 누설한 자, 외국인에게 용병雇兵 · 차관借款 · 임선賃船 등의 일을 주선한 자, 외국의 소개로 관직을 도모하려는 자, 외국 사정을 가지고 본국에 소요를 일으키는 협잡을 행하는 자, 토지 · 삼림 · 천택川澤을 외국인에게 몰래 팔거나 혹은 외국인에게 이름을 빌려주어 인허 받게 하는 자' 들을 처벌하게 하였다.

물론 그렇다고 해서 대한제국이 대외 자주권을 실제로 지켜낼 수 있었던 것은 아니었다. 우선 '자주'를 지켜낼 만한 자위력이 없었고 일본의 침투를 막기 위한 방편으로 고종 스스로도 러시아, 미국, 프랑스 등에 의존하는 모습을 보였기 때문이다. 이러한 고종의 대외전략은 주관적으로는 주권을 지켜내기 위해서였지만, 결과적으로는 여러 열강의 내정 간섭을 초래하여 정권의 자주성을 더욱 훼손하는 것으로 나타났다. 정부대신들이 특정 외국공사관에 드나들며 그 친분 관계를 세력 유지의 방편으로 삼고 각 열강들은 이러한 정부대신들을 이용하여 자국의 이해를 관철시키고 있었던 것이 또한 현실이었다.

하지만 고종의 이권 양여가 독립협회 등이 주장한 이권양여론과는 차이가 있었다는 점은 분명히 할 필요가 있을 것이다. 독립협회 인사 중에는 '하나님이 내려주신 자원을 개발하지 않고 묵히는 것은 죄악'이라는 논리로 서양 열강에 이권 양여를 주장하거나 일본으로의 곡물 수출을 장려하는 등 전반적으로 국내 시장 보호보다는 근대화 지상주의적 태도를 보이는 경우가 많았다. 반면 고종과 핵심 측근인 이용익 등이 주도한 식산흥업정책은 황실 직속의 궁내부를 중심으로 자주적인 근대화 정책을 추구하였다. 실제 그 성과에 대해서는 논란이 있을지라도 고종의 황제정은 적어도 주체적 근대화론의 명분은 확보하고 있었던 것이다.

그렇다면 이러한 황제정의 국권 수호 '의지'가 실제로도 국권 수호에 효과적으로 작용하였는가. 이와 관련하여 가장 문제 제기가 많은 부분이 바로 을사조약 체결 전후 황제의 대응방식일 것이다. 1905년 11월 일제가 이토 히로부미를 파견하여 보호조약 체결을 강요했을 때 고종은 왜 좀더 강력하게 거부 의사를 밝히지 않고 의정부회의에 사안을 떠넘김으로써 결과적으로 책임을 회피하였다는 비난을 듣게 되었는가?

당시의 정황을 좀더 구체적으로 재구성해보면, 일본 천황의 특파대사 이토 히로부미는 11월 10일 한국에 도착하여 국서國書를 봉정한 후 11월 13일 황제 알현을 요구하였다. 고종은 병을 칭하며 알현을 미루었으나 이토는 계속 알현을 강청하여 결국 11월 15일 오후 3시부터 4시간 동안이나 고종에게 조약안에 대해 누누이 설명하였다. 고종은 이를 일일이 경청하였으나 그에 대해 직접 찬반을 표명하지는 않고 다만 정부의 시원임대신時原任大臣과 여론에 자문한 후 결정하겠다고 대답하였다. 하지만 저녁 7시까지 계속된 이토의 강요에 못이겨 결국 "외부대신을 통해 조약안을 제출하면 정부에서 의논한 후 재가를 청하게 하겠다"라는 칙명을 내리고 말았다. 이에 이토는 의정부회의를 소집하여 대신들을 협박한 결과 5대신이 찬성하자 조약이 체결되었다고 선포하였다. 18일 오전 1시 궁내부대신 이재극으로부터 조약이 체결되었음을 상주받은 고종은 정부대신들의 무능과 무기력함을 한탄하면서 "대신들이 모두 일본과 동복同腹으로 짐朕을 협박하여 조인에 이르렀으니, 짐의 적자赤子들은 모두 일어나 혈비血悲를 함께 하라"라고 했다고 한다. 또한 일본헌병 및 경찰이 대궐에 입궐해 있는 사실에 대해 매우 분격하면서 정부대신을 보호하기 위해서라는 일본 측 변명을 듣자 "정부대신들은 당장 일본 헌병, 순사와 함께 퇴궐하라"라고 명령하였다고 『주한일본공사관기록』 등 일본 측 사

료들은 전하고 있다.[6]

여기서 먼저 짚고 넘어갈 점은 일본 측 사료들이 전하는 정황 설명이 그대로 진실이 아닐 수 있으며, 현장에 있었던 정부대신들의 회고담, 혹은 당시 소문의 기록들도 각자 처한 입장에 따라 내용이 조금씩 다를 수 있다는 점이다. 조약에 찬성한 대신들의 상소문에서는 고종이 재가만 하지 않았을 뿐, 조약안을 자세히 살피고 문구 수정에도 참여했다고 주장하고 있는바,[7] 이러한 부분에 대해서는 좀더 세밀한 사실 관계 규명이 필요하다고 생각된다.

다음으로 주목해야 할 점은 고종의 사태인식과 대응방식이다. 「대한국국제」의 규정상 외국과의 조약 체결은 황제의 고유 권한인데 고종은 왜 시원임대신과 여론에 자문한 후 결정하겠다고 했으며, 또한 결국 의정부회의에 조약안을 회부케 하였을까? 여론 자문 운운은 구래의 유교적 정국운영 방식을 언급함으로써 단지 시간을 벌기 위한 수순에 불과하다 할지라도 의정부회의 회부는 정부대신들에게 국가중대사를 떠넘기고 자신은 책임을 회피하려는 심중에서 나온 것이었을까? 대한제국기 국정운영에서 의정부회의는 형식상 국무회의 역할을 했을 뿐, 의정부회의의 결과에 상관없이 황제의 재가에 따라 사안이 결정되었는데, 고종이 이처럼 중차대한 조약안을 의정부회의에 회부한 까닭은 무엇일까? 규정대로만 따진다면 의정부회의의 결과가 가可이든 부否이든 황제에게 결정권이 있으므로 일단 의정부회의에 부쳐 시간을 번 다음 의정부회의의 결과가 상주되면 그때 재가를 하지 않는 것으로 자신의 의사를 표명하려 하였는데, 일제가 정부 5대신의 찬성을 빌미로 일방적으로 체결을 선포해버린 것일 수도 있다. 보호조약과 같은 한 국가의 운명을 결정하는 국제조약이 주무부서인 외부대신 외에 학부대신, 농상공부대신 등의 찬성

6 서영희, 『대한제국 정치사 연구』, 서울대학교출판부, 2003, 315~316쪽.
7 도면회, 「을사조약은 어떻게 기억되어 왔는가」, 『역사와 현실』 64, 2007.

으로 효력을 발휘한다는 것도 난센스이고, 무엇보다도 주권자인 고종에게 상주되지도 않아 황제의 서명 날인이 없으므로 원천적으로 무효인 것은 재론할 필요조차 없으나, 당시 일본 측 기세로 보아 의정부회의 회부가 곧 이러한 결과를 초래할 것을 고종 자신이 예상치 못한 것인지는 알 수 없다. 다만 을사조약 이후 국제사회를 향한 무효 선언이나 밀사파견 등으로 미루어 볼 때 고종은 일본 측에 정면으로 맞서 파국을 불러오기보다는 열강의 개입이나 후원을 통한 외교적 해결방식을 채택한 것 같다. 그러한 선택이 만국공법에 대한 맹신에서 나온 것이든, 혹은 고종 특유의 위기 대처 스타일에서 나온 것이든 결과적으로는 실패한 전략이었지만, 그렇다고 황제가 왜 직접적으로 몸으로 맞서지 않았느냐고 추궁한다면, 그것은 밤길 가다 만난 강도를 탓하지 않고 당한 자기 자식을 나무라는 격이라고 생각한다.

또한 고종은 성격상 전형적인 외유내강형으로, 주한일본공사 하야시 곤스케가 고종은 일본 측 요구에 대해 동의하는 척하다가도 뒤돌아서는 의병에게 밀지를 내리거나 열강에 호소하는 방식으로 행동한다고 곤혹스러워했듯이, 오랜 재위기간 동안 많은 대내외적 풍파를 거치며 엄혹한 현실 속에서 버텨온 약소국 군주 나름의 생존방식으로 이러한 선택을 했다고 이해할 수도 있겠다. 이러한 고종의 행동방식에 대해 일본 측은 늘 형세관망주의 혹은 노회한 정치적 술수라고 비난해왔고, 우리 국민들에게 우유부단하거나 무책임한 군주라는 인상을 심어준 것도 사실이다. 하지만 황제로서 고종이 행한 의사결정 방식의 특징에 대해서는 정치 리더십 연구의 관점에서 전문적인 분석이 필요하지 개인적 비난이나 동정, 혹은 연민이 필요하지는 않은 것이다.

마지막으로 만약에 황제전제체제가 아니었다면 을사조약 체결을 막을 수 있었을지에 대해서도 가정해보자. 이토 히로부미도 고종이 중추원에 자문한 후 결정하겠다고 여유를 청하자 "군주친재君主親裁의 전제국가專制國家에서 왜 인민의 의향을 핑계로 결정을 미루느냐"라고 재촉했지만,[8] 만약에 의회가 개설되어 있었더라면 조약 체결에 대한 동의나 비준이 이루어지지 않았을지 생각해보자. 독립협회운동 당시 일부 논자들의 이권양여론이나 극단적 근대화론자들인 일진회의 합방청원서를 보면 민권지향세력들이 국권수호에 더 적극적이었다고 평가할 근거는 없는 것 같다. 주권자로서 국권의 위기를 가장 체감하는 고종은 결코 조약문에 날인하지 않았지만 의정부회의에 모인 정부대신들은 결국 찬성 의사를 표명하였다. 정부대신들의 외세의존성은 황제정의 독재로 인한 소외감에서 기인했다 하지만, 중앙 · 지방의 권력에서 모두 소외되고 있었던 재야유생층이 국권수호를 위한 의병항쟁에 투신한 것을 보면, 국권수호 의지는 정치체제나 권력구조, 민권의식과는 별개의 문제일 수도 있다고 생각된다. 이는 당시 가장 강렬한 민권의식과 정치참여 의식, 근대화 의지를 표명하였던 일진회가 보호조약 환영 논평을 냈던 것을 보면 쉽게 이해할 수 있는 일이다. 자력으로 극복하지 못한 황제전제체제가 일제에 의해 해체되자 이를 정치적 기회로 생각한 것은 일진회 세력이나 망명 개화정객들이나 마찬가지였다. 황제정이 민권세력에게 조금도 양보하지 않았기 때문에 파국이 왔다는 주장도 있으나 어떠한 권력의 역사에도 '양보'는 없는 것이다. 양보를 이끌어내지 못한 것은 곧 민권세력의 미숙을 나타내는 것이고, 그로 인한 외세의존성으로 국권수호라는 대의명분을 황제에게 빼앗긴 것도 한국의 근대지향 정치세력이 가진 뼈아픈 약점이었다.

4. 황제정은 근대 개혁의 중심이 될 수 있었나?

다음으로 대한제국 논쟁에서 가장 논란이 되는 부분은 황제정이 추진한 근

8 「伊藤大使謁見始末」, 『日韓外交資料集成』 6上, 東京 : 巖南堂書店, 1966, 19~27쪽.

대화 정책의 실제적인 성과를 인정할 수 있느냐의 문제이다. 경제사학계와 달리 한국사학계에서는 대체로 황제 주도의 중상주의적 식산흥업정책의 존재를 인정해왔지만, 그 성과에 대해서는 부정적인 시각이 많았던 것도 사실이다. 여기에는 근본적으로 황제정이 근대 개혁의 추진 주체가 될 수 있는가에 대한 회의가 전제되어 있다고 생각된다.

우선 고종의 개화의지에 대해서는 이미 개항 결정이나 서양 각국과의 수교, 초기 개화파에 대한 지원, 1880년대 개화정책의 추진 등에서 충분히 확인할 수 있는 바, 이를 토대로 고종에게 '개명군주'의 칭호를 사용하는 데 그렇게 인색할 필요는 없다고 생각한다. 서양의 절대왕정기 개명군주들이 매우 강력한 리더십을 갖고 있었던 점과 비교하면 부족하지만, 근대화 개혁에 대한 고종의 의지와 진보적 태도만은 개명군주에 비견할 수 있다는 것이다.

그러나 개명군주론을 인정하는 것과는 별개로 근대화 개혁의 성과에 대한 평가는 실제적인 결과를 대상으로 해야 함은 물론이다. 주지하듯이 대한제국기 근대화 사업은 궁내부가 중심이 되어 막대한 황실재산을 확보하고 이를 토대로 각종 식산흥업정책을 추진하는 방식으로 이루어졌다. 궁내부는 통신사, 철도원, 광학국鑛學局, 수륜원水輪院 등 방대한 산하기구들을 거느리고 외국인 기술자들을 고빙하여 광산 경영에 직접 착수하거나 자주적 철도 부설을 추진하였다. 황제가 직접 투자하여 전차·전기사업을 추진하였으며 1899년에 벌써 서대문에서 동대문에 이르는 구간에서 전차 운행이 시작되었다. 대부분의 사업들이 재정난을 겪다가 러일전쟁 발발 후 중단되었지만 이러한 사업들의 초기 성과는 나중에 일본에 의해 계승되었다.

그러면 이러한 근대화 사업들은 단지 러일전쟁 발발 때문에 중단되었고 실패로 돌아간 것인가? 자체적으로 실패의 원인을 찾는 쪽에서는 존재 자체가 봉건적인 전제군주가 주도하는 근대화였던 만큼 그 근본 성격이 보수적 근대화였음을 지적한다. 황실의 권위 수식을 위한 각종 의례와 불필요한 예산 낭비, 특권에 기생하는 부패와 방만한 경영 등이 보수적 근대화에서 일반적이며 그 결과 근대화 사업의 성과는 당연히 매우 서서히 나타날 수밖에 없었다는 것이다.

하지만 그 당시는 서서히 나타나는 성과를 기다릴 만큼 한가하지 않았기에 대한제국의 근대화 정책은 좀더 강력한 리더십으로 추진되었어야 했다고 생각된다. 그러기 위해서는 근대화 정책의 수행 주체인 신흥관료 세력이 좀더 저변을 확대했어야 하고, 황제권을 중심으로 포진한 근왕세력들이 단지 구래의 양반관료들을 대신하여 권력에 진입한 것에 그치지 않고 근대적인 전문관료 세력으로 제도화되었어야 했다고 생각된다.

사실 고종 황제의 근왕세력들은 1880년대부터 일관되게 실무관료를 육성해온 고종의 실용주의적 인사방식에 따라 성장한 신흥세력이었다. 고종은 개항 이후 부국강병을 지향하면서 정통 양반 사대부가 아닌 서자나 무과 출신 인사들을 중용하였고, 그 자체로 양반 사대부 중심의 관료체제와 신분제의 해체를 가속화하는 결과를 가져왔다. 이러한 고종의 인사방식에 대해 유생층들은 서얼의 발탁, 사인私人의 등용이라고 비난했고, 일반인들도 매관매과買官賣科를 비판했지만, 정치참여 계층 확대라는 측면에서 보면 충분히 긍정적인 요소가 있었다고 생각한다. 고종의 근왕세력으로 지목되는 이용익, 이근택, 이기동, 길영수, 김영준, 주석면, 이유인 등도 대부분 비양반 출신에 실무능력을 갖추었다는 공통점을 가지고 있었으며 소장 궁내관들 중에는 근대적 교육을 받은 지식계층 출신들도 많았다. 이학균, 현상건 등 외국어에 능통한 궁내관들은 고종이 열강을 상대로 벌인 밀사 외교의 주역이었다.

하지만 이들 근왕세력들은 자체 내에서 치열한 권력투쟁을 벌이면서 공멸해가고 있었고 충군애국주의 외에 서양의 부르주아지들처럼 근대적인 정치

이념을 제시하지 못했다. 기존의 양반관료 대신에 권력의 핵심을 장악하고도 그에 걸맞은 정치행태를 보여주지 못함으로써 급작스러운 출세에 대한 일반의 조롱을 받을 뿐이었다. 요컨대 대한제국 황제정은 파워엘리트의 충원, 선발 시스템에 대해 사회적 합의를 이끌어내지 못했으며, 소수 근왕세력 중심의 국정운영은 그 기반이 매우 협소하여 구래의 양반관료는 물론 칭제를 찬성했던 개신유학자 그룹도 소외되는 결과를 가져왔다.

관료체제 전반적으로 볼 때도 과거제 폐지로 기존의 관료선발 시스템은 붕괴되었지만, 이를 대체할 새로운 관료충원 시스템이 정착되지 못하여 결과적으로 근대적 관료제 구축에 실패했던 것으로 생각된다. 근대적 관료제는 근대적 교육체계의 성립, 관료충원 방법의 제도화 등과 연동되어 있는데, 대한제국기의 관료임용 제도는 각부아문 대신이 직접 소관부서의 주임관, 판임관을 선발하는 방식으로서 자의적 운영의 위험성이 상당히 높은 제도였다. 따라서 1898년 6월 '과거를 불문하고 시무時務에 적합한 능력 있는 인재를 등용한다'는 조치 이래 영어학교, 일어학교, 법어학교 등 외국어 학교와 법률학교, 무관학교, 의학교, 상공학교, 광무학교, 모범양잠소, 공업전습소 등에서 해당 분야 전문인력들을 배출하였지만, 그들이 대한제국 황제정의 근대화 추진세력으로 모두 포괄되지는 못한 상태였다. 과거제에 기반하여 중세국가로서는 상당히 정연한 운영 시스템을 갖추었던 조선왕조 관료제에 비하면 아직 대한제국기의 관료제 운영은 제도화 수준이 미흡하였고 일반적으로는 과도기적 혼란상으로 비춰지는 측면도 많았다고 생각된다.

5. 망국책임론을 넘어서

대한제국 황제정의 공과에 대한 평가는 고종 황제 개인에 대한 품성 평가나 옹호, 혹은 책임추궁이 아닌 국가체제로서 대한제국체제에 대한 총체적 평가여야 할 것이다. 또한 그 평가에는 엄연한 현실로서 존재했던 제국주의 열강의 외압이 가진 규정력이 우선적으로 고려되어야 한다고 생각한다. 외압에 모든 책임을 돌리자는 것은 아니지만, 외압이라는 중대 변수가 엄연히 존재하는 구도 속에서 각 세력의 역학관계를 살펴보고 그러한 특수 조건에 놓인 황제정에 적절한 위상을 부여하자는 것이다.

즉 대한제국 황제정은 근대 국민국가 형성을 주도해가야 할 민권운동세력의 역량 미숙 혹은 그로 인한 외세의존성으로 인하여, 군주 주도로 근대로의 이행이 이루어지고 있던 한국 근대사의 특수한 경험이었다. 근대 지향의 정치세력에 의해 해체되거나 무력화될 운명이었던 봉건군주 고종이 오히려 일제의 국권침탈에 저항하는 구심점의 위상을 확보한 것도 외압 때문이고, 식산흥업정책을 추진한 것도 외세의 침탈하에서 무력한 황제권을 근대적으로 보강하려는 의도에서 나온 것이었다. 그러한 구조에서 형성된 대한제국 황제전제체제는 국권수호에도, 근대화 달성에도 성공하지 못했지만, 황제정이었기 때문에 곧 실패가 예견된 것은 아니었다고 생각된다. 세계 각국의 근대로의 이행은 개별 국가마다 다종 다양한 과정이 있었고, 한국 근대도 황제정이라는 특수한 정체政體로 진행되었으나 첫째는 외압 때문에, 다음으로는 외세와 근대화에 대한 사회 각 세력 간 입장 차이 때문에 성공적으로 근대에 도달하지 못한 채 식민지 병합을 맞이했다고 생각된다.

그럼에도 불구하고 대한제국 황제정이 남긴 것이 있다면 일제의 국권 침탈에 대한 저항으로 근대적 민족정체성 형성의 맹아를 마련하였고, 물적 · 인적 자원의 측면에서 근대화의 초석을 놓은 것이라고 생각한다. 식민지 근대화론자들은 대한제국을 송두리째 부정하면서 편협한 민족주의라고 공격하지만, 대한제국이 탄생하지 않고 일본의 지원을 받은 갑오 개화정권이 지속되었더라면 식민지화만 앞당겼을 가능성도 배제할 수 없을 것이다. 또한 식민지 초과이윤의 달성이 반드시 사회 전반의 근대화와 비례하지 않는다는 점을 인도나 동남아 각국 식민지에서 확인할 수 있듯이 갑오년간부터 일제에 의한 식민지적 근대화의 길을 걸었다고 해서 한국의 근대화가 더 빨리 달성되었으리라 볼 수 있는 근거도 없을 것이다.

반면 대한제국기에 광무양전지계사업이 있었기에 토지조사사업이 이를 계승할 수 있었고, 각종 근대식 학교에서 배출된 인력들이 대부분 총독부 관료체제 내로 흡수되었던 점을 고려한다면 식민지 근대화는 인적 자원의 측면에서도 대한제국에 빚을 지고 있다고 생각된다. 즉 식민지 근대화는 맨땅에서 갑자기 출현한 것이 아니라 대한제국이 마련해놓은 토대 위에 서 있었고 그런 의미에서 개항부터 1880년대 개화정책, 갑오개혁, 광무개혁이 이룩한 근대화의 성과를 일제가 강탈한 것이라는 점을 결코 망각해서는 안 된다고 생각한다. 식민지 지배체제의 효율성을 부각하기 위해서 대한제국을 암흑시대로 만들어 근대와 단절시키는 것은 정당한 역사주의적 태도가 아닐 것이다. 식민지 조선에서 근대화의 성과가 급속히 나타났다면 그것은 총독부 지배체제의 효율성을 증명하는 것이 아니라 식민지화 이전 대한제국이 도달한 근대의 준비 정도를 대변하는 것이라고 볼 수 있다는 점을 명심해야 할 것이다.

20세기 전반기 사회경제적 변화의 의미

정연태

1. 머리말

한국의 20세기는 세계사에서도 보기 드물 정도로 근대의 부정성과 역동성이 뒤섞여 회오리 친 근대의 전시장이자 극적인 반전이 교차한 격동의 시공간이었다. 한편으로는 외세의 침략과 식민지로의 전락, 분단과 전쟁, 독재와 종속으로 점철된 역사에서 보듯 근대사회가 걸을 수 있었던 가장 참담하고

鄭然泰 가톨릭대학교 인문학부 국사학 전공 교수.

저서로 『한국 근대사회와 문화 II—1910년대 식민통치정책과 한국사회의 변화』(공저, 서울대학교출판부, 2005), 『近代交流史と相互認識II—日帝支配期』(공저, 慶應義塾大學出版會, 2005) 등이 있고, 논문으로 「'식민지근대화론' 논쟁의 비판과 신근대사론의 모색」(『창작과 비평』, 1999 봄호), 「19세기 후반 20세기 초 서양인의 한국관—상대적 정체성론 · 정치사회 부패론 · 타율적 개혁 불가피론」(『역사와 현실』 34, 1999), 「광무연간 서양인의 고종관」(『한국사연구』 115, 2001), 「조선말 일제하 자산가층 지방유지의 성장 추구와 이해관계의 중층성—포구상업도시 강경지역 사례」(『한국문화』 31, 서울대학교 한국문화연구소, 2003), 「태평양전쟁기 미국의 複眼的 視覺과 한국사회 인식」(『한국사연구』 134, 2006) 등이 있다.

불행한 과정을 빠짐없이 경험했다. 다른 한편으로는 근대변혁운동, 민족해방운동, 민족민주운동, 통일운동을 줄기차게 전개하여 해방의 근대성을 성취하려고 노력했으며, 절대적 빈곤으로부터 탈피하여 기술의 근대성을 실현하기 위하여 피나는 노력을 기울여 왔다. 그리하여 세계사에 유례가 드물 정도의 경이적인 경제성장을 달성하고 민주주의를 착실히 발전시킴으로써 근대의 역동성과 새로운 근대기획의 가능성을 유감없이 보여주었다.[1]

한국의 20세기가 근대의 전시장이었던 만큼 근대사 인식에서도 시각의 차이가 두드러지게 나타나고 있다. 특히 식민지기 사회경제적 변화가 20세기의 역사에서 어떤 위상과 의미를 지니는가에 대한 인식의 갈등은 첨예한 실정이다. 식민지 근대화 논쟁은 그런 갈등이 학술적 차원에서 전개된 것이다. 이 논쟁은 주로 식민지 수탈론과 식민지 근대화론 사이에서 벌어졌으며, 탈민족·국가론이 대두, 개입하면서 복잡한 양상을 보이고 있으나 식민지기 한국사회의 특성을 규명하는 데 크게 기여하고 있다. 이 논쟁의 경과와 내용에 대해서는 여러 곳에서 정리된 바 있기 때문에 여기서 자세히 논의할 필요는 없다고 생각한다.[2] 이 글에서는 이 같은 논쟁을 거치면서 진전된 최근 연구 성과들을 비교 검토하고자 한다. 그중 식민지 근대화론의 성과를 체계적으로 정리한 차명수의 연구와, 계량경제사적 실증연구를 심화하여 식민지 수탈론의 관점을 계승, 발전시킨 허수열의 연구를 비교 검토함으로써 식민지 조선의 사회경제적 변화에 대한 인식의 차이와 접근 지점을 확인하고자 한다. 그 후 미국이라는 타자의 시선에 비친 20세기 전반기 사회경제적 변화상을 확인함으로써, 양자의 차이를 극복할 단서를 찾아보고자 한다.

---

1 Chung Youn-tae, "Refracted Modernity and the Issue of Pro-Japanese Collaborators(굴절된 근대성과 일제 협력자 문제)," *Korea Journal*, Vol.42 No.3, 2002.

2 식민지 근대화 논쟁의 경과에 대해서는 정연태, 「21세기의 한국근대사 연구와 신근대사론의 모색」, 한국역사연구회 엮음, 『20세기 역사학, 21세기 역사학』(역사비평사, 2000)을 참조.

2. 식민지 근대화론의 사회경제적 변화 인식

식민지 근대화론자들은 2000년대 이후 자신들의 역사상을 입증하기 위한 실증적 연구 성과를 정력적으로 산출해냈다. 『한국경제성장사—예비적 고찰』, 『수량경제사로 다시 본 조선후기』, 『한국의 경제성장, 1910-1945』 등은 이들의 대표적인 연구 성과이다.[3] 이들은 주로 장기 시계열時系列, time series 통계를 정리하여 경제성장의 장기 추세를 파악하였는데, 이를 통해 '18세기의 안정, 19세기의 정체, 20세기의 성장'이라는 거시적인 역사상의 기초를 구축하는, 일단의 작업에 성공한 것처럼 보인다. 계량경제사학적 방법론을 동원하여 이런 구도를 체계화하는 데 앞장선 이가 차명수이다. 그의 성과에 입각하여 근대 사회경제 변화상을 그려보면 다음과 같다.[4]

차명수는 먼저 근대문명을 수용하기 이전 조선사회의 자생적 자본주의화의 가능성을 부정한다. 18, 19세기에는 인구가 정체하고 생활수준도 악화했다는 것이다. 특히 임금과 지대는 조선후기에 지속적으로 하락하여 1900년경에는 18세기 초에 비해 1/10 수준으로 떨어졌다. 이 같은 경제적 퇴보를 가져온 원인은 수리시설 퇴락에 따른 농업생산성의 지속적인 저하였으며, 그 배경에는 지배 및 행정 체제의 붕괴가 깔려 있었다. 종래 조선후기의 발전적 양상으로 여겼던 수공업 및 상업의 발전, 그리고 농업의 다각화도 수리시설의 지반이 침하하여 벼농사에서 노동과 토지가 탈출한 결과에 불과한 것이었다. 이런 점에서 조선후기는 '정체의 시대'로 규정됐다.

---

3 안병직 엮음, 『한국경제성장사—예비적 고찰』, 서울대학교출판부, 2001 ; 이영훈, 『수량경제사로 다시 본 조선후기』, 서울대학교출판부, 2004 ; 김낙년, 『한국의 경제성장, 1910-1945』, 서울대학교출판부, 2005.

4 차명수, 「우리 나라의 생활수준, 1700-2000」, 안병직 엮음, 위의 책 ; 김낙년, 「제13장 경제성장 · 소득분배 · 구조변화」, 위의 책.

반면 식민지기는 '발전의 시대'였다. 식민지기에 인구는 1.33% 증가하고 1인당 국내총생산도 2.37% 증가하여 인구와 1인당 국내총생산이 동시에 증가하는 근대적 경제성장이 일어났다는 것이다. 그러므로 식민지 조선은 세계 평균을 훨씬 뛰어넘는 고도성장을 이룩한 지역으로 기억되어야 한다고 본다. 근대적 경제성장은 식민지 수탈론의 주장과는 반대로, 외부에서 들어온 근대문명의 충격과 일제 권력·자본의 식민지 개발의 결과인 것으로 판단됐다. 청일전쟁 이후 일본의 자본·토지 투자가 급증하고, 일본인 지주의 수리시설 확충과 일본품종 벼 보급이 진행되면서 지대와 임금은 상승 추세로 반전됐다. 게다가 1910년 국망國亡은 선진 자본과 생산기술의 전파를 가로막는 장벽들을 거의 완전히 무너뜨렸다는 점에서 주목됐다. 조선의 식민지화와 함께 대조선對朝鮮 투자에 따른 정치적 위험이 급격히 감소하면서 일본 자본과 일본인 기술자·숙련노동자의 유입이 증가했고, 그로 인해 기술전파 속도가 더욱 빨라졌다. 이때 근대적 경제성장의 추동력으로 가장 주목된 것은 식민지 개발을 추진한 일제 권력이었다. 조선총독부는 근대적 토지소유권과 재정통화제도를 확립했고 철도, 도로, 항만 등 사회기간시설을 확충했다. 또한 세수를 확대하거나 일본 내 자본을 도입하여 공공투자를 늘려나감으로써 총 투자율을 제고했다. 이런 개발정책은 시장경제 발전과 경제성장에 기여했다.

조선인도 근대적 경제성장의 혜택을 누렸다고 한다. 근대교육이 보급되고 근대적 행정·사법 기구, 공장에 취업하는 사람이 늘어나는 과정에서 조선인의 인적 자본이 축적됐다. 식민지기의 문맹률 감소, 취학률 증가, 조선인 기술자·기능공 증가가 이를 보여주는 지표로 간주됐다. 조선인의 생활수준 또한 향상됐다. 많은 사람들의 생활수준은 1인당 국내총생산 증가율 2.37%보다 느리게 향상되거나 아니면 정체했지만, 그렇다고 생활수준의 하락을 경험하지는 않았다는 것이다. 차명수는 식민지 수탈론에서 제시한 비숙련 노동자의 실질임금 정체에는 동의를 표했지만, 그조차 평균 수명의 증가로 비숙련 노동자 한 명이 평생 벌어들이는 소득은 증가했다고 반박했다.

차명수는 식민지 수탈론에서 주로 거론하는 민족별 소득이나 자산 분배의 불평등화 현상에 대해서는 인정했다. 일본인 소득이 조선인 소득보다 빠르게 향상됐고 총소득에서 차지하는 일본인 소득의 비중이 증가했고, 1910년 전체 논의 2.8%를 소유했던 일본인이 1935년 18.6%를 소유하게 됐으며, 1942년 전체 공업자산의 95%가 일본인의 소유였다는 점을 명시했다. 그러나 이런 불평등화를 일제의 착취나 식민지배 정책의 결과로 바로 연결 짓는 데는 동의하지 않았다. 소득분배의 불평등화를 근대적 경제성장의 초기 단계에서 일반적으로 나타나는 현상으로 간주했다. 자산 분배의 불평등화 또한 식민지기에 일본에서 조선으로 많은 자본이 유입된 사실에 기인했다고 한다. 따라서 자산구성의 민족 간 배분 변화는 일정한 규모의 자산을 둘러싸고 일어난 제로 섬 게임의 결과가 아니라 일본으로부터 자본이 흘러 들어와 조선 내 자산규모가 증가한 플러스 섬 게임의 결과라는 것이다.

식민지 조선과 남한은 제도, 자본, 세대 간 지식 및 이데올로기의 고리에 의해 연속성을 보이고 있다고 한다. 식민지기에 형성된 시장경제 체제는 남한경제의 토대가 됐다. 식민지기에 축적된 인적·물적 자본 또한 분단, 전쟁을 거치면서 많이 파괴됐지만 해방 후 경제성장의 바탕이 됐다. 한편 식민지기에 계속된 사망력 변천(다산다사多産多死에서 다산소사多産小死로의 이행)은 해방 후 남한의 '출산력 변천(다산소사多産小死에서 소산소사小産小死로의 이행) → 부양률 하락 → 저축률과 투자율 상승 → 자본축적 급진전'을 통한 고도성장의 진행에 기여했다. 그리고 고도성장기에 국가의 시장개입을 정당화하는 개발국가 이데올로기 또한 강력한 식민지정부에 그 기원을 두고 있다. 결국 식민지기의 개발 경험과 성과는 1960~1970년대 경제발전의 역사적 기반이 됐다는 것이다. 이처럼 남한이 식민지기에 지펴진 근대적 경제성장의 불씨를 키워 고도성장을 달성한 데 비해 북한은 이 불씨를 비벼 끄고 기아와 질병의 세계로 되돌아갔다고 한다. 남한과 같은 과거를 공유한 북한의 경제적 후퇴는 무엇보다도 이 불씨의 핵심이자 경제성장의 필요조건인 시장경제체제를 파괴한 데 비롯됐다는 것이다.

3. 식민지 수탈론의 사회경제적 변화 인식

일군의 경제사학자들이 계량경제사학적 전문성을 토대로 조직적으로 새로운 자료를 발굴하고 각종 시계열 통계를 새롭게 생산하여 식민지 수탈론의 역사상을 비판하고 새로운 근대사상近代史像을 그려내려고 시도한 데 반해 역사학계는 달리 뚜렷한 대응을 하지 못했다. 식민지 근대화론의 시도에 맞선 고군분투는 경제사학자 허수열에게서 나왔다. 그는 풍부한 통계 자료를 자유자재로 활용하는 전문성을 기반으로 식민지 근대화론의 문제제기와 식민지 수탈론 비판을 체계적으로 반박하고 식민지 수탈론에 입각한 식민지기 사회경제적 변화상을 새롭게 구축하는 연구들을 생산해냈다.[5] 그의 연구 성과에 입각하여 식민지기 사회경제 변화상을 정리하면 다음과 같다.

허수열은 식민지 수탈론과 같이 개항 이전 조선사회가 자본주의 맹아가 발생하는 등 역동적인 사회였는지에 대해서는 분명한 언급을 하지는 않았다. 그러나 이 시기를 '정체의 시대'로 규정하고 자생적 발전이 불가능한 사회로

5 허수열, 「'개발과 수탈'론 비판」, 『역사비평』 48, 1999 ; 『개발 없는 개발—일제하 조선경제 개발의 현상과 본질』, 은행나무, 2005 ; 「≪해방 전후사의 재인식≫의 식민지경제에 대한 인식 오류」, 『역사비평』 75, 2006.

보는 식민지 근대화론과는 거리를 뒀다. 단적인 예로, 조선왕조 말기가 왕조 붕괴기로 농업개발을 위한 노력이 거의 없었음에도 불구하고 경지면적 · 관개시설 · 품종개량 등 농업의 거의 대부분 분야에서 조선사회는 이미 상당히 높은 수준에 도달해 있었다는 것이다. 그리하여 식민지기 초 조선의 농업은 왕조 말기 시대에 도달했던 농업상태의 연장선상에 놓여 있었고, 국가가 공권력을 회복하고 본격적으로 개발에 나서게 된다면 조선 농업은 스스로의 힘으로 급속히 발전할 수 있는 역량을 갖추고 있었다. 결국 이런 점들을 감안하면 일제 지배가 없었다고 하더라도 조선사회는 스스로 근대화될 개연성이 높았다. 이런 인식은 조선사회가 내재적 발전의 성과로 인하여 자주적 근대화를 달성할 수 있었을 것으로 보는 식민지 수탈론의 기조와 맥락을 같이한다.

허수열은 식민지 지배 미화론이나 식민지 근대화론이 단골 메뉴로 지적하는 바인 식민지기 조선의 개발에 대해서는 전적으로 동의한다. 식민지 조선은 공업을 중심으로 매우 빨리 성장했다. 철도 · 도로 · 항만 · 통신 등의 각종 기반시설뿐만 아니라 농업 · 광공업 · 수산업 등의 모든 산업생산시설도 급속히 확충됐다. 교육 · 행정 · 사법 제도와 시설도 급속히 발전했다. 결론적으로 19세기 말 조선왕조 시대와는 비교가 되지 않을 정도의 괄목할 만한 개발이 이루어졌다.

그럼에도 불구하고 식민지기는 '발전의 시대'가 아니라 '야만의 시대'였다. 일제시대의 개발은 일본인들의, 일본인들에 의한, 일본인들을 위한 개발이었고 조선인들은 들러리에 불과했다는 것이다. 농업 투입과 근대적 영농법의 보급으로 미곡 생산량은 52.3%, 밭작물은 31.2%가 증가했지만, 개발의 성과는 대다수 일본인에게 귀속됐다. 그리하여 일본인 지주는 성장한 반면 조선인 지주들은 토지를 상실했다. 조선 공업의 개발 과정도 일본인 대자본의 발전 과정에 다름 아니었다. 일본인 근대적 대공업은 1920년대 후반부터 조선에 진출하기 시작하여 중일전쟁 이후 군수공업 담당자로서 집중적으로 육성되고 발전했다. 그 결과 일본인 자본은 압도적 비중을 차지했고, 그 정도는 일제말기 전시통제가 강화됨에 따라 더욱 심해졌다.

식민지체제는 인적 자본의 형성에서도 조선인에게 매우 불평등하게 작용했다고 한다. 입학, 임금, 승진에서 가해진 민족적 차별은 민족적 불평등을 자아내는 주요 기제였다. 그리하여 식민지기 전 기간에 걸쳐 고급 기술자=일본인, 하급 노동자=조선인이라는 식민지적 고용구조는 변함없이 관철됐다. 개발의 결과로 조선인에게 돌아온 것은 생활수준의 개선은커녕 소작농이나 임금노동자로서의 비참한 삶이었고, 일본인과 조선인 간의 극심한 경제적 불평등이었다. 많은 조선인들은 경제적 궁박을 견디다 못해 도시빈민이 되거나 만주나 시베리아로 유민이 되어 떠나갔다. 결국 일제의 지배가 계속되는 한 조선인에게는 아무런 희망도 없었고, 그런 점에서 식민지기는 더없는 '야만의 시대'였다.

식민지기에 근대적 경제성장이 이루어졌다는, 식민지 근대화론의 주장도 통계적 허상에 기초한 오류에 불과한 것으로 판명됐다. 1인당 국내총생산이 성장한 시기는 겨우 1932~1937년간뿐으로 최소 30~40년간 지속적인 성장이 나타나야 쿠즈네츠Simon Kuznets가 말한 근대적 경제성장을 주장할 수 있다는 점에 비추어 볼 때, 식민지기에 근대적 경제성장은 존재하지 않았다고 보는 것이 타당하다. 허수열은 근대적 경제성장이 한국사회에 시작된 것은 1960년대 이후였다고 주장한다.

허수열에 따르면 식민지기 개발의 유산은 해방 후의 남북분단과 한국전쟁을 거치면서 거의 대부분 사라져버렸다. 그중 한국전쟁 이후까지 남한에 남은 것은 일제말기 유산의 1/10에 불과했다. 식민지기 개발의 결과물들은 마치 신기루처럼 사라져버리고 한국은 다시 세계에서 가장 가난한 농업국의 하나로 남게 되었던 것이다. 그리하여 1953년 남한의 소득수준은 일제 초와 하등 다를 바 없는 상태가 되어버렸다. 이런 점에서 식민지기 개발의 유산이 해방 후 남한의 고도성장에 미친 영향은 매우 미미했다고 할 수 있다. 식민지 근대화론의 주장처럼 식민지기에 도입된 각종 근대적 제도는 해방 후 한국사회 형성에 적지 않게 기여했음에 틀림없지만, 또 다른 측면에서 부정적 측면을 수반하는 것이었으므로 그 공과를 평가하기란 쉽지 않다. 남북분단과 민족갈등처럼 수량화하기 어려운 무형의 유산까지 고려한다면 식민지 개발의 부정적 영향은 상상하고도 남음이 있다.

4. 인식의 접근과 갈등 지점

식민지 근대화 논쟁은 한때 인신 공격성 발언까지 서슴지 않는 비난전이 되기도 했지만, 실증적 연구를 진행하는 과정에서 한편으로 상대방의 비판을 수용하고, 다른 한편으로 서로의 차이를 분명히 하는 계기가 됐다. 이는 식민지 근대화론과 식민지 수탈론을 각각 대변한 차명수와 허수열의 연구에서 잘 드러난다.

차명수는 식민지 근대화론의 당초 역사상에 대해 다소나마 수정을 꾀하고 있으며, 그 과정에서 식민지 수탈론의 논지를 일부 수용하고 있다. 첫째, 조선이 개항 이후 국망 이전에 근대문명을 받아들임으로써 비로소 스스로를 발전시켜나갈 능력을 가지게 됐음을 인정했다. '밖으로부터의 근대문명의 충격' 에 자극을 받아 이루어진 위로부터의 개혁이 일정한 성과를 거두어, 갑오개혁 이후부터 맬서스적 정체(인구의 증감과 생활수준의 등락이 주기적으로 교차, 반복하는, 장기적인 경제 정체)에서 근대적 경제성장으로 이행하기 시작하는 데 기여했다는 것이다. 둘째, 식민지 지배는 해방 후 엄청난 경제적 후퇴의 원인이 되기도 했다고 시인했다. 이런 점에서 분단과 한국전쟁도 식민지 지배의 유산으로 인식됐다. 셋째, 같은 맥락에서 남한의 고도성장이 부분적으로 식민지기 시장경제체제를 이어받은 결과라는 점만을 부각시키는 것은 균형을 잃은 것으로 간주됐다. 이처럼 조선인 주도의 근대화 가능성을 인정하고, 식민지 유산의 부정적 측면을 지적하고, 식민지 경제와 남한 고도성장 경제의 연속성을 제한적으로 보려 한 점 등은 비록 본격적인 연구를 통해 밝힌 바는 아니지만 식민지 근대화론의 부분적 수정을 암시하는 바로 생각된다.

허수열 또한 식민지 근대화론의 논지를 일부 인정하고 넘어갔다. 첫째, 식민지기에 사회·경제제도가 근대화되고 각종 기반시설과 산업이 발전했음을 인정했다. 이런 점은 최근 역사학계에서도 통용되고 있다. 수탈의 대명사로만 간주되던 화폐정리·재정정리·토지조사 사업의 근대적 성격이 평가되고 있는 것이다.[6] 둘째, 제한적이지만 조선인 자본과 숙련노동자가 성장했음을 확인했다. 일본인 자본이 압도적 비중을 차지하는 상황에서도 조선인 공업은 생산액의 측면에서 괄목할 만한 성장을 보였으며, 식민지적 고용구조가 변함없이 관철되는 조건에서도 조선인 노동자가 질적으로 성장한 것은 분명하다는 것이다. 셋째, 일제시기에 도입된 근대적 제도가 해방 후 한국사회의 형성에 적지 않게 기여했다는 측면을 인정했다. 이처럼 식민사업의 근대적 성격을 인정하고, 일제하 조선인 자본과 노동자의 성장을 확인하고, 식민

6 식민지 수탈론에 입각하여 근대 경제사를 체계화한 역사학계의 최근 성과에 따르면 일제의 화폐정리·재정정리·토지조사 사업이 일본인에 의해 주도됐고, 식민통치의 물질적 기초를 제공하기 위한 것이었다는 점에서 한계를 가졌지만, 화폐·재정정리 사업은 개항 이후 추구해왔던 근대적 개혁의 방향과 배치되는 것은 아니었고, 토지조사 사업은 근대적 토지소유제도의 확립과 지세제도의 변화를 가져온 것으로 평가된다. 이런 평가는 종전에 일제의 수탈성만을 강조하던 데서 벗어나 수탈성 속에서 근대성을 발견하는 데로 역사학계의 시야가 확대되고 있음을 보여준다(강만길 엮음, 『한국 자본주의의 역사—빼앗긴 들에 서다』, 역사비평사, 2000, 87~95쪽).

지기 각종 제도가 해방 후 한국사회 형성에 기여했음을 인정한 점은 식민지 수탈론의 인식이 점차 확장되고 식민지 근대화론의 합리적 문제제기를 수용하고 있음을 보여주고 있다.

그러나 양자 간 인식의 차이는 분명하다. 첫째, 19세기 경제의 수준을 보는 인식의 차이이다. 차명수 교수는 농업생산성의 하락에 근거하여 19세기를 '정체의 시대'라고 규정했다. 이 말 속에는 조선사회가 총체적으로 무기력하고 150년 내지 200년간 지속적으로 퇴보한 결과, 외부의 수혈 없이는 도저히 회복이 불가능한 사회라는 의미가 내포되어 있다. 반면 허수열에 따르면 조선농업은 국망 이전에 거의 대부분의 분야에서 상당히 높은 수준에 도달해 있었다. 이런 주장에 따르면, 19세기가 체제 균열과 왕조 붕괴의 시기로 국가의 공권력이 제대로 작동되지 못했다는 점에서 '국가 위기의 시대'였던 것은 분명하지만, 그렇다고 생산력이 파탄에 직면한, 회복불능의 '정체의 시대'는 아니었다.

둘째, 조선사회의 발전 동력에 대한 인식의 차이이다. 차명수에 따르면 조선사회가 정체에서 발전으로 전환한 데에는 근대문명의 충격, 특히 일제의 역할이 결정적이었다. 청일전쟁 이후 일본인의 토지투자와 일본 벼 품종 보급은 1900년경 이후 지대와 임금의 하락 추세를 상승 추세로 반전시키는 데 기여했다는 것이다. 반면 허수열은 국망 직전 조선사회는 여전히 높은 생산력 기반을 유지하고 있었기 때문에 국가가 공권력을 회복하고 본격적으로 개발에 나선다면 스스로의 힘으로 급속히 발전할 수 있는 역량을 갖추고 있었던 것으로 평가했다. 이런 평가에 따르면 조선농업은 일본인의 토지 투자와 일본 벼 품종 보급 없이도 스스로 발전할 수 있는 동력을 확보할 수 있었다.[7]

---

7 일본인의 토지 투자와 일본 벼 품종으로 조선농업의 생산력이 하락에서 상승으로 전환했다는 주장은 근거 없는 추론에 불과한 것임을 필자가 이미 밝힌 바 있다(정연태, 「식민지 근대화론

셋째, 식민지 사회에 대한 총체적 평가의 차이이다. 차명수에 따르면 식민지기는 근대적 경제성장이 본격화되고 한인의 생활수준도 향상됐으며 해방 후 고도성장의 토대가 형성된 '발전의 시대'였다. 반면 허수열에 따르면 괄목할 만한 개발이 이루어졌으나, 그 개발은 일본인에 의한, 일본인을 위한 개발이었으며, 한인의 생활수준은 개선되지 않았고 개발의 결과물 또한 해방과 동시에 신기루처럼 사라진 '야만의 시대'였다. 특히 조선인의 평균적 생활수준이 개선됐는지 여부에 대해서는 실증적 연구 결과에서도 서로 뚜렷한 차이를 보이고 있다.[8]

넷째, 남한의 고도성장과 식민지기의 성장의 관계에 대한 인식의 차이이다. 앞서 살펴봤지만, 차명수는 식민지 경제와 남한경제의 연속성을 주장하고 있다. 이런저런 제한성을 언급하고 있음에도 불구하고 근대적 시장경제체제의 연속성이 그 주장의 중심에 있는 것은 분명하다. 그러기에 "식민지기에 출현한 장교, 관리, 판사, 검사, 경찰들은 해방 후 남한의 시장경제 체제를 공산주의 체제로 전환시키려는 북한군과 빨치산의 노력을 저지한 핵심적 세력이 되었다"고 하여 일제 협력자 출신 관공리가 문명과 근대적 경제성장의 불씨를 살려내어 북한처럼 기아와 질병의 세계로 떨어지지 않도록 만든 일등공신이었다고 평가하기에 이르렀다. 반면 허수열은 단절성을 분명히 하고 있다. 예컨대, 식민지의 물적 자산은 분단과 전쟁을 거치면서 거의 파괴되어 1960년까지 미국의 대한對韓 원조액의 약 1/7 정도에 불과한 수준으로 떨어졌고, 인적 자산 또한 식민지기에 형성된 기술자·기능공의 의의가 상대적으로 크게 줄어든 반면 미국 유학 및 국내에서 배출된 기술자·기능자들이 점

의 새로운 성과에 대한 비판적 검토」, 『역사비평』 58, 2002).

8 주익종, 「식민지기 조선인의 생활수준—논쟁의 재검토」, 이대근 외, 『새로운 한국경제발전사—조선후기에서 20세기 고도성장까지』, 나남출판, 2005 ; 허수열, 앞의 논문, 2006.

차 큰 역할을 하게 된 데서 보듯 식민지기와 고도성장기 경제 사이에는 단절적 측면이 강했다는 것이다.

5. 타자의 복안적 시각複眼的 視覺과 사회경제적 변화상

식민지 근대화론과 식민지 수탈론은 20세기 전반기 사회경제적 변화에 대한 인식에서 서로 부분적으로 접근하는 측면이 없지 않으나, 식민지기를 각각 '발전의 시대'와 '야만의 시대'로 규정하는 만큼 현격한 격차를 드러내고 있다. 이 지점에서 인식의 격차를 극복하는 방안의 하나로 타자의 시선, 그중에서도 식민지 말기(태평양전쟁기)에 조선사회에 대해 광범위하고 체계적인 조사연구를 수행하기 시작한 미국의 한반도에 대한 시선을 빌려보고자 한다. 이 시기 미국은 일본의 전력을 파악하기 위해 조선사회를 일본제국의 일환으로 포함시켜 파악하면서도 전후 동아시아 전략의 일환으로 일본제국과 분리되어 독립될 존재로서 적극적으로 조사 검토하기 시작한 결과, 종래의 친일 일변도 시각에서 벗어나 상대적으로 균형 잡힌 접근법을 택했기 때문이다.[9] 미국의 시선에 나타난 한국의 20세기 전반 사회경제적 변화상을 정리하면 다음과 같다.

미국은 조선말기 사회에 대해 부정적인 인식을 가졌다. 조선은 부정·무능·부패·정체로 인하여 자치역량이 부족한 데다가 지정학적 위치로 인하여 '중·러·일의 전투장'이 된 사회로, 외부의 지원과 보호가 없다면 스스로 개혁과 발전과 자치를 수행할 수 없는 사회라는 것이다. 미국은 이런 부정적인 조선사회 인식을 토대로 일본의 조선 침략과 지배를 공인했으며, 일제

9 이하 이 절의 내용은 정연태, 「태평양전쟁기 미국의 複眼的 視覺과 한국사회 인식」, 『한국사연구』 134, 2006에 의거한다.

의 식민통치가 조선사회의 근대화를 이룩하는 데 기여했다고 평가했다. 이런 부정적 인식은 해방을 맞이하는 시점의 조선사회에도 그대로 적용됐다. 조선은 여전히 자치역량이 부족한 데다가 열강 사이의 이해충돌까지 재연될 소지가 큰 지역이기 때문에 동북아시아의 평화와 안정을 위해서는 즉시 독립은 곤란하고 국제신탁통치를 거쳐야 한다는 것이다. 이런 점에서 미국의 조선사회 인식은 정체성론(자치역량 부족론)과 타율성론(외부 지도 · 보호론)을 양대 축으로 한 근대화론＝식민지 지배 미화론을 논리적 기반으로 삼고 있다.

그러나 미국은 근대화론에 입각하여 일본의 조선 지배가 정당하고 조선사회의 근대화에 일부 기여했다고 보면서도 그 방식에 문제가 있어 소기의 성과를 거두지 못했다고 비판했다. 조선인의 정치참여를 제한하고, 일본 · 일본인 중심의 정책으로 민족적 차별과 민족적 불평등을 심화시키고, 조선을 일본제국의 한 구성부분으로 만들기 위해 무리하게 민족성 말살정책을 추진하는 식의 식민정책은 문제가 있다는 것이다. 부연하면 미국은 일본이 조선에서 개혁과 문명 전파의 사명을 띠고 있다고 인정했지만, 미국의 기준에서 볼 때 일본은 그 역할을 제대로 수행하지 못했다는 것이다. 미국의 눈으로 볼 때 일제통치는 '폭정'이었고 조선인은 '노예상태'로 전락했다. 바로 이 판단이 미국이 근대화론에 입각하면서도 일본의 한국지배를 비판할 수 있는 지점이었다.

이런 타자(미국)의 시선을 빌리면, 앞서 살펴본 식민지 근대화론과 식민지 수탈론의 인식은 어떻게 평가될 수 있을까. 미국의 조선사회 인식은 근대화론에 입각하고 있다는 점에서 식민지 근대화론과 친연성親緣性을 갖고 있다. 미국에 따르면 조선말기 사회는 비효율적이고 부패하고 정체됐고, 일제 통치는 오히려 국망 이전보다 '더 높은 단계의 대중교육, 더 효율적인 행정, 산업발전'를 이룩했고, 심지어 한국의 산업은 식민지기에 평시 수요 이상으로 과도하게 발전했다. 이런 평가는 '발전의 시대'를 연상시키는 대목으로 식민지 발전국가론, 나아가 식민지 근대화론의 입지를 강화하는 데 기여했다고 할 수 있다.

그러나 미국의 또 다른 인식을 보면 식민지기는 '발전의 시대'라기보다는 '야만의 시대'였다. 경제개발과 물질적 진보가 이루어졌다고는 하나 그것은 일본과 일본인만의 잔치에 불과했고, 조선인의 평균적 생활수준은 개선되기는커녕 악화되었고 식민지 유산으로는 경제성장은커녕 해방된 나라를 자치조차 할 수 없는 지경인데 '발전의 시대'라고 부를 수는 없는 것이다.

그러나 좀더 자세히 살펴보면 미국의 시각으로 본 식민지기는 '발전의 시대'도 '야만의 시대'도 아니었고, 굳이 말하자면 기본적으로 '야만의 시대'에 속해 있으면서도 발전의 잠재력이 성장한 '발전의 시대'였다. 먼저 미국은 일제하에서 조선인의 인적 역량이 성장한 것으로 봤다. 대중으로부터 거부감이 별로 없을 것으로 판단되는 중하위직 행정 경험을 가진 조선인이 많아지고, 숙련노동자와 기술자가 일제말기에 증가하고, 민간분야에서 행정 기술 능력을 갖춘 고급인력 집단이 존재하고, 교육과 식자 능력은 자치에 심각한 장애를 야기하지 않을 만큼 충분히 발전한 점 등이 그 예증으로 지적됐다. 게다가 유학생을 비롯한 해외 조선인의 고급 역량, 망명집단을 비롯한 독립운동세력의 역량 등도 국내의 부족한 자치역량을 보완할 것으로 생각됐다. 둘째, 물적 역량에서는 식민지 유산의 일부는 풍부한 자연·식량자원과 함께 자치 기반으로 활용될 수 있다고 봤다. 제조업과 철도체계가 잘 발달되어 있다거나 일제 총독부 소유 기업과 재산이 수용되어 신한국 정부에 양도되면 경제적 생존을 위한 유리한 가능성을 확보할 수 있을 것으로 전망됐다. 마지막으로 사회 심리적 측면에서도 역사적으로 형성된 반일 민족적 정체성과 문화적 통합성 또한 국가적 독립을 향한 열망과 결합하여 자치능력을 배양할 수 있을 것으로 여겨졌다. 이런 점에서 보면 미국은 식민지 지배의 유산이 대중빈곤과 자치역량의 부족을 초래하고 사회적 갈등과 긴장을 고조시켰다는 점을 분명히 하면서도 조선인의 자기개발의 성과, 일제의 식민지 개발의 유산, 해외 조선인의 인적 역량, 반일독립 지향의 강한 민족적 정체성 등 인적·물적·심리적 요인, 식민지개발과 자기 개발의 유산, 국내와 국외의 역량이 합쳐져 조선인의 잠재적 역량은 식민지기에도 성장했고 부족하나마 해방 후 자치역량의 형성에도 기여할 것으로 봤다. 바로 이 점이야말로 식민지 수탈론이나 식민지 근대화론과의 차이점으로, 식민(지역)경제적 시각과 조선인(민족)경제적 시각을 결합시킨 복안적 시각의 반영이라고 생각한다.

다만, 여기서 확인하고 넘어갈 부분은 남북분단과 한국전쟁으로 식민지의 유산과 조선인의 총역량, 민족적 정체성과 문화적 통합성이 사분오열되고 파괴됐다는 사실이다. 이로 인해 미국이 식민지기에 성장했다고 본 발전 잠재력이 해방 후 남한사회의 발전에 기여할 여지는 현격히 줄어들었다고 볼 수 있다.

6. 맺음말

이상 식민지 근대화론, 식민지 수탈론, 타자(미국)의 시선을 통해 봤듯이 20세기 전반기 사회경제적 변화상은 보는 시각에 따라 차이가 크다. 투박하게 분류해보면, 식민지 근대화론은 식민(지역)경제적 시각에 치중하고 있고, 식민지 수탈론은 조선인(민족)경제적 시각을 토대로 하고 있으며, 타자의 시선은 복안적 시각을 가졌다고는 하나 오리엔탈리즘의 그림자가 짙게 깔려 있다. 여기에 최근 탈근대적, 탈민족·국가적 시각이 가세하여 새로운 연구를 생산하기 시작했다. 지면상 탈근대적, 탈민족·국가적 시각의 연구를 본격적으로 검토하지는 못했지만, 이들 연구는 식민지 근대화론이나 식민지 수탈론에 내재하고 있는 서구 근대 중심주의나 국가 · 민족 중심주의를 비판하고 나섰다는 점에서 주목할 만한 가치가 있다. 특히 국민국가를 절대 지상명제로 상정하는 듯한 역사상을 비판하고 계급 · 신분 · 성 · 직위 · 인종 · 지역 등 다양한 시선에서 식민지적 근대의 역사상을 읽어내려는 시도는 의미 있는 작업으로 생각된다.[10] 다만, 이들 시각이 서구와 달리 민족주의와 국가주의의 분화가 갖는 한국적 특성을 경시한 점, 민족주의의 특권성에 대한 비판을 넘어서 한국민족주의의 역사성마저 부정하는 경향이 있다는 점, 근대의 부정성에 매몰되어 근대의 해방성을 간과한 점, 중심의 해체에 몰두한 나머지 저항과 해방의 주체마저 해체해버리는 위험에 빠진 점 등의 문제 때문에 전면적으로 수용하기에는 무리가 있다고 생각한다. 이런 점들을 염두에 둘 때 식민지 근대화론과 식민지 수탈론의 차이를 극복하면서 20세기 전반기 사회경제적 변화의 다면적 특성과 역사성을 파악할 관점으로 열린 민족주의적 시각의 유효성을 다시 한번 환기하고 싶다.[11]

열린 민족주의적 시각이란 식민지 수탈론에서 견지했던 것처럼, 민족문제의 해명이 한국근대사 연구의 중심적 과제임을 인정하는 데서 출발한다. 민족문제의 작동방식 · 기제에 대한 해명 없이는 식민지기의 역사성을 규명할 수 없다는 판단에서이다. 그러나 탈민족 · 국가론의 비판을 수용하여 민족문제를 절대시하거나 선험적이고 도덕적 명제로 설정하는 데에는 반대한다. 즉 민족문제의 특권화를 경계하는 것이다. 그리하여 '지배(수탈)와 저항' '민족과 반민족'이라는 이항 대립적 인식을 극복해야 한다는 문제제기를 적극

10 탈근대적, 탈민족 · 국가적 시각에 입각한 최근의 문제제기로는 윤해동 외 엮음, 「머리말—한국 근대 인식의 새로운 패러다임을 위하여」, 『근대를 다시 읽는다 ①』(역사비평사, 2006)를 참조.

11 열린 민족주의적 시각의 유효성에 대해서는 정연태, 앞의 논문, 2000 참조.

수용한다. 이런 관점에서 계급 · 신분 · 성 · 직위 · 인종 · 지역 문제 등을 민족문제의 종속변수로만 취급하는 데 반대한다. 경우에 따라서는 이들 문제가 민족문제와 동등하거나 그 이상으로 중요하게 취급될 수 있음을 인정한다. 그래서 이들 문제와 민족문제가 상호 작용하는 식민지 한국사회의 복합적 · 중첩적 특성을 주목하고자 한다. 다만, 각종 차원의 문제들도 식민지라는 정치 · 경제적 환경의 영향을 받지 않을 수 없는 터, 이들 문제와 민족문제의 관련성을 해명하려는 노력을 절대 소홀히 해서는 안 된다고 본다. 이 점에서 열린 민족주의적 시각은 탈민족 · 국가론과는 일정한 차이가 있다. 탈민족 · 국가론적 시각의 연구가 식민지 근대성을 해부한다고 하면서 식민지 근대성이 아니라 식민지의 근대성만을 일면적으로 내세우고 만 것[12]은 민족문제의 역사성을 애써 무시한 결과로서, 목욕물이 더럽다고 해서 그 속에 있는 어린아이까지 버리는 잘못을 범한 것으로 판단된다. 결론적으로 말하면 열린 민족주의적 시각은 민족문제를 상대화하면서도 그 역사성과 중심성을 놓치지 않으려는 시각이라고 할 수 있다. 필자가 식민지기 사회를 민족적 · 계층적 · 지역적 이해관계가 중층적으로 작동하는 공간으로 본 것도 열린 민족주의적 시각의 이런 문제의식 때문이었다.[13] 같은 맥락에서 식민(지역)경제적 시각과 조선인(민족) 경제적 시각을 결합시킨 복안적 시각에 입각하여 20세기 전반기 사회경제적 변화를 읽어낸 일제말기 타자(미국)의 시선을 비판적으로 발전시킬 필요가 있다고 본다.

---

12 마이클 로빈슨 · 신기욱 엮음, 도면회 옮김, 『한국의 식민지 근대성』(삼인, 2006)의 「옮긴이의 글」(탈민족주의 관점에서 바라본 식민지 시기 역사)

13 정연태, 「조선말 일제하 자산가형 지방유지의 성장 추구와 이해관계의 중층성—포구상업도시 강경지역 사례」, 『한국문화』 31, 서울대학교 한국문화연구소, 2003 ; 「日帝の地域支配 · 開發と植民地的近代性—浦口商業都市 · 江景地域の事例(일제의 지역지배 · 개발과 식민지적 근대성—포구상업도시 강경지역 사례)」, 『近代交流史と相互認識 II — 日帝支配期』(宮嶋博史 · 金容德 編), 慶應義塾大學出版會, 2005.

일제 치하 공산주의운동의 역사적 성격

반병률

1. 머리말

일제 치하 한국 공산주의운동은 유력한 항일운동의 흐름을 형성하였다. 특히 일제 말기에 이르게 되면 김구를 지도자로 하는 충칭重慶의 임시정부세력과 이승만 등 미주지역의 일부 민족주의자들을 제외하고 민족주의세력이 대거 민족운동전선에서 탈락하게 되면서, 1945년 해방의 시점에서 공산주의

潘炳律 한국외국어대학교 사학과 교수, 동북아역사재단 제2연구실장.

저서로 『성재 이동휘 일대기』(범우사, 1998)가 있고, 주요 논문으로 「노령에서의 독립운동사연구」(『한국독립운동의 이해와 평가』, 독립기념관 한국독립운동사연구소 편, 1995), 「在露한인강제이주 이전의 한인사회의 동향, 1923-1937」(『한국독립운동사연구』 11, 독립기념관 한국독립운동사연구소 편, 1997), 「제2회 특별전로한족대표회의(1918년 6월)와 러시아 한인사회」(역사문화연구』 17, 한국외국어대학교 역사문화연구소, 2002), 「러시아지역 한인신문 『선봉』과 1920 · 30년대 한인사회」(『역사문화연구』 19, 한국외국어대학교 역사문화연구소, 2003), 「김립과 항일민족운동」(『한국근현대사연구』 32, 한국근현대사학회, 2005) 등이 있다.

운동세력은 가장 강력한 정치세력으로 등장하였다. 그리하여 공산주의세력은 해방 이후 한반도 북쪽에 공산주의체제를 건설하는 데 성공하였다.

이념과 체제를 달리하는 남과 북의 정권이 대치된 상황에서 일제 치하에서 전개된 공산주의운동을 객관적으로 평가하는 것은 결코 쉽지 않은 일이다. 이에 더하여 20세기 말 이후 벌어진 소련과 동구유럽의 공산주의체제의 붕괴, 중국의 개방 그리고 긴 터널을 빠져나오지 못하는 고립된 북한체제의 위기는 공산주의가 미래 인류사회의 대안적인 정치적 이데올로기로서의 생명력을 잃어가고 있는 것처럼 보이게 한다.

사정이 이러하기에 오늘날 국가로서 존속하였거나 유지되고 있는 공산주의체제의 역사와 현실과 분리하여 일제 치하 한국공산주의 운동을 냉정하게 객관적으로 평가할 수 있을까 하는 회의가 생기는 것이다. 내외의 사정이 이렇다고 하여 공산주의체제가 위기에 처해 있는 오늘날의 잣대를 갖고 일제 치하 공산주의운동을 재단할 수는 없는 일이다. 요컨대 보다 객관적인 평가를 위하여 일단은 항일투쟁시기의 공산주의운동을 해방 이후 국가체제, 사회건설을 위한 공산주의운동과 구별하여 평가할 필요가 있는 것이다. 이는 공산주의자 개인에 대한 평가는 물론 공산주의운동 전반에 대한 평가에도 해당되는 문제이다. 예를 들어 김일성을 비롯한 북한의 공산주의자들을 평가할 때, 항일투쟁시기와 북한정권 성립 이후 시기를 같은 기준으로 평가해서는 곤란하다는 것이다. 항일투쟁시기 공산주의자들은 민족독립과 근로대중의 자유와 권리를 쟁취하기 위하여 자기를 기꺼이 희생했던 애국자이자 선구자의 이미지를 가졌다. 이에 반하여 북한정권을 수립한 공산주의자들은 공산주의사회 건설을 추진할 정치권력을 장악한 정치가, 권력자의 이미지가 강하다. 이 두 가지 이미지를 구별하지 않는다면 공산주의자 또는 공산주의운동에 대한 평가는 매우 혼란스럽게 될 것이다.

일제시기 항일투쟁으로서의 공산주의운동은 그 자체의 역사로서 구별해 평가해야 하며, 이는 객관성을 확보하기 위해 엄격하게 견지할 필요가 있다. 한편으로 권력자나 압제자가 된 일부 공산주의자들에 대한 평가가, 정직하고 신념에 입각하여 헌신하다 희생된 공산주의자들과 노농대중들에 대한 평가로까지 이전될 우려가 없지 않다. 이러한 문제의식을 가지고, 필자는 이 글에서는 일제 치하 한국 공산주의운동이 지녔던 역사적 성격들을 시론적으로 정리해보았다.

2. 민족혁명적 성격이 강한 한국 공산주의운동

한국 공산주의운동은 항일독립운동의 가장 주요한 흐름을 형성하였다. 이러한 현상은 일제강점기 후반에 이르러 국내외 항일독립운동, 특히 국내에서 민족주의세력이 항일전선에서 대거 탈락하게 되면서 더욱 두드러졌다. 일제 치하에서 급진적 민족혁명가들이 공산주의운동에 가담하게 되는데, 이들이 공산주의를 수용하게 된 주요한 동기는 효과적인 항일독립운동을 수행하기 위한 것이었다.

한국 공산주의운동에서 찾아볼 수 있는 강력한 민족해방운동적 성격과 계급해방운동적 성격은 상호 배타적인 것이 아니라 식민지 항일민족운동을 구성하는 동전의 양면이었다. 한국 공산주의운동은 일제 식민지 시기에 이루어졌던 만큼, 서구 선진자본주의 국가나 러시아 공산주의운동의 특징인 계급해방운동, 반자본주의적 운동이란 성격과 함께 항일운동의 성격을 띠고 있었다. 식민지 국가였던 중국의 공산주의운동 역시 만주사변과 중일전쟁으로 반제항일투쟁의 성격이 강화되었지만, 기본적으로는 계급해방운동의 성격이 강했다.

이처럼 일제 치하의 공산주의운동에는 민족적 과제, 즉 민족해방이라는 항일독립의 과제가 흡수, 포괄되었던 것이다. 이 점이 계급운동으로서의 성격을 가졌던 서구유럽의 공산주의운동과 다른 점이며, 동시에 한국 공산주의운동이 여타의 식민지, 반식민지 민족의 공산주의운동과 공유하고 있는 보편적 성격이기도 하다.

한인사회당(1918년 5월 창당)과 고려공산당 그리고 1920년대 전반기 국내 사상단체와 조선공산당(1925년 창당) 등 초기 공산주의운동 조직의 구성원들은 한말 이래의 민족운동에 참여했던 민족혁명가들이 대부분이었다. 이 중 대부분은 일본에서 유학한 지식인들과 인텔리겐치아, 3 · 1운동에 참여했던 청년학생들이었다. 이 점에서 다음과 같은 이정식 교수의 관찰은 매우 적절하다. "한국 공산주의운동의 주동세력을 볼 때, 그들은 다른 정치적 통로를 통해 이루어지던 정치적 근대화를 이룩한 세력이나 민족주의운동의 지도세력과 동일한 유형의 사람들이었다. 한국 공산주의운동의 초기 지도자들은 전체 한국 인구의 5퍼센트도 안 되는 보다 '서구화' 된 고등교육을 받은 상층 출신이었다. 이들에게 가장 중요하고 우선적인 목표는 민족주의와 발전, 평등이었는데 당시 한국사회의 가치관에 비추어 볼 때 이는 급진적이기 이를 데 없는 것이었다."[1]

이처럼 한국에서 공산주의사상은 노동자계급과 연결된 것이 아니라 민족해방운동과 결합되어 수용되었다. 아직은 농업적 요소가 강했던 한국사회가 노동자적 기반을 갖추게 되는 것, 즉 공산주의운동이 점차 공장 노동자들 사이에서 확산되어 그나마 사회적 토대가 형성되어가는 것은 1930년대 한국사회의 산업화가 진전되면서부터라 할 수 있다.

---

1 스칼라피노 · 이정식, 한홍구 옮김, 『한국 공산주의 운동사』 1, 돌베개, 1986, 302~303쪽.

한국 공산주의운동이 애국적인 민족운동세력에서 출발한 점에서 일제 말기 한국 공산주의운동에는 민족적 성향이 강하게 남아 있었다. 이는 항일투쟁시기는 물론 해방 후 북한정권의 성립 이후 오늘날까지 남아 있는 특성으로, 북한의 주체사상에서 보이는 민족적 성격이 그 좋은 예이다.

3. 유교적 전통의 농업적 한국사회와 공산주의운동

공산주의자들은 한국사회에 남아 있던 유교적 분위기의 영향을 받아 선비적인 품성을 강하게 지녔다. 사회와 민족에 대한 강렬한 책임의식과 민民들을 앞서서 이끌어 지도해야 한다는 선비적인 의식이 공산주의자의 품성에 잘 부합되었다. 도덕적 규범과 사회적 책임의식을 특징으로 하는 한인 공산주의자들의 유학적 배경도 공산주의적 운동문화에 쉽게 적응할 수 있는 기반이 될 수 있었다. 비타협적이며 엘리트적인 선비의식이야말로 철의 규율과 훈련으로 단련된 의식화된 선진분자들로 구성된 레닌식의 전위당(선봉, 아방가르드)적인 볼셰비키당의 개념을 쉽게 받아들일 수 있는 내재적 토양이 되었던 것이다.

한국사회가 지닌 전통성과 농업공동체적인 사회적 특성도 공산주의운동에 반영되었다. 가까운 친구나 형제, 가족 등의 권유로 공산주의 서클이나 조직에 가담하는 경우가 많았던 것이다. 그리하여 같은 집안이나 같은 지역 출신, 친인척, 친구들로 공산주의 서클이 조직되는 경우가 많았다. 한편, 일제치하 한국사회의 농업적 사회의 이러한 성격과 강한 전통적 배경에서 비롯된 공산주의 서클의 형성과정은 공산주의운동의 분파성을 낳은 요인이 되기도 하였다.

기본적으로 농업사회였던 한국의 공산주의운동에서 노동자들의 참여는 매우 제한적이었다. 농업이 주산업이고 농민이 절대 다수를 차지했던 한국 사회에서의 공산주의운동의 활동주체는 농민들이었기 때문이다. 한반도가 1930년대 이후 대륙침략을 위한 병참기지가 되면서 북부 한반도지역과 도시지역에서는 공업화와 노동자의 수적 증가로 노동자들이 공산주의운동의 중요한 토대가 되어갔지만, 여전히 공산주의운동의 주체는 농민과 농촌사회였다. 특히 1930년대 김일성을 중심으로 전개되었던 만주 항일빨치산과 조국광복회의 활동무대 역시 주민 대부분이 농민이었던 중국 만주와 한반도 북부의 국경지대였다. 항일빨치산운동의 기반이 되었던 간도間島의 경우 주민의 약 76퍼센트가 조선인이었고 조선인의 87퍼센트가 농민이었다.[2] 이러한 상황은 초기 한인공산주의운동의 중심지였던 러시아 연해주지역에서도 마찬가지였다. 이 점에서 한국의 공산주의운동은 도시의 노동자들이 선도적 역할을 수행했던 러시아혁명보다 농민혁명이라 불린 마오쩌둥의 중국 공산주의운동에 가까웠다고 할 것이다.

4. 소린 · 국세공산당(코민테른)의 역할

한국 공산주의자들에 대한 러시아 볼셰비키세력과 국제공산당Communist International의 역할과 영향력에 대한 강조는 흔히 한국 공산주의운동의 외인론外因論의 유력한 근거가 되어왔다. 외인론이란 공산주의사상은 한국사회의 토양과 맞지 않는 이질적인 사상이며, 한국 공산주의운동은 자체적인 노력과 조건에 의해서가 아니라 러시아 볼셰비키들과 국제공산당의 개입에 의해서 비로소 가능하게 되었다는 주장이다.

---

2 姜德相, 「資料解說」, 『現代史資料 : 朝鮮』 30, 東京 : みすず書房, 1977, viii.

국제공산당(간부들)과 한인 공산주의자들 간의 관계는 초기에 상명하복 관계였고 종속적 관계가 강했던 점은 부인할 수 없는 사실이다. 한인 공산주의자들에게 국제공산당과 소련 볼셰비키세력은 절실하게 필요한 자금 등 원조를 제공받을 수 있는 유일한 국제적 지원자였으며, 아울러 이들은 세계혁명 총지휘부로서의 국제공산당과 러시아 볼셰비키들의 혁명적 순수성과 동지애에 대한 신뢰를 갖고 있었던 것이다.

그러나 국제공산당의 도움은 충분하지 않았고 그나마 적시에 이루어지지 못했으며, 국제공산당 간부들은 조선 내 상황도 잘 몰랐다.[3] 더구나 국제공산당 집행위원회의 조선에 관한 결정은 구체적이지 못하고 일반적이었다. 이는 운동거점들이 상호 멀리 떨어져 있었던 지리적 조건과 그에 따른 교통의 불편, 일본 식민당국의 감시, 정보 보고자의 과장과 왜곡 등에서 비롯된 것이었다.

그러나 국제공산당 동양혁명 책임자들은 기계적이며 도식주의적인 행태를 반복했고, 러시아혁명의 경험을 일방적으로 강요하였다. 한인 공산주의자들 역시 민족적인 과제와 국제적인 과제를 분리하지 못했으며, 혁명 이전의 러시아와 조선의 다양한 조직들 간의 차별성을 제대로 고려하지 않았다. 이들은 또한 러시아 공산주의자들과 똑같이 좌경화와 독단주의를 허용했으며 조속한 사회주의혁명의 과제를 추구하였다.[4]

전체적으로 볼 때, 한인 공산주의자들은 공산주의운동을 벌이면서 이론과 실천에서 창조적인 면모를 보여주지 못하였다. 대부분의 주요 공산주의자들은 이른바 '범생이' 공산주의자로 부를 수 있을 정도로 국제공산당과 러시아 볼셰비키들의 결정과 지시를 성실하게 따랐다. 이들은 자신들이 러시아 볼

3 파냐 이사악꼬브나 샤브쉬나, 김명호 옮김, 『식민지 조선에서』, 한울, 1996, 294쪽.

4 파냐 이사악꼬브나 샤브쉬나, 위의 책, 266쪽.

셰비키들로부터 배운 러시아의 경험과 혁명이론을 비판적, 창조적으로 소화하지 못하고 한국사회에 그대로 적용하려는 경향이 강하였다. 이러한 일제치하의 공산주의자들의 행동방식은 해방 이후에도 바뀌지 않고 되풀이되었으니, 북한의 공산주의자들이 해방 이후 민족주의세력과의 연합전선을 추구했던 남한 공산주의자들의 역할을 무시한 것이 그 예이다. 소련군이 진주한 북한과는 달리, 공산주의운동에 억압적이었던 미군정이 통치하던 남한의 사정에 대한 세심한 고려 없이 북한에서의 결정을 남한의 공산주의운동 진영에 일방적으로 강요한 결과였다. 러시아의 한국 공산주의운동 연구자 샤브쉬나는 "해방 이후 애국적 민족주의자들과의 단일전선과 연합에 찬성했던 남한 공산주의자들이 배신자로 비난받았다는 사실을 밝혀야겠다"라고 했는데, 이는 매우 적절한 지적이다.[5]

5. 분파성의 문제

서울 · 상해파의 핵심간부였던 김철수는 일제시대 공산주의운동이 "파생으로 망했다"고 비판하였다. 파벌문제는 한인 공산주의자들에게만 특유한 것은 아니다. 어느 나라 공산주의운동에도 파벌은 있었다. 문제는 한인 공산주의운동에서 이론적, 실천적 운동성과와 정당성에 근거해 유력한 파벌(주류)이 형성되지 못한 데 있다. 분파를 촉진한 것은 일제당국의 숨 쉴 틈 없는 가혹한 탄압과 이에 대응하여 비밀과 보안을 지키기 위한 공산주의자들의 비밀주의와 수공업적 운동방식(예를 들어 유인물의 제작, 인쇄와 배포 등 기술적인 측면에서 몇몇 소수의 사람들이 뒤떨어진 기술과 소규모적인 방식을 취했던 수준을 말한다)이

5 파냐 이사악꼬브나 샤브쉬나, 앞의 책, 336쪽.

소그룹 중심의 파벌주의를 낳았고 일부 파벌분자들이 만들어낸 다른 파벌에 대한 왜곡된 악의적 소문이 쉽게 통용될 수 있는 풍토를 낳았던 것이다.

일제당국은 한인 공산주의자들의 분파투쟁을 고무했고 적극적으로 조장하였다.[6] 1920년대 조선공산당의 빈번한 붕괴와 쇠퇴는 내부 분파투쟁의 격화에서 비롯된 바가 크다. 공산주의운동의 각 분파들이 노동대중의 기대를 저버리고 헤게모니 싸움에 매달리기도 하였다. 그리하여 일본의 관헌들은 한인 공산주의자들의 분파투쟁이 "조선의 정치적 풍토가 가져온 민족적 특성이라고 왜곡하고 조선혁명을 부정적으로 묘사한 문헌을 다수 남겼다."[7]

일관성 없고 때로는 잘못된 노선을 강요한 일부 무책임한 국제공산당의 일방적 행동방식도 분파투쟁의 원인이 되었다. 특히 초기 한인 공산주의운동에 막강한 영향력을 끼친 사파로프, 슈미야츠키, 보이틴스키 등 국제공산당 동양부 책임자들이 파벌주의를 부추겼다. 이들은 국제공산당의 권위를 내세워 한인 공산주의자들 위에 군림하려는 태도를 취하였다. 이들은 자기들의 결정을 따르는 파벌을 일방적으로 후원하는 한편, 자신들에게 비판적인 다른 파벌을 탄압하였다. 심지어 이들은 자유시참변(1921년 6월)에서처럼 상해파 고려공산당 계열의 독립군·빨치산부대를 무력으로 진압하기도 하였다. 이들은 한국사회에 대한 깊은 이해 없이 러시아혁명의 경험에서 나온 혁명이론들을 조선에 그대로 적용하려 했고, 멘셰비키와 사회혁명당세력을 비판했던 논리들을 자신들의 노선을 따르지 않는 한인 공산주의자들을 비판·탄압하는 데 적용하였다. 이들 국제공산당 책임자들의 비호하에 한인 공산주의운동의 헤게모니를 장악하려던 한인 공산주의자들의 기회주의적 행동 역시 분파투쟁을 심화시킨 중대한 요인이 되었다.

---

6 파냐 이사악꼬브나 샤브쉬나, 앞의 책, 269쪽.

7 姜德相, 앞의 글, vii.

1920년대에 부정적 폐해를 드러냈던 분파투쟁의 문제는 1930년에 들어가면서 적색노동조합, 적색농민조합운동에서 노농대중들의 역할이 강화되면서 점차 해소되어갔다. 1928년 국제공산당에 의한 조선공산당 해산 이후 당재건운동을 주도한 공산주의자들 사이에서도 분파적 폐해가 점차 극복되어갔다. 그리하여 1930년대 후반, 1940년대 전반에는 국내외 공산주의운동에서 분파문제가 해소되어가는 양상이 나타났다. 해방 이후 논란의 여지는 있으나 재건파를 중심으로 공산주의세력이 외형상 통합될 수 있었던 것은 이러한 운동성과가 반영된 결과라 할 것이다.

6. 해외 중심의 공산주의운동

한인 공산주의운동의 특징 가운데 하나는 주요한 활동거점이 해외였다는 점이다. 상상을 초월하는 철통같은 일제 식민당국의 철저한 감시와 억압체제하에 놓여 있던 국내 조건이 가장 큰 요인이었다. 국내에 운동의 근거지를 확보할 수 없었던 상황에서 국외에 근거를 마련해야 하였던 것이다. 한국의 공산주의운동은 1910년대 무단통치를 피해 해외로 나간 망명세력들, 특히 러시아지역의 민족혁명세력 가운데서 시작되었다. 1925년 조선공산당의 창당에 이르기까지 1920년대 초반 공산주의운동의 중심은 러시아 그리고 중국 상해를 주 활동무대로 활약했던 상해파와 이르쿠츠크파의 고려공산당에 있었고 이들 두 파벌의 분파투쟁에 따른 후유증이 국내의 공산주의운동에 전이되기도 하였다.

앞서 인용했던 샤브쉬나는 상해파와 이르쿠츠크파 고려공산당에 관하여 다음과 같은 흥미로운 관찰기를 썼다. "러시아의 공산주의자들의 사상적 형성은 계급투쟁이라는 시련 속에서 이루어졌는데 그들은 상해당에 내재한 상황의 복잡함을 충분히 고려하지 않았다. '상해 사람들'에게 시급히 필요했던 원조 대신 '이르쿠츠크 사람들'은 그들에 반대하는 투쟁을 전개하였다. 국내 민족운동 및 민족세력들과 밀접히 연관되어 있던 '상해 사람들'은 동시에 '이르쿠츠크 사람들'에서 조선 공산주의자들이 아닌 러시아 공산주의자들을 보았고 조선혁명투쟁에 있어 러시아 본부의 전반적인 의미를 이해하지 못한 것처럼 러시아공산당(볼셰비키)에 체류한 그들의 역할을 이해하지 못하였다."[8]

제1차, 제2차 공산당이 러시아와 중국에서 활동하던 상해파와 이르쿠츠크파 고려공산당이 중심이 되어 조직되고, 제3차 공산당이 일본에서 조직된 일월회의 한인 공산주의자들이 중심이 되어 조직된 후 엠엘파(마르크스-레닌주의파)를 이루었던 것도 이런 사정에서 비롯되었다. 조선공산당이 1928년에 국제공산당에 의해서 해산되고, 1국 1당 원칙에 따라 1930년대 이후 만주의 한인 공산주의자들은 중국, 일본, 소련 등 외국공산당에 입당해야만 하였다. 만주의 항일유격대와 공산주의운동은 1930년대 후반으로 가면서 점차 국내와의 연관성을 강화해갔지만, 주요한 활동무대는 일본 관할하에 있던 만주국이었다. 이에 더하여 이들은 1국 1당 원칙의 강요, 국제공산당의 조선공산당 불승인의 조건하에서 어려운 처지에 처해 있었다. 조선공산당 창건에 이르기까지 공산주의운동 초기에 소비에트러시아가 가장 중요한 해외 공산주의 운동의 중심지였다면, 이제 중국 특히 만주가 해외 공산주의운동의 중심지가 되었다.

공산주의운동의 중심거점이 국외에 위치할 수밖에 없었던 사정에서 비롯된 한국 공산주의운동의 주요한 특징들을 살펴보고자 한다. 첫째로 중국, 만

---

8 파냐 이사악꼬브나 샤브쉬나, 앞의 책, 269쪽.

주, 일본, 러시아 등 국외지역 여러 곳으로 한인공산주의세력들이 분산될 수 밖에 없었다. 이는 결국 다양한 공산주의운동세력들의 통합에 부정적으로 작용하여 통일적 지도부의 형성을 가로막았다. 이러한 분산성은 해방 후 공산주의운동의 통일적인 지도부 형성에도 부정적으로 작용하였다(물론 남북분단이 큰 요인이기도 하지만).

둘째로 한국 공산주의운동은 주재국의 정치적 조건, 특히 국제적 상황의 영향을 크게 받았다. 한인 공산주의자들은 외국 활동을 통하여 국제적 연대를 경험할 수 있었으니, 한국사회는 공산주의운동을 통하여 국제적 연대라는 소중한 경험을 얻을 수 있었다(물론 이러한 경험이 분단으로 남과 북의 사회에 계승되지는 못했지만). 국제적 연대를 통하여 한인 공산주의자들이 러시아혁명과 중국혁명에 참여해서 헌신적으로 희생하여 공헌한 사실은 잘 알려진 바다.

다른 한편으로 국외에서 활동해야 했던 한인 공산주의자들은 외국에서 활동하게 됨으로써 희생을 당해야 했다. 1933년 이후의 반민생단투쟁에 걸려 1935년 반민생단공작의 극좌적 경향이 비판받을 때까지 약 4백여 명의 한인 공산주의자들이 희생되었다. 1930년대 중반 이후 소련에서는 수천 명의 한인 공산주의자들이 스탈린 대탄압에 걸려 희생되었다. 한인 공산주의자들의 희생은 스탈린주의가 세계 공산주의세력을 심각하게 손상한 주목할 만한 사례이다. 1937~1938년의 스탈린 대탄압은 공산주의운동전선으로부터 수많은 주요 활동가들을 강제로 이탈시켰는데, 한국 공산주의자들은 탄압받을 당시 국제공산당조직과 다른 국제혁명조직에서 활동하고 있었다. 이로써 소련지역의 한인 공산주의자들과 조선 내의 지하활동의 관계는 실질적으로 소멸되고 말았다.[9]

9 파냐 이사악꼬브나 샤브쉬나, 앞의 책, 317쪽.

해방 이후 소련군정의 후견을 받던 북한 공산주의자들과 달리, 미군정하의 남한에서 조선공산당의 재건이 가능했던 것은 제2차 세계대전기에 국내에서 전개된 혁명적 지하활동을 전개했던 국내 공산주의자들의 투쟁성과에서 비롯된 것이다.

7. 맺음말

일제 강점기 초기에 민족주의세력이 주도하던 항일민족운동은 일제 말기로 접어들어 국외의 일부 세력을 제외하고 민족주의운동세력이 항일운동전선에서 이탈하게 되면서 공산주의운동에 의하여 주도되었다. 1940년대 전반기 국내외의 주요한 정치세력들 가운데 화북지방 중국공산당 통치지역의 조선독립동맹, 소련 극동지역으로 중심거점을 이동한 김일성을 중심으로 한 동북항일연군의 한인무장세력과 조국광복회, 후일 재건파 조선공산당으로 등장하게 되는 박헌영 등 지하활동을 계속하고 있던 국내 공산주의자들, 여운형이 조직한 건국동맹이 공산주의자들이 주도했던 주요한 항일혁명세력이었다. 이들은 중국 충칭 국민당정부의 후원을 받던 대한민국임시정부 그리고 미주의 이승만과 함께 해방정국을 주도하게 된 정치세력이었다. 이는 한말 이래 1945년의 해방에 이르는 항일투쟁의 역사를 통하여 공산주의운동세력이 꾸준하게 성장해 왔음을 보여준다. 공산주의자들은 항일투쟁의 역사를 통하여 일제시기는 물론 해방 이후에도 일반대중들 사이에서 조국을 위해 투쟁한 항일애국투사로서 인식되고 있었다.

제2차 세계대전 이후 조성된 해방 이후 국제적 정치상황의 산물인 남북분단은 일제 치하에서 중국, 러시아 그리고 국내로 나뉘어 분산적으로 진행되던 공산주의운동의 통일을 한층 어렵게 하였다. 소련군정하의 북한에서는 스탈린주의가 일방적으로 적용되었고 남한의 사정을 고려하지 않은 소련과 북한 공산주의자들은 정치적 조건이 현격히 다른 미군정하의 남한의 공산주의운동 진영에 자신들의 결정을 일방적으로 수용할 것을 강요하였다. 그리하여 애국적 민족주의 세력과의 민족연합과 통일의 길을 모색했던 남한의 일부 공산주의자들은 독자적인 활동 여지를 상실하고 말았다. 남북분단은 이처럼 좌우의 정치세력에서 다양한 요소들이 개재할 여지를 없애버리고 말았다.

오르한 파묵은 자신의 소설 『눈』에서 공산주의자들을 구분하였다. "세상에는 두 종류의 공산주의자가 있지요. 하나는 인민을 인간으로 만들고 나라를 발전시키기 위한 희망으로 참여한 오만한 사람들이고, 다른 하나는 정의와 평등을 믿고 참가한 순진한 사람들. 오만한 사람은 정권에 집착하며 모든 사람들에게 조언을 하지요. 그들은 나쁜 영향만 미쳐요. 순진한 사람들은 자신에게 해가 될 일을 할 뿐이에요. 하지만 그들이 유일하게 원하는 것도 바로 이것이지요. 그들은 가난한 사람들의 고통을 함께 나누기를 원해요. 일부러 비참한 생활을 하면서도"라고. 오르한 파묵이 오만한 공산주의자들에 대한 폐해를 설명하고 있듯이 한국역사에서 일부 공산주의자들이 끼친 폐해도 적지 않았다.

권력에 집착하며 자신의 이념에만 따라야 한다고 주장했던 오만한 공산주의자들은 많은 한국인들을 전쟁 상황으로 몰아넣고 의미 없는 희생만을 강요하였다. 결국 그들의 목적은 정의와 평화가 아니라 권력의 장악에 있었던 것이다. 남을 인정하지 않고 차이만을 강조했던 한국 공산주의자들은 많은 한국인들의 희생을 초래했다. 이들은 순수한 마음으로 공산주의혁명에 참여했던 사람들까지 희생시켰다. 이들 때문에 공산주의이념의 휴머니즘, 인류해방적 메시지에 공감하여 공산주의운동에 뛰어들었던 공산주의자들까지 현재 한국사회에서 제대로 된 대접을 받지 못하였다. 정의와 평등 그리고 민족 해방과 인류해방을 위해 공산주의운동을 했던 사람들을 중심으로 한국 공산주의운동사는 다시 쓰여야 할 것이다.

참고문헌

서대숙, 『한국공산주의운동사』, 도서출판 화다, 1985.

스칼라피노 · 이정식, 한홍구 옮김, 『한국 공산주의운동사』 1, 돌베개, 1986.

姜德相, 「資料解說」, 『現代史資料: 朝鮮』 30, 東京 : みすず書房, 1977.

파냐 이사악꼬브나 샤브쉬나, 김명호 옮김, 『식민지 조선에서』, 한울, 1996.

| 한국사 시민강좌 제41집 |

(2007년 8월 발간)

한국사 시민강좌

연2회 발행

제 1 집 ~ 제 25 집 특집 주제

제 1 집 • **특집** — 植民主義史觀 批判

제 2 집 • **특집** — 古朝鮮의 諸問題

제 3 집 • **특집** — 廣開土王陵碑

제 4 집 • **특집** — 世界 속의 韓國思想

제 5 집 • **특집** — 韓國史上의 分裂과 統一

제 6 집 • **특집** — 農民과 國家權力

제 7 집 • **특집** — 開化期 自主와 外壓의 갈등

제 8 집 • **특집** — 高麗의 武人政權

제 9 집 • **특집** — 朝鮮 후기의 商工業

제 10 집 • **특집** — 韓國史上의 理想社會論

제 11 집 • **특집** — 任那日本府說 批判

제 12 집 • **특집** — 解放政局

제 13 집 • **특집** — 변혁기의 帝王들

제 14 집 • **특집** — 한국의 風水地理說

제 15 집 • **특집** — 韓國史上의 女性

제 16 집 • **특집** — 조선시대의 科學技術

제 17 집 • **특집** — 해방 직후 新國家 構想들

제 18 집 • **특집** — 한국 大學의 역사

제 19 집 • **특집** — 日本의 大韓帝國 침탈의 不法性

제 20 집 • **특집** — 韓國史學, 무엇이 문제인가

제 21 집 • **특집** — 오늘의 북한 역사학

제 22 집 • **특집** — 부정축재의 사회사

제 23 집 • **특집** — 한국의 문화유산, 왜 자랑스러운가

제 24 집 • **특집** — 족보가 말하는 한국사

제 25 집 • **특집** — 20세기 한국을 움직인 10대 사상

각 권의 자세한 차례는 일조각 홈페이지(http://www.ilchokak.co.kr/) 오른쪽 상단에 링크된 "한국사 시민강좌"에서 확인할 수 있습니다.

제 26 집 ~ 제 50 집 특집 주제

『한국사 시민강좌』 편집위원회

편집위원 : 민 현 구
유 영 익
이 기 동
이 태 진
(가나다순)

한국사 시민강좌 2007년 제1호 〈 제 40 집 〉

2007년 2월 20일 1판 1쇄 인쇄
2013년 1월 21일 1판 4쇄 발행

편집인 『한국사 시민강좌』 편집위원회
발행인 김 시 연

발행처 (주) 일 조 각
서울특별시 종로구 신문로2가 1-335
전화 (02)733-5430~1(영업부), (02)734-3545(편집부)
팩스 (02)738-5857(영업부), (02)735-9994(편집부)
www.ilchokak.co.kr
등록 1953 년 9 월 3 일 제 300-1953-1 호(구 : 제 1-298 호)

ISSN 1227-349X

값 10,000 원